·侦查学系列教材·

# 讯问学（第二版）

胡明 ◆ 编著

中国政法大学出版社

2025·北京

声　明　1. 版权所有，侵权必究。

　　　　2. 如有缺页、倒装问题，由出版社负责退换。

**图书在版编目（ＣＩＰ）数据**

讯问学 / 胡明编著. -- 2 版. -- 北京 : 中国政法大学出版社, 2025.8. -- ISBN 978-7-5764-2233-7

Ⅰ. D918.5

中国国家版本馆 CIP 数据核字第 2025T1633C 号

---

| | |
|---|---|
| 出 版 者 | 中国政法大学出版社 |
| 地　　址 | 北京市海淀区西土城路 25 号 |
| 邮　　箱 | fadapress@163.com |
| 网　　址 | http://www.cuplpress.com（网络实名：中国政法大学出版社） |
| 电　　话 | 010-58908435(第一编辑部) 58908334(邮购部) |
| 承　　印 | 北京鑫海金澳胶印有限公司 |
| 开　　本 | 720mm×960mm　1/16 |
| 印　　张 | 15.5 |
| 字　　数 | 268 千字 |
| 版　　次 | 2025 年 8 月第 2 版 |
| 印　　次 | 2025 年 8 月第 1 次印刷 |
| 印　　数 | 1~4000 册 |
| 定　　价 | 49.00 元 |

# 作者简介

胡　明　中国政法大学刑事司法学院侦查学研究所副所长，工学学士、法学硕士，曾就职于北京市公安局刑事侦查总队。代表作：《犯罪预警指标体系的科学构建》《论侦讯欺骗的法律规制》《试论讯问中对问题预设的选择与运用》等。

# 编写说明

中国政法大学作为"211工程"重点建设高校和国家"双一流"建设高校,经教育部 2001 年批准设立了侦查学本科专业,凭借本校的法学教育资源优势为公安、安全、检察、海关、纪检监察、财政税务、金融保险、市场监督等部门培养了大量证据调查和侦查方面的专门人才。侦查学专业在教育部和学校的大力支持下建立了侦查学实验中心和网络犯罪侦查实验室,为侦查学专业的教学、科研工作提供了高水准的实验平台。多年来,侦查学专业紧紧依托本校法学专业的优势,以深厚的法学知识为基础,讲授侦查学基本原理,传授科学先进的侦查技能与方法,并以侦查学基本理论、侦查技术、侦查实践技能为核心构建了多学科相融通的课程体系。同时,结合侦查实践的急需,建立了以网络犯罪案件侦查为特色的侦查学理论教学和研究基地。为适应现代化侦查和满足经济全球化、社会信息化对证据调查和侦查人才培养的需要,根据国务院《国家教育事业发展"十三五"规划》和教育部《关于加快建设高水平本科教育全面提高人才培养能力的意见》,我们组织编写了侦查学专业本科系列教材。

侦查学专业自 2009 年以来陆续出版了《侦查学总论》《司法鉴定学》《现场勘查学》《刑事案件侦查》《职务犯罪案件侦查》《讯问学》等具有政法特色的教材。为适应培养具有创新精神和实践能力的新型高级专门人才的新形势需要,特别是适应国际法庭科学互证的需要,我们决定再次规划和修订《侦查学总论》《司法鉴定学总论》《中外侦查制度》《网络犯罪案件侦查》《刑事案件侦查》《经济犯罪案件侦查》《职务犯罪案件调查》《讯问学》《电子证据调查学》《司法摄影》《文件物证检验学》《痕迹检验学》《法医学》《司法精神病学》等 14 部教材,以展示我校教学、科研的最新成果。

本套规划和修订的教材,借鉴了国内外侦查学理论研究的新成果,吸纳了相关学科的前沿研究成果,反映了侦查实践中的新经验,注重介绍侦查学各门学科的基础知识，阐释基本理论，突出理论与实践的有机结合，力求达到科学性、系统性、新颖性、适应性的统一。

本套教材的编写和出版，得到了中国政法大学出版社领导、编辑的大力支持和热情帮助，对此我们表示诚挚的谢意！本套教材在编写过程中的疏漏、缺憾在所难免，恳请专家、学者及广大读者不吝指教！

中国政法大学刑事司法学院
2019 年 3 月

# 第二版前言

讯问是侦查活动中极其重要的一种取证手段,也是刑事诉讼的必经环节。侦查人员讯问水平的高低,往往关系到侦查办案工作的成功与失败,关系到整个刑事诉讼活动能否顺利进行。当前,新形态的犯罪现象层出不穷,使讯问工作面临严峻的挑战,并且,在依法治国的时代背景下,以审判为中心的刑事诉讼制度改革的深入推进,还对讯问工作提出了更高的要求,而"认罪认罚从宽"制度的确立弱化了讯问对抗的激烈程度,又为侦查人员达成讯问目的提供了更多可能的途径。因此,为了适应同犯罪作斗争,培养刑事侦查专门人才的需要,笔者从教学角度编写了《讯问学》一书。本教材系统、全面地阐述了讯问活动的原理、规律和对策,同时结合侦查机关的讯问实践,突出有关理论的具体应用,使理论与实践相呼应,融法律性、理论性、实用性于一体,不仅有利于学生理解讯问基本知识,而且有助于掌握讯问专门技能,较好地适应培养刑事侦查专门人才的需要。

笔者在本教材的编写过程中,尽力吸取讯问学理论与实践中的最新研究成果,部分章节参阅、吸收了有关教材和专著的资料和观点,特此说明,并向有关的编者和著者致谢!同时,由于时间和能力有限,本教材难免有不妥和疏漏之处,还望专家、学者赐教指正。

胡 明

2025 年 7 月

# 目　录

第一章　绪论 ··································································· 1
　　第一节　讯问学的基本概念及研究对象 ································· 1
　　第二节　讯问学的指导思想和理论基础 ································· 4
　　第三节　学习、研究讯问学的基本方法 ································· 7

第二章　讯问概述 ······························································ 9
　　第一节　讯问在刑事诉讼中的地位 ······································ 9
　　第二节　讯问的特点 ····················································· 11
　　第三节　讯问的任务 ····················································· 12
　　第四节　讯问的基本原则 ················································ 18
　　第五节　讯问的法律要求 ················································ 27

第三章　讯问主体 ····························································· 31
　　第一节　讯问人员的基本素质 ·········································· 31
　　第二节　讯问人员的消极心理及其调控 ······························· 39
　　第三节　讯问人员素质的培养与提高 ·································· 45

第四章　犯罪嫌疑人的心理与反讯问手法 ································· 49
　　第一节　研究犯罪嫌疑人心理与反讯问手法的意义 ················· 49
　　第二节　犯罪嫌疑人心理 ················································ 50
　　第三节　犯罪嫌疑人拒供心理的矫正对策 ····························· 56
　　第四节　犯罪嫌疑人的反讯问手法及其对策 ·························· 61

第五章　讯问的组织实施 ···················································· 69
　　第一节　讯问的准备 ····················································· 69

第二节　第一次讯问 ································································ 77
　　　第三节　续审 ································································ 84
　　　第四节　结束审 ································································ 89

## 第六章　讯问言语ー 93

　　　第一节　讯问言语概述 ································································ 93
　　　第二节　讯问语言的运用 ································································ 97
　　　第三节　提问技巧 ································································ 103
　　　第四节　应答技巧 ································································ 110
　　　第五节　论说技巧 ································································ 113

## 第七章　选择讯问突破口ー 117

　　　第一节　讯问突破口概述 ································································ 117
　　　第二节　选择讯问突破口的途径 ································································ 119
　　　第三节　选择讯问突破口的方法 ································································ 124

## 第八章　讯问策略ー 126

　　　第一节　讯问策略概述 ································································ 126
　　　第二节　讯问策略的制定 ································································ 128
　　　第三节　常见的讯问策略 ································································ 133
　　　第四节　讯问的辩证施策 ································································ 150

## 第九章　讯问方法ー 155

　　　第一节　讯问方法的概念和特征 ································································ 155
　　　第二节　说服教育 ································································ 156
　　　第三节　情感影响 ································································ 164
　　　第四节　使用证据 ································································ 169
　　　第五节　利用矛盾 ································································ 180

## 第十章　讯问的辅助方法ー 186

　　　第一节　强制措施配合讯问 ································································ 186

第二节　查证配合讯问 …………………………………… 190
　　第三节　监管配合讯问 …………………………………… 192
　　第四节　耳目配合讯问 …………………………………… 197
　　第五节　犯罪心理测试技术配合讯问 …………………… 202

第十一章　讯问过程和结果的固定 …………………………… **211**
　　第一节　讯问笔录 ………………………………………… 211
　　第二节　讯问的录音录像 ………………………………… 216
　　第三节　犯罪嫌疑人亲笔供词 …………………………… 219

第十二章　证据体系的构建 …………………………………… **221**
　　第一节　证据体系概述 …………………………………… 221
　　第二节　对个体证据的审查判断 ………………………… 224
　　第三节　构建证据体系的方法 …………………………… 228

主要参考书目 …………………………………………………… **233**

# 第一章 绪 论

## 第一节 讯问学的基本概念及研究对象

### 一、讯问的概念

讯问有广义与狭义之分。广义的讯问,是指刑事司法机关的工作人员在刑事诉讼的各个阶段,依职权对犯罪嫌疑人、被告人、罪犯所进行的讯问。根据《中华人民共和国刑事诉讼法》(以下简称《刑事诉讼法》)的相关规定,在侦查阶段,以及审查批准逮捕、审查起诉、法庭审理、复核死刑和执行死刑的过程中,有关刑事司法人员均可对犯罪嫌疑人、被告人、罪犯进行讯问。而狭义的讯问仅指在侦查阶段,由侦查机关的侦查人员对犯罪嫌疑人所进行的侦查讯问。侦查讯问与非侦查讯问的核心区别在于,前者的主要目的是收集案件信息,查明事实真相;而后者的主要目的则是核实案件事实。本书述及的讯问仅作狭义解释。

(一)讯问的主体

在《刑事诉讼法》第二编第二章"侦查"中,单独设有一节对侦查人员讯问犯罪嫌疑人作出了规定。因此,讯问属于法定的侦查措施,必须由享有侦查权的机关或部门的工作人员采用。《刑事诉讼法》第 3 条规定:"对刑事案件的侦查、拘留、执行逮捕、预审,由公安机关负责。……检察机关直接受理的案件的侦查、提起公诉,由人民检察院负责。……"《刑事诉讼法》第 4 条规定:"国家安全机关依照法律规定,办理危害国家安全的刑事案件,行使与公安机关相同的职权。"《刑事诉讼法》第 308 条还规定:"军队保卫部门对军队内部发生的刑事案件行使侦查权。中国海警局履行海上维权执法职责,对海上发生的刑事案件行使侦查权。对罪犯在监狱内犯罪的案件由监狱进行侦查。军队保卫部门、中国海警局、监狱办理刑事案件，适用本法的有关规定。"

上述规定表明，在我国有权对刑事案件行使侦查权的机关和部门是公安机关、国家安全机关、人民检察院、军队保卫部门、中国海警局和监狱，它们可统称为侦查机关。隶属于侦查机关的侦查人员就是我国刑事诉讼中的讯问主体，其他任何人员都无权对犯罪嫌疑人进行讯问。应当进一步明确的是：侦查机关的侦查人员，只有被授权审理某一案件时，才能担任该案的讯问人员，对犯罪嫌疑人进行讯问。当然，这一授权目前并无法定的形式要件和程序要求，常常是根据侦查破案的具体工作安排而获得。

（二）讯问的对象

讯问的对象只能是刑事诉讼意义上的犯罪嫌疑人，包括被侦查机关依法采取强制措施的犯罪嫌疑人以及被传唤的犯罪嫌疑人。对证人、被害人等，只能适用询问，无权讯问。

（三）讯问的目的

讯问工作最根本的目的是获取犯罪嫌疑人的真实供述和辩解，查明案件事实真相。

犯罪嫌疑人是案件的当事人，他对自己是否犯罪、如果犯罪又犯有何罪、是以怎样的主观心态犯罪以及如何实施的该犯罪等情况最为清楚。而侦查机关在前期侦查工作中，对这些情况还难以全面查证、认定。因此，讯问工作最直接、最重要的目的应该是：通过讯问，追查核对犯罪嫌疑人的嫌疑事实，获得有罪的犯罪嫌疑人的真实供述，使其犯罪事实受到深入、全面地揭露和追查；同时，认真听取犯罪嫌疑人的辩解，结合调查取证，澄清不确实的怀疑，使无罪的犯罪嫌疑人不受刑事追究，从而查明案件的全部事实真相。

（四）讯问的方式

为了促使犯罪嫌疑人输出更多的案件信息，讯问只能以言词方式进行，而且必须在侦查人员直面犯罪嫌疑人的情形下展开。犯罪嫌疑人到案以后，虽然侦查人员常常需要根据犯罪嫌疑人接受讯问时供述或辩解的情况，有针对性地展开调查取证，但调查取证并非讯问本身，它仅仅是讯问的一种辅助手段或实现讯问成果的必由途径。

综上，讯问就是侦查人员在侦查过程中，为了收集证据，查明案件事实真相，依照法定程序，以言词方式面对面地审查、诘问犯罪嫌疑人的一种刑事诉讼活动。

## 二、讯问学的概念

讯问学是专门研究侦查过程中讯问活动的原理、规律和对策的社会科学，是由侦查学分离而来的一门应用学科。人们在长期的讯问实践中，积累了极为丰富的经验，讯问学就是对这些丰富的实践经验进行抽象、概括而形成和发展起来的知识体系，运用其中的理论能够使讯问活动更具科学性、系统性，更有利于达成讯问的目的，对侦查机关同犯罪作斗争具有十分重要的指导作用。

## 三、讯问学研究的对象

任何一门学科都有其特定的研究对象，这是学科建立的基础和区分该学科与其他学科的依据。讯问学研究的中心课题就是如何正确开展讯问活动，以确保刑事诉讼的顺利进行。据此，讯问学的研究对象具体分为以下八个方面：

1. 研究刑法学、刑事诉讼法学、证据学等法学理论在讯问工作中的正确实施和运用。在讯问工作中正确实施和运用有关的法学理论，既是讯问活动法定性的必然要求，也是提高讯问工作执法水平的根本途径。

2. 研究讯问制度的建立与完善。包括规范讯问、结案、移送审查起诉、补充侦查等工作程序及其职责划分和过错追究，对所需建立和完善的各种制度进行科学论证，使讯问工作在强有力的制度保障下，能够长期、稳定地顺利开展。

3. 研究我国讯问的性质、任务和原则，以确立讯问工作正确的价值取向和基本的行为准则。

4. 研究讯问人员的素质要求，以便选拔具备应有素质的人员从事讯问工作，使每项具体的讯问工作都能有具备相应能力的讯问人员担任。

5. 研究心理学、语言学、教育学、逻辑学、博弈论等相关学科原理以及现代科学技术在讯问活动中的应用，不断提高讯问工作的策略水平和科学技术水平。

6. 研究犯罪嫌疑人和讯问人员的心理特点、心理变化及其相互作用的规律，为在讯问活动中制定正确、有效的心理对策提供依据。

7. 研究讯问的策略、方法、措施、手段、技术等内容的基本原理及不同情况下所应当采取的最佳对策。

8. 研究在讯问活动中审查证据、构建并完善证据体系包括排除非法证据的规则和方法，确保讯问工作能够满足以审判为中心的刑事诉讼的原则要求。

## 第二节 讯问学的指导思想和理论基础

### 一、学习、研究讯问学的指导思想

马克思主义是无产阶级认识世界和改造世界的强大思想武器，是我国进行社会主义革命和社会主义建设的行动指南，理应作为学习和研究讯问学的根本指导思想。而习近平新时代中国特色社会主义思想作为马克思主义中国化的最新成果，对学习和研究讯问学更是具有非常现实的指导意义。为此，学习和研究讯问学必须重点把握以下内容。

（一）坚持人民民主专政的思想

人民民主专政是马克思主义无产阶级专政理论在中国具体历史条件下的产物。习近平新时代中国特色社会主义思想也特别强调坚持人民至上这一根本的政治立场。我国刑事诉讼的一个根本目的就是揭露犯罪、惩罚犯罪，保护无辜，巩固并保卫人民民主专政的社会主义制度，维护人民的根本利益。讯问活动是一种刑事诉讼行为，是为查清案件事实而开展的侦查工作的重要组成部分。因此，学习和研究讯问学就必须坚持人民民主专政的思想。

人民民主专政包括对人民实行民主与对敌人实行专政两个方面。这一思想在讯问工作中的具体体现是：一方面要通过讯问活动准确、及时地揭露犯罪、证实犯罪，使犯罪分子受到应有的刑事制裁，从而维护良好的社会治安秩序，巩固我国人民民主专政的社会主义制度；另一方面，要通过讯问活动准确、及时地揭露、证实犯罪，将犯罪分子绳之以法，有效地保护人民群众的民主权利和生命财产安全，同时还应通过讯问获取有关线索，及时追缴赃款、赃物，最大限度地降低国家和人民群众的财产损失。

（二）坚持正确区分两类不同性质矛盾的思想

两类矛盾学说是毛泽东对马克思主义的创新和发展。讯问中坚持正确区分两类不同性质矛盾，主要体现在正确区分罪与非罪。既要准确地揭露犯罪、惩治犯罪，又要有效地保障无罪的人不受刑事追究，做到不纵不枉。这是同等重要的两个方面，也是相关法律、法规的明确要求。

同犯罪作斗争，是一种错综复杂的活力对抗，既有政治斗争，又有经济斗争，还有意识形态方面的斗争。基于这一斗争的复杂性，加之主客观因素的影响，难免会有一些接受讯问的犯罪嫌疑人是无辜的，或者是侦查机关错将其一般违法行为认定为犯罪并采取了刑事强制措施的情况出现。因此，讯问人员必须审慎对待每一起案件、每一名犯罪嫌疑人，严格区分罪与非罪。为了切实做到这一点，讯问中必须强化证据意识，认真听取犯罪嫌疑人有罪的供述或无罪的辩解，在调查核实的基础上，准确地认定案件事实，并依照"以事实为根据，以法律为准绳"的诉讼基本原则，正确适用法律，对案件和犯罪嫌疑人做出妥善处理。

（三）坚持辩证唯物主义的认识论和方法论的思想

作为马克思主义哲学理论的重要组成部分，辩证唯物主义的认识论和方法论是把唯物主义和辩证法有机地统一起来的科学世界观，是认识世界和改造世界的强大理论武器和思想武器。学习和研究讯问学必须坚持辩证唯物主义的认识论和方法论，这样才能真正发现、把握讯问活动的规律，正确指导讯问实践，克服盲目性，增强自觉性和创造性。

坚持以辩证唯物主义的认识论和方法论为指导，就是要求我们从客观实际出发，用发展的眼光、辩证的思想方法，分析研究讯问中的理论问题和实践问题，善于透过现象把握讯问活动的本质，不被假象所迷惑。

（四）坚持理论为实践服务的思想

理论来源于实践，又服务于实践，实践是理论研究的最终目的。讯问学是一门实践性很强的应用学科，学习、研究讯问学必须理论联系实际，坚持理论指导实践，并为实践服务的思想。讯问学所研究的理论来源于讯问实践，是对讯问实践经验的科学概括和抽象，所以讯问理论来源于讯问实践又高于实践，并反过来指导实践，以提高讯问工作的实效。

坚持理论为实践服务的思想，就要求讯问理论研究必须从我国的实际出发，对大量的、丰富的、生动的讯问实践经验，进行深入的研究，进行由此及彼、由表及里、去粗取精、去伪存真的科学分析，将局部的经验进行科学的抽象和概括，使其上升为具有普遍意义的科学理论。然后再将这一理论用于指导讯问实践、服务讯问实践并接受讯问实践的检验，使其不断得到充实和完善，逐步增强讯问理论研究的科学性、实用性，使讯问学的科学体系日趋完善。

二、讯问学的理论基础

讯问学的理论基础是讯问学的基本理论、基本对策赖以建立的科学依据。作为一门独立的学科，讯问学构建知识体系的历史相对较短，因此，有必要也有可能运用其他学科已经比较成熟的理论和方法，对讯问活动进行多层面、多角度的分析研究，使讯问学这一对策型应用学科牢固地建立在坚实可靠的理论基础之上。

（一）哲学理论基础

辩证唯物主义认识论是讯问学的哲学理论基础。讯问的全过程，无论是追查、核实犯罪嫌疑人的犯罪事实的过程，还是澄清嫌疑、查明无辜的过程，都是讯问人员对案件的认识逐渐全面、逐渐深化的过程。因此，必须遵循辩证唯物主义认识论所揭示的关于认识的客观规律，去认识和开展讯问活动。

（二）法学理论基础

刑法学、刑事诉讼法学等法学理论，是讯问学的法学理论依据。讯问是刑事诉讼的重要环节，是查明案件事实真相、认定犯罪嫌疑人的涉案行为是否构成刑法所规定的犯罪的重要手段。因此，讯问学的内容是为实现刑法、刑事诉讼法的总任务服务的，讯问学的研究活动必须以刑法、刑事诉讼法为依据，遵循刑法学和刑事诉讼法学的原理和原则。

（三）侦查学理论基础

讯问是在侦查阶段一种广义上的侦查活动，而且从讯问学的历史沿革来看，讯问学还是侦查学的一个分支。因此，它应当以侦查学关于刑事犯罪的规律、特点和刑事侦查工作的方针、原则、策略、方法等理论为基础，从讯问的角度作深化研究，特别是在揭露和证实犯罪、制止和预防犯罪等层面作深化研究。

（四）犯罪学理论基础

讯问学是研究如何同犯罪作斗争的专门学科之一，必须以犯罪学关于犯罪本质、犯罪成因、犯罪者的心理和行为特征、犯罪演变、犯罪预防的理论为指导，研究讯问工作在查明犯罪，打击、惩罚犯罪，转化犯罪分子以及减少和遏制犯罪等方面的对策。

（五）心理学理论基础

讯问活动从某种意义上来讲，就是在讯问人员与犯罪嫌疑人之间进行的一场心理战。准确掌握双方的心理特点和心理活动规律，是正确制定、实施讯问对策，使讯问顺利进行的前提。因此，唯物主义的心理学理论，是讯问学的心理学理论基础。

（六）语言学理论基础

讯问活动从某种意义上来讲，也是一种特殊的交际活动。而语言是人们交流思想、调整各种社会活动的最重要的交际工具。讯问人员与犯罪嫌疑人交往中的言语行为，是确定双方人际关系的重要因素。因此，语言学的有关理论是分析、研究讯问语言的结构模式，揭示讯问语言活动运行机制的理论基础。

（七）逻辑学理论基础

讯问过程从思维方式上来看，也可以说是讯问人员运用概念，不断进行推理、判断和逻辑证明的过程。因此，研究人们思维规律和形式的逻辑学必然成为讯问学的一项理论基础。

（八）运筹学理论基础

讯问是一种对抗性的对策活动，运筹学的对策理论应当成为讯问学的对策理论基础。

## 第三节　学习、研究讯问学的基本方法

理论联系实际是学习、研究讯问学的根本方法，具体运用的基本方法如下。

### 一、经验总结法

这是指认真、及时地对讯问实践的经验进行收集、整理，并总结、升华为具有指导意义的理论。由于讯问学是一门实践性很强的应用学科，研究讯问学应当经常注意总结吸收讯问实践中的新鲜经验，使其上升为理论，再反过来指导实践，并在实践中经受检验和补充发展。总结经验时，要善于总结正反两方面的经验，既注意不断从成功经验中吸取营养，又善于从失误中吸取教训。只有如此，才能使讯问学的理论不断得到充实和发展，使其更具活力。

### 二、比较借鉴法

这是指对古今中外的讯问理论及讯问实践进行纵向和横向的比较分析，以期古为今用，洋为中用，从而推动讯问学理论的研究。有比较才有鉴别，有鉴别才能分清是非、优劣。学习、研究讯问学运用比较借鉴法，包括从纵横两方面进行比较。纵的比较是从我国讯问实践和理论的发展历史进程中进行比较，吸取和借鉴历史上成功的经验，摒弃落后与错误的观念。横的比较是对不同国家、不同地区的讯问理论与实践进行比较研究，取人之长，补己之短，以进一步繁荣我国的讯问学研究。

### 三、个案剖析法

这是指选择具有一定典型意义的案件作为研究对象，对讯问审理的全过程或对其中某一阶段、某一环节进行深入的分析总结，从其中的成功经验、失败教训或其

他方面找出原因、演变条件和规律等，以对比、补正有关讯问理论的具体运用。

### 四、类案归纳法

这是指对特定类型的案件，或各种不同类型的案件，进行比较、分析并综合归纳，从案情的共性特征、犯罪嫌疑人的心理特点、讯问和查证对策等方面，找出其各自的规律，从而探索各类案件最佳的讯问对策。

### 五、专题研究法

这是指针对讯问活动所涉及的不同内容设定专题，进行目标明确、深入细致的探索研究，强化讯问理论的纵深发展。专题的内容包括：讯问的某一策略、某一方法，讯问对抗的某一动向，犯罪嫌疑人的某种反讯问手法，某一类型犯罪嫌疑人的心理特点等。

### 六、综合统计法

这是指将与讯问工作有关的某一时期、某一地区、某些项目的数据、资料，进行分类归纳整理，作对比研究和定性、定量分析，探索其异同和演变的原因、规律，为讯问工作的宏观决策提供依据，并使讯问学的理论研究有科学的客观数据支持。运用这一方法，首先要在日常的讯问工作中注意积累，认真记载，这是保证综合统计法顺利实施的前提；其次要适时对有关数据资料进行提炼、升华，发掘其中对讯问实践有指导意义的规律性内容，这是运用综合统计法的关键。

### 七、模拟演示法

这是指在教学环节上，根据教学内容要求，结合课堂讲授，组织学生参加模拟性的讯问实践活动，以帮助学生更好地理解和学习相关的讯问学知识，提高学生分析问题、研究问题和解决问题的能力。

上述方法在学习、研究讯问学的过程中，并不是相互割裂的，应当全面、综合地进行运用。

**思考题：**

1. 如何理解讯问及讯问学的概念？
2. 讯问学的研究对象是什么？
3. 简述讯问学的指导思想。
4. 简述讯问学的理论基础。
5. 讯问学的研究方法有哪些？

# 第二章 讯问概述

## 第一节 讯问在刑事诉讼中的地位

### 一、讯问是侦查的重要组成部分

侦查作为刑事诉讼的五项程序之一，包括讯问犯罪嫌疑人、询问证人和被害人、勘验、检查、搜查、扣押物证、书证、鉴定、通缉等多项内容，而讯问是其中一项非常重要的内容。凡是由侦查机关办理的刑事案件，必须对犯罪嫌疑人进行讯问，讯问犯罪嫌疑人是侦查活动的必经步骤。讯问是在经过前期的侦查工作，发现并抓获犯罪嫌疑人之后，对犯罪嫌疑人进行的面对面审查，它是前期侦查工作的必然延续。

侦查活动是从发现犯罪线索和部分证据的情况下开始的，而讯问是已经通过各种途径，采取一系列措施，收集到证明犯罪嫌疑人有犯罪事实的证据，依法对犯罪嫌疑人进行传唤或者采取刑事强制措施后才进行的。在讯问犯罪嫌疑人之前，侦查活动是在背靠背的情况下进行的，受主、客观因素的影响，有些案件问题难以全部查清，甚至还可能出现某些遗漏或不实的现象。犯罪嫌疑人到案之后，讯问人员直接面对犯罪嫌疑人进行讯问，一方面可以让其供述全部犯罪事实和情节，交代其所知晓的其他犯罪线索；另一方面，也可以直接听取犯罪嫌疑人无罪或罪轻的辩解，以客观、全面地查清案件事实真相。因此，通过讯问，既能及时、准确地揭露、证实犯罪，又能保障无罪的人不受刑事追究，从而更深入、更全面地实现刑事侦查的目的。另外，讯问不仅能对前期侦查获得的证据材料起到审查、核实和补充的作用，使各种证据材料相互印证，形成完整的证据链，而且还可以对前期侦查工作起到把关和内部监督的作用，所以讯问对于侦查职能的实现非常重要，是侦查的重要组成部分。

### 二、讯问是刑事诉讼的重要环节

犯罪嫌疑人是依照法定程序确定的，刑事诉讼中不可或缺的一方当事人，他对于自己是否犯罪、如果犯罪又犯有何罪以及犯罪活动的全部情况最为清楚。通过讯问获取到犯罪嫌疑人作出的真实的有罪供述，也就收集到了一份最重要的直接证据。而犯罪嫌疑人的有罪供述，又可以与侦查机关收集的其他证据材料相互鉴别，相互印证，使在案证据的证明力得到增强。同时，根据犯罪嫌疑人的供述，讯问人员还可以收集、补充证据。因此，通过讯问可以构建并完善案件的证据体系，为在刑事诉讼中准确认定案件事实提供可靠的保障。

讯问结束就意味着侦查终结，讯问是整个侦查程序的最后一道工序。讯问结束后，对于依法应对犯罪嫌疑人追究刑事责任的案件，侦查机关应当制作《起诉意见书》，连同案卷材料、证据一并移送同级人民检察院，为人民检察院代表国家对犯罪嫌疑人提起公诉做好材料准备。如果讯问中对证据材料审查得仔细、核实得准确，收集、补充得全面、充分，并能完善案件在侦查阶段的法律手续，就可为起诉奠定坚实的基础，大大提高起诉的质量，从而达到及时准确地揭露、证实犯罪的目的。由此可见，讯问犯罪嫌疑人在侦查与起诉之间起着承上启下的桥梁作用，是刑事诉讼的重要环节。

### 三、讯问是犯罪嫌疑人行使辩护权的有效平台

犯罪嫌疑人要避免不实的刑事追究，维护自己的合法权益，一个主要的途径就是行使辩护权，辩护权是犯罪嫌疑人在刑事诉讼中依法享有的最为重要的诉讼权利。讯问前的侦查活动是在背靠背的情形下进行的，在此过程中，犯罪嫌疑人常常并不知道侦查机关已经确定自己有犯罪嫌疑，即使有所察觉，也缺乏有效的途径去澄清侦查机关对自己不实的怀疑。而针对犯罪嫌疑人的侦查活动不仅使其存在遭受刑事追究的可能性，还会或多或少地给其带来不利影响。讯问虽然是在限制犯罪嫌疑人人身自由的情况下进行的，对其权益造成一定损害，但客观上却给犯罪嫌疑人提供了向侦查机关说明无辜或罪轻情节的机会。因此，犯罪嫌疑人在侦查阶段行使辩护权是集中在讯问中进行的。通过讯问，讯问人员可以认真听取犯罪嫌疑人无罪或罪轻的辩解，并对其进行查证，从而有利于全面分析和判断案情，及时发现和纠正办案中可能出现的错误，避免使犯罪嫌疑人受到不实的刑事追究。当然，根据《刑事诉讼法》的规定，犯罪嫌疑人在侦查阶段不仅有权自行辩护，还可以委托律师为自己提供辩护。不过需要注意的是，辩护律师在侦

查阶段无权查阅案卷材料，无法全面、及时地了解侦查机关对案件事实的主观认知及其依据，所以通常情况下还难以为犯罪嫌疑人提供有效辩护。而犯罪嫌疑人在接受讯问的过程中，可以根据讯问人员的追问，了解他们对有关案件事实的主观认知及其变化，进而及时进行有针对性地辩解。其实，在刑事司法实践中，辩护律师在侦查阶段的许多辩护策略，正是通过指导犯罪嫌疑人选择正确的应讯行为来实现的。

## 第二节　讯问的特点

讯问作为法定的侦查措施之一，与其他侦查措施相比较具有鲜明的特点。

### 一、直接性

讯问要求讯问人员直面犯罪嫌疑人，是讯问人员与犯罪嫌疑人之间面对面的较量。因此，在讯问过程中，讯问主体和讯问对象言行举止所包含的信息都将直接传递给对方，实时地对对方的心理和行为产生影响，谁也无法回避。这种信息传递的直接与快捷是其他侦查措施无法具有的。其他侦查措施一般是在不直接触动犯罪嫌疑人的情况下进行，相对于讯问具有间接性。讯问的直接性特点，决定了讯问人员可以通过讯问，更直观地感受、更深入地了解犯罪嫌疑人与案件有关的心理活动和主观态度，从而准确地分析、判断犯罪嫌疑人与案件之间的真实关系。当然，讯问的直接性特点，也导致侦查底细、侦查意图在讯问过程中容易暴露，使犯罪嫌疑人有条件制定、实施有针对性的对抗策略。讯问人员必须关注并设法降低这一风险，避免由此给讯问工作造成重大不利影响。

### 二、互动性

讯问是由讯问人员和犯罪嫌疑人共同参与的互动性诉讼活动。讯问中既有讯问人员向犯罪嫌疑人传递信息、施加影响的过程，也有犯罪嫌疑人进行供述或辩解、输出信息的过程，双方相互作用、相互影响。从形式上看，讯问活动通常是由讯问人员率先向犯罪嫌疑人提出问题或实施行为，犯罪嫌疑人随后对此作出相应的反馈，这就是一次最简单、最基本的互动回合。当然，针对犯罪嫌疑人的反馈，讯问人员也会进行言语回应或行为回应，以期能够促使犯罪嫌疑人如实供述和辩解。因此，整个讯问活动实际上就是双方对对方的言行不断给予反馈、存在多个回合的言语互动的过程，讯问目的的实现，很大程度上就依赖于讯问双方互动的有效性。

### 三、冲突性

讯问的冲突性是由讯问对象和讯问主体在刑事诉讼中法律地位的差异性决定的。犯罪嫌疑人是案件的当事人，是被侦查机关认定有犯罪嫌疑，并期望通过讯问完善对其进行刑事追责所需证据体系的侦查对象，在接受讯问的过程中，出于逃避或者减轻罪责的需要，犯罪嫌疑人往往会千方百计地干扰和破坏讯问的正常进行。而讯问人员则是被赋予了侦查权的国家工作人员，其根本职责就是有效地开展讯问活动，查明案件事实真相，追究犯罪嫌疑人应当承担的刑事责任。犯罪嫌疑人和讯问人员在法律地位上的差异，导致讯问双方追求讯问结果的价值取向截然相反。因此，冲突、对抗不可避免地成为讯问过程中的一种常态。

### 四、强制性

由于接受讯问，犯罪嫌疑人将会承受很大的心理压力，存在被迫交代犯罪事实、遭到刑事制裁的风险，并且讯问还是在限制其人身自由的情况下进行的，所以犯罪嫌疑人常常不愿意接受被讯问的事实，对讯问多采取不合作的态度。但因涉嫌犯罪，犯罪嫌疑人被确认为重点嫌疑对象而被传唤或被采取刑事强制措施，不得不接受讯问人员的讯问。并且，依据《刑事诉讼法》第 120 条第 1 款规定："……犯罪嫌疑人对侦查人员的提问，应当如实回答。……"所有这些，都体现了讯问具有不以犯罪嫌疑人意志为转移的强制性。

### 五、时限性

讯问与其他侦查措施不同，一般是在程度不同地限制了犯罪嫌疑人人身自由的情况下进行的。因此，为了保护犯罪嫌疑人的合法权益，法律对讯问有专门的时限要求。例如，对于被拘留、逮捕的犯罪嫌疑人，必须在拘留、逮捕后 24 小时以内进行讯问；对于不需要逮捕、拘留的犯罪嫌疑人，传唤、拘传持续的最长时间不得超过 12 小时，特殊情况下不得超过 24 小时；不得以连续传唤、拘传的形式变相拘禁犯罪嫌疑人；等等。

## 第三节 讯问的任务

讯问作为刑事诉讼的必要环节和重要的侦查措施，其任务包括下述五个方面。

### 一、查明案件的全部事实真相

讯问对象是案件的当事人,他们中绝大部分确有犯罪事实,这些有罪的犯罪嫌疑人对案件情况是最为知情的,只要其如实交代,就能再现案件事实的全貌与细节,并印证、串联其他众多零散的证据材料,使案件的证据体系得以有效地完善。因此,讯问人员运用各种策略、方法和手段,促使犯罪嫌疑人就案件事实作出真实供述,特别是非作案者本人不可能知晓的有关情节,进而查明案件的全部事实真相,就成为讯问的中心任务。

案件的全部事实,包括与案件有关的人物、时间、地点、手段、情节、动机、目的、后果等方面的内容,它们是构成一个案件不可缺少的因素。为了查明案件的全部事实真相,必须做到以下几点:

1. 查清犯罪嫌疑人的基本情况。在对犯罪嫌疑人进行第一次讯问时,必须首先问明犯罪嫌疑人的姓名(包括曾用名、化名、绰号)、性别、年龄(需特别注意14周岁、16周岁和18周岁等几个关键年龄节点)、籍贯或国籍(隐瞒真实籍贯或国籍的,应引起特别注意)、职业、民族、文化程度、家庭成员、住址、工作单位、有无前科、简历等。此外,讯问人员还应注意查明犯罪嫌疑人是否患有精神病,并进一步查明犯罪嫌疑人在实施犯罪行为时是否处于发病状态,以及该病对犯罪嫌疑人辨认、控制自己行为的能力的影响程度。

2. 查清犯罪事实和情节。在讯问中,应当向犯罪嫌疑人问明犯罪的时间、地点、何人参加、使用何种手段和方法、作案工具的来源和下落、犯罪的具体过程、造成的后果等。总之,要从犯罪构成的客观方面来衡量是否问清了犯罪事实及情节。这不仅能为人民法院对犯罪嫌疑人定罪量刑提供依据,还可以助力增强预防犯罪、打击犯罪的能力。

3. 查清犯罪嫌疑人实施犯罪行为时的主观心理状态。根据我国刑法的规定,要认定一个人有罪,除了其行为与社会危害之间存在因果关系以外,他在主观上还必须有过错。主观上是否存在过错、属于何种过错,将直接影响罪与非罪、此罪彼罪的认定及最终的量刑。因此,在讯问中,必须要问明犯罪嫌疑人作案的动机、目的,对犯罪所持的主观态度,是直接故意还是间接故意,是疏忽大意的过失还是过于自信的过失。另外,在问到具体情节时,也应问明犯罪嫌疑人当时的主观心理状态,这不仅有助于分析判断犯罪嫌疑人的交代是否符合情理并与客观事实相符,还能为以后预防犯罪提供依据。

## 二、查明同案犯罪嫌疑人，追查余罪和犯罪线索，扩大战果

在讯问中，不仅要突破犯罪嫌疑人已经败露、讯问人员已经发现并掌握的案件事实情节，还要通过讯问这一直接、经济、有效的途径和方法，在前期讯问已经取得成果的基础上，设法追查尚未归案的同案犯和犯罪嫌疑人的余罪，挖掘其所知的其他犯罪线索，以破获隐案和积案，追诉应当追究刑事责任的人，扩大战果。这项任务在讯问实践中被习惯性地称为"深挖犯罪"。

犯罪是一种十分复杂的社会现象。案件发生后，能否被纳入侦查机关的视线并成功侦破，取决于诸多方面的因素和条件。从侦查实践的历史和现状来看，侦查机关不曾发现的隐案和久侦未破的积案常常大量存在。而有些案件虽然侦破了，但却仅仅解决了个案，并未查清犯罪嫌疑人所为的全部罪行，有的甚至遗漏了同案犯和重大犯罪线索。因此，为了更好地履行侦查工作的职责，在讯问实践中，讯问人员一定要自觉克服"就案办案"的思想，全力做好深挖犯罪的工作，以充分发挥讯问在破获隐案、积案中的独特作用。毕竟接受讯问的犯罪嫌疑人本身就可能是隐案、积案的作案人或知情人，通过加大讯问力度来侦破隐案、积案，无疑是所有侦查措施中最直接、最经济、最有效的方法，可以最大程度地提高讯问效益，节约侦查资源。

另外，在审理共同犯罪案件的过程中，通过讯问不仅要查清讯问对象的犯罪事实，还要查清其他共同犯罪嫌疑人的有关情况，特别是在有同案犯，甚至主犯在逃的情况下，更应该强化对已经归案的犯罪嫌疑人的讯问，以尽快掌握其同案犯的去向与下落，及早将他们缉拿归案。因为这不仅关系到案件能否侦破，对那些具有人身危险性和企图卷款潜逃及毁赃灭迹的犯罪嫌疑人来说，更直接关系到社会的安危、公私财产的保护以及诉讼活动的开展。

当然，并不是一切案件、所有的犯罪嫌疑人都有深挖的价值和条件，比如过失犯罪案件、偶犯等。因此，必须区别对待，明确和突出重点，把深挖犯罪的工作建立在对案情和犯罪嫌疑人进行科学分析的基础上。根据实践经验，一般可以从人、案件以及人与案件的结合上去捕捉和把握深挖的重点。从犯罪嫌疑人来看，主要有惯犯、累犯、流窜犯、作案后潜逃、从监管场所脱逃以及与黑社会组织或反动势力相勾结进行犯罪活动的犯罪嫌疑人等，他们是讯问中需要重点深挖的对象。从案件类型来看，较多集中在非法牟利型、侵财型和性侵犯型三大类犯罪上，这些类型案件中的犯罪嫌疑人作案通常具有职业性或习惯性，比如走私、贩毒、盗窃、抢劫、诈骗和强奸等，这是讯问中应当重点深挖的案件。从人案结

合来看，应重点把握以惯犯、累犯为首结成的财物型犯罪团伙，以及人员结构复杂的有组织犯罪案件。

虽然深挖犯罪是必要且可行的，但这无疑是一项极其艰巨的任务。由于犯罪嫌疑人在接受讯问的过程中，即使是针对已经暴露的犯罪事实，也常常会百般抵赖，讯问人员在缺乏证据和线索的情况下，要追查犯罪嫌疑人的同案犯和余罪，发现新的犯罪线索，势必存在诸多阻力和障碍。为此，必须把握好以下几点：

1. 强化深挖犯罪意识，自觉克服深挖犯罪的心理障碍。讯问人员要从维护政治稳定和社会安定的高度来定位讯问工作，充分认识深挖犯罪的重要意义，增强责任心和使命感，使深挖犯罪成为讯问人员的自觉行动。同时，要自觉克服深挖犯罪的心理障碍，减少并消除阻碍深挖犯罪工作开展的种种不良心理因素。

2. 不断提高捕捉和发掘深挖犯罪线索的能力。开展深挖犯罪工作必须以掌握一定的线索为前提，如果方向不明确或方向错误，就难以给犯罪嫌疑人形成足够的心理压力，甚至令其对讯问人员产生轻视和反感，反而增加了深挖犯罪工作的难度。但深挖犯罪的线索又常常是隐性的，讯问人员必须不断总结经验，认真分析犯罪嫌疑人作案的条件、规律、特点及讯问中的反常表现等情况与犯罪隐情之间的关联性，以提高发现深挖犯罪线索的能力。在情报导侦的时代背景下，讯问人员应当充分利用各种情报信息平台，以信息化的方式通过数据库自动实现深挖犯罪线索的比对和案件的串并，从而有效提高深挖犯罪线索的梳理、研判效率。

3. 加强合作，发挥整体功能。深挖犯罪是一项极其艰巨的工作，往往还难以由某一侦查部门独自来完成。因此，在充分发挥侦查部门及讯问人员主导作用的同时，还需要争取其他部门、其他机关的协助。比如，公安机关除了强调本局各警种的配合外，还应加强区域合作，并增进与其他侦查机关之间的案件信息交流，建立起办案协作网络，竭尽全力做好深挖犯罪的工作。

### 三、保障无罪的人不受刑事追究

惩罚犯罪，保护无辜，是我国刑事诉讼价值取向中不可偏废的两个方面。讯问的对象是犯罪嫌疑人，这一称谓鲜明地反映了讯问对象的诉讼地位。尽管前期侦查工作常常是非常细致的，法律对采取拘留、逮捕等刑事强制措施的证据条件也有着严格的规定，但由于追查犯罪是一个错综复杂的回溯性证明过程，侦查人员受主观因素、客观因素的影响，在办案工作中难免会出现某些失误，使得讯问的对象中，必然存在着有罪和无罪两种可能性。而无辜者如果蒙冤，最终受到刑事追究，其合法权利尤其是人身权利遭受的损害，是无法逆转、难以补偿的。因此，讯问作为侦查活动的最后一个环节，必须起到严格把关的作用，将甄别嫌疑、排除无辜作为一项重要的任务来完成。

在讯问过程中，为了切实保障无罪的人不受刑事追究，讯问人员无论是在思想上，还是在行为上，都应遵循严格的要求，主要应把握好以下几点：

1. 确立"未经人民法院依法判决，对任何人都不得确定有罪"的思想。这不仅是法律对讯问人员的明确要求，更是避免无辜者被错误追究刑事责任的重要前提。由于讯问人员在预审阶段首先接触的是指向犯罪嫌疑人有罪的证据材料，容易先入为主，陷入"有罪推定"的思维定势，从而导致对犯罪嫌疑人的辩解缺乏应有的关注，往往将其视作狡辩而不予采信，使无辜者难以通过辩护权的行使解除自己的犯罪嫌疑，从而陷入被错误追诉的严重危险。因此，讯问人员在思想上必须将讯问对象作为尚未确定有罪的人来对待，充分考虑其无罪的可能性，使指向犯罪嫌疑人无罪的证据能够被全面地收集并被客观采信，避免无辜者蒙冤。

2. 树立排除无辜与认定犯罪同等重要的价值观念。两者没有轻重、主次之分。从实现查明案件事实真相这一讯问的根本目的来看，如果能突破犯罪嫌疑人的口供，进而认定犯罪，固然是成绩；如果通过讯问和查证，否定了讯问对象的犯罪嫌疑，那同样也是成绩。因为侦查工作正是在不断地否定之中校正指向，最终寻觅到犯罪行为人的。从维护公民的合法权益这一刑事诉讼的基本职能来看，与放纵犯罪相比，使无辜者蒙冤同样是讯问人员的重大失职。

3. 切实保障犯罪嫌疑人依法享有的合法权利。犯罪嫌疑人能够充分行使自己的合法权利，是其自力救济、澄清冤屈的根本保障，并且，这还有助于讯问人员"兼听则明"，避免冤错案。因此，讯问人员首先要尊重并切实保障犯罪嫌疑人行使自我辩护的权利，在讯问中耐心、全面地听取犯罪嫌疑人的陈述，既让他交代有罪的事实情节，又允许其进行无罪的辩解，并在客观、真实地做好记录的基础上，认真地予以核实。其次，讯问人员还应切实保障犯罪嫌疑人委托律师为自己提供辩护的法定权利，要自觉履行相关的告知义务，并为犯罪嫌疑人聘请律师以及律师履行职责提供相应的便利条件。

4. 坚持真理，有错必纠。在发现不应当采取强制措施的时候，必须无条件予以解除，并立即释放被错误羁押的人员，防止对无辜者权利的进一步侵害。

### 四、对犯罪行为人进行认罪服法、弃恶从善的教育

讯问中对犯罪行为人进行认罪服法、弃恶从善的教育有两方面的意义：首先，如果犯罪行为人未能切实认识到自己所犯罪行的严重性和危害性，仍然坚持错误的立场，拒不认罪服法，则很难如实供述自己的犯罪事实，即使交代也往往是不彻底和有保留的，只有通过对犯罪行为人进行政策、法治、道德、前途等教育，才能促使其从内心深处痛悔自己的犯罪行为，产生弃恶从善、重新做人的现实愿望，从而如实、彻底地供述犯罪事实，争取光明前途的起点。其次，挽救人、改造人，逐步遏制并减少犯罪是刑事诉讼非常重要的价值取向，而讯问则是肩负实现这一价值取向职责的刑事司法人员正式接触犯罪行为人的第一个环节，通过讯问对犯罪行为人进行认罪服法、弃恶从善的教育，不仅具有现实的有利条件，使上述价值取向的实现成为可能，还可以为犯罪行为人今后接受刑罚、认真改造打下基础。

当然，教育不是万能的，但没有教育的讯问无疑是苍白乏力的，更无法达到让犯罪行为人口服心服的目的。讯问有一定的时限性，人的思想转化也总需要一定过程，所以对教育的成效不能要求过高，但放弃教育则始终是消极和不负责任的。

### 五、收集犯罪情报信息，总结犯罪特点和规律，研判犯罪趋势

讯问是侦查的最后一个环节，讯问人员有条件掌握最为全面、准确的案件材料。通过讯问不仅能了解某一案件的全部情况，而且还可以收集大量的犯罪情报信息。对相关数据资料进行深度整合与统计分析，就可以及时反映出某一地区在特定时期刑事犯罪的特点、规律和趋势，从而为侦查机关及社会相关部门防控犯罪提供有力的依据。

分析、总结犯罪活动的特点、规律，研判犯罪趋势，既是侦查机关一项重要的基础性业务建设，又是讯问工作的一项经常性任务。这对于提高讯问人员的业务素质和办案能力，有效打击和预防犯罪，都具有重要的现实意义。

在讯问中，讯问人员要通过各种策略、方法和手段，促使犯罪嫌疑人如实、详细地供述其犯罪的动机目的和实施犯罪的经过，了解犯罪嫌疑人产生犯罪动机的原因，了解其选择犯罪时机、犯罪处所、犯罪对象、作案工具、作案手段、销赃方式等的依据，进而分析诱发犯罪的原因和促成犯罪的条件，剖析防范工作中的漏洞，归纳、概括出一定时期内犯罪或者一类案件的规律、特点，为领导机关决策和有关部门改进工作提供依据和建议。另外，讯问人员在查清犯罪嫌疑人的

全部犯罪事实之后,不能轻易满足于案结事了,还应适时归纳、梳理同类犯罪的案发情况,通过对犯罪现状的分析,预测犯罪发展的趋势,进而向特定人群或单位发布预警信息,以增强其预防犯罪侵害的能力,使讯问工作能够发挥出更大的社会效益。

讯问的上述五项任务,是一个有机联系的整体,既相互制约,又相互促进。因此,讯问人员无论在思想认识上还是在具体行动中,都不应将其割裂开来,否则将影响讯问任务的全面完成。

## 第四节 讯问的基本原则

讯问的基本原则是指用以指导整个讯问工作所必须遵循的行为准则。这些原则围绕着完成讯问任务这一中心,互相联系、互相作用,共同组成一个完整的、统一的整体。讯问的基本原则是对我国长期讯问实践经验和教训的科学总结,充分体现了社会主义民主与法治的精神。

### 一、依法办案的原则

正确执行法律、严格依法办案,是讯问必须遵循的法治原则。《刑事诉讼法》第3条第2款关于"人民法院、人民检察院和公安机关进行刑事诉讼,必须严格遵守本法和其他法律的有关规定"的规定,是这条原则的法律依据。讯问是侦查程序的重要组成部分,而侦查又是刑事诉讼的重要程序之一,因此,讯问活动必须严格依法进行。这不仅是加强社会主义法治,深入践行习近平法治思想,实现"努力让人民群众在每一个司法案件中感受到公平正义"目标的必然要求,也是侦查破案的现实需要。坚持依法办案的原则,要求讯问人员必须做到以下几点:

1. 学法懂法并善于用法。讯问人员作为执法者,首先必须学好法律,特别是要学好《刑法》《刑事诉讼法》以及《公安机关办理刑事案件程序规定》等刑事法律、规章。在此基础上,还必须深刻领会法律的精神实质。只有学法懂法,才能做到有法必依,严格执法;只有真正掌握法律的精神实质,才能正确运用法律开展讯问活动,实现立法追求的价值目标。

2. 增强法治观念,提高执法守法的自觉性,严禁枉法办案。我国法律从本质来看,体现了全国广大人民群众的共同意志和根本利益,是每个人应当遵守的行为规范。讯问人员作为法律的维护者和执行者，更应该牢固树立法律至上的观念，在办案过程中自觉遵守法律，严格按照法律规定开展讯问活动，严禁枉法办案。这是保证讯问工作质量、保证公正执法的前提和基础。刑事司法实践中，讯问人员枉法办案最突出的表现就是办"人情案"（徇情枉法）和搞"权钱交易"（徇私枉法）。这些行为不仅严重败坏了侦查机关的社会形象，而且也直接影响到刑事执法的公正性。因此，必须对讯问人员加强法治教育和职业道德教育，不断增强讯问人员的法治观念和拒腐防变能力，杜绝枉法办案。

3. 接受监督，违法必纠。失去监督的权力势必走向腐败。侦查机关应当正确面对和自觉接受来自人民检察院、人民法院和辩护律师的不同意见，尤其是在互联网运用已经高度普及的今天，更是要关注、接受网络舆情的监督。并且，侦查机关也应进一步完善监督制约体制，充分发挥内部和外部监督的合力作用。一旦发现讯问活动中的违法问题，要及时彻底纠正，严肃处理，决不姑息。

## 二、讯问与调查研究相结合的原则

讯问阶段的工作包括讯问犯罪嫌疑人和调查研究两个方面，这是讯问人员查清案件事实的两个基本途径。讯问实践中，难免会出现一些矛盾和疑难问题。比如，口供与证据之间、证据与证据之间、同案犯口供之间、同一犯罪嫌疑人前后口供之间，都有可能存在一定的矛盾。要解决这些矛盾，往往需要进行深入细致的调查研究，找出其根本原因所在，并给出合理的解释，从而逐渐获得对案件证据的准确认知。另外，某些直接影响定罪量刑的案件事实和情节，由于时过境迁，单凭讯问犯罪嫌疑人还难以查明真相。在此情形下，讯问人员必须借助深入细致的调查取证，才有可能实现讯问的目的。当然，讯问犯罪嫌疑人也可为调查取证提供线索和方向，推动调查取证工作向纵深发展，这同样是完善证据体系、查清案件事实的重要方法。

由于讯问犯罪嫌疑人与调查研究之间具有内在的关联性，将两者相结合是讯问阶段办案的基本模式。正确把握讯问犯罪嫌疑人与调查研究这两方面工作的关系，对于完成好各项讯问任务，保证办案质量和效率具有决定性的作用。为此，在讯问工作中，讯问人员必须依据案件性质、犯罪嫌疑人特点和证据状况，科学合理地处理讯问犯罪嫌疑人与调查研究之间的关系，使之相互照应，相得益彰。既不能单纯坐堂问案，企图通过讯问解决一切问题，也不能片面否认讯问的作用，把口供置于可有可无的境地。在办案实践中，讯问人员根据案件的具体情况，既可以先讯问犯罪嫌疑人，然后再调查核实其口供的真伪，或根据口供中所反映出的证据线索展开调查取证，以完善证据体系；也可以先调查核实已有的证据，或在调查获得比较充实的证据后，再针对性地讯问犯罪嫌疑人；还可以将二者交叉进行。无论采取何种形式，事前均应周密计划，妥善安排，以便讯问犯罪嫌疑人与调查研究能够相互补充、相互促进，从而准确、及时地查明案件事实真相。

### 三、重证据、不轻信口供的原则

可以用于证明案件事实的材料都是证据。所谓重证据，就是要求讯问人员树立证据第一的思想，在办案过程中始终将收集、核实证据放在工作的首位，对一切案件事实的认定，都要依据确实、充分的证据。《刑事诉讼法》第55条第1款规定："……只有被告人供述，没有其他证据的，不能认定被告人有罪和处以刑罚；没有被告人供述，证据确实、充分的，可以认定被告人有罪和处以刑罚。"由此可见，证据对于案件事实的最终认定极其重要。并且，根据"疑罪从无"的法律原则和以审判为中心的刑事诉讼理念，讯问人员也必须强化证据意识，要全面收集、妥善保全、灵活运用案件证据，确保能以确实、充分的证据达到侦查终结的诉讼证明要求。

口供是八种法定证据形式之一，是指犯罪嫌疑人、被告人就自己有罪或无罪以及罪责轻重等问题向刑事司法机关所作的供述和辩解。如果有罪的犯罪嫌疑人在讯问中向侦查机关如实交代，其口供就可以再现案件事实的全貌与细节，并印证、串联其他众多的零散的证据材料，成为案件中非常重要的直接证据，这是其他七种法定证据形式无法比拟的。但是，犯罪嫌疑人的口供也有其固有的、本质的缺陷——就是它的主观性。由于犯罪嫌疑人具有趋利避害的本质心理，其口供中的有罪交代往往是不彻底的，并且，出于某种个人目的，没有犯罪事实的嫌疑人也可能会主动供述有罪，以替人顶罪、揽罪。另外，即使犯罪嫌疑人本意如实供述，但由于受记忆、判断、表述等能力的限制，其供述也可能与真实情况有所差异。因此，犯罪嫌疑人无论是就自己无罪或罪轻进行辩解，还是作有罪供述，都有可能缺乏客观真实性。口供的重要性及其固有的缺陷，是强调不轻信口供的两个基本原因。但是，所谓不轻信口供，并不是说对口供一律不信，更不是不要口供或者轻视口供的作用，而是鉴于口供不同于其他证据的特殊性，对其应持格外审慎的态度，切忌偏听偏信。

需要注意的是，重证据、不轻信口供的原则并非表明证据与口供的关系必然是对立和冲突的，因为口供本身即为一种法定证据，并且整个讯问活动也都是围绕收集、核实证据与讯问犯罪嫌疑人获取口供这两个方面来进行的。因此，这一原则的实质要求是，讯问人员在讯问过程中，必须正确认识、处理口供与证据的关系，把口供与证据在客观事实的基础上统一起来，真正做到不枉不纵，保证办案质量。

### 四、严禁以非法的讯问方法获取口供的原则

讯问是法定的侦查措施，法律对其运行有严格的规范要求，必须认真遵守执行。《刑事诉讼法》第 52 条明确规定："审判人员、检察人员、侦查人员必须依照法定程序，收集能够证实犯罪嫌疑人、被告人有罪或者无罪、犯罪情节轻重的各种证据。严禁刑讯逼供和以威胁、引诱、欺骗以及其他非法的方法收集证据，不得强迫任何人证实自己有罪。……"这是法律对包括讯问在内的各种取证手段的合法性所作出的要求。通过非法讯问获取的口供，虚假的可能性非常大，以此作为定案根据，极易造成错案。讯问实践中，非法的讯问方法一般表现为刑讯逼供和其他非法方法两大类，这些非法讯问方法是讯问中许多错误指导思想最主要的表现形式。

（一）刑讯逼供和其他非法方法的概念

刑讯逼供是指讯问人员对犯罪嫌疑人使用肉刑或者变相肉刑逼取口供的行为。所谓肉刑，是指讯问人员采用捆绑、悬吊、毒打、电击等野蛮残暴的手段，对犯罪嫌疑人的肉体和精神进行摧残，以逼取口供的非法讯问方法。它往往造成犯罪嫌疑人伤残甚至死亡等严重后果。所谓变相肉刑，是指采取罚跪、罚站、罚晒、冻饿以及不让犯罪嫌疑人休息的"车轮战"等形式，对犯罪嫌疑人的肉体和精神进行折磨，以逼取口供的非法讯问方法。它虽未直接伤害犯罪嫌疑人的身体，但其性质、目的和后果与肉刑完全相同，属于刑讯逼供的范畴。

其他非法的方法主要是指威胁、引供、诱供和指名指事问供。

威胁是指讯问人员以武力或者言辞恫吓、胁迫犯罪嫌疑人，使其在心理上产生恐惧、忧虑，进而屈服招供的一种非法的讯问方法。当然，讯问人员以客观事实和法律规定对犯罪嫌疑人施加一定的心理压力，是一种合法的讯问技巧，不能算作威胁。常见的威胁方式有武力威胁和言辞威胁两种。

引供是指讯问人员按照自己的主观推测或假设，引导犯罪嫌疑人供认问题的一种非法的讯问方法。引供中赖以提出问题的推测和假设通常是没有或者缺乏根据的，其内容往往与事实不符。进行引供的讯问人员在讯问前和讯问过程中，心理早已就案件事实作出了某种结论，对讯问的结果存在着固定的期待内容，他们

讯问犯罪嫌疑人只是为了进一步证实自己的推测或假设,将自己的推测或假设用犯罪嫌疑人口供的形式表现出来。因此,他们讯问的内容与方式都非常片面、机械,带有明显的主观趋向性。常见的引供方式有明引和暗引两种。

诱供是指讯问人员以给犯罪嫌疑人某种不可能实现或者不准备实现的许诺为诱饵,促使犯罪嫌疑人产生以供述换取讯问人员践诺的心理冲动,进而套取其口供的一种非法的讯问方法。

指名指事问供是指讯问人员在讯问中将一些未经查实的案件事实情节,如人、事、物、时间、地点等具体地指出来,要求犯罪嫌疑人按所指内容供认的一种非法的讯问方法。指名指事问供所指出的问题既可能是假的或张冠李戴的,也可能是真的、客观存在的。因此,采取这一非法的讯问方法不仅容易暴露侦查工作的底细,给讯问活动的开展制造障碍,而且存在使无辜者所作虚假供述也能与案件客观情况吻合的巨大风险。

(二) 非法讯问的危害

非法讯问属于程序违法行为,尤其是其中的刑讯逼供更是违反了实体法,还是一种侵权行为,它们都会给国家和人民利益造成严重的危害。首先,非法讯问把案情搞得真假难辨,极易造成冤假错案,冤枉无辜,放纵犯罪分子,严重损害司法公正,违背社会正义。其次,非法讯问侵害了犯罪嫌疑人的生命、健康、人格尊严等实体权利。再次,非法讯问破坏社会主义法治的权威性和公信力,损害侦查人员、侦查机关乃至党和政府在人民群众中的声誉。最后,非法讯问违背我国政府已经签署的国际公约——《严禁酷刑和其他残忍、不人道或有辱人格的待遇或处罚公约》,有损我国的国际声誉。

(三) 非法讯问的成因

非法讯问现象由来已久,也会长期存在,它是多种因素综合作用的结果,其复杂成因主要包括以下方面:

1. 讯问主体方面的原因。非法讯问是由讯问人员实施的,其直接成因往往体现在个体因素上。首先,讯问人员的一项重要职责就是通过收集包括犯罪嫌疑人口供在内的诸多证据,以证实犯罪、追究犯罪,同时,国家为其履行这一职责赋予了相应的限制公民个人权利的权力;而讯问对象对此常常是难以接受和竭力排斥的。因此,讯问人员既容易产生非法讯问的动机,又存在非法讯问的条件。其次,讯问人员的综合素质还普遍不高,包括思想政治素质、业务素质和心理素质等。突出表现在:①某些讯问人员法治观念淡薄,特权思想、功名意识严重,对犯罪嫌疑人的人格和合法权利缺乏起码的尊重；②办案指导思想存在偏差，过分依赖讯问和口供，以至于当犯罪嫌疑人拒不供认时，不惜动用非法的讯问手段；③办案人员讯问能力不强，自我调控能力差，很难让讯问顺利进行，当遇到犯罪嫌疑人拒供心理和行为严重时，又难以控制自己的情绪，往往求助于刑讯逼供或者其他非法的讯问方法。

2. 法律制度方面的原因。相关法律制度设计上的失衡或缺位是导致我国司法实践中非法讯问屡禁不止的一个重要原因。首先，自 2010 年 7 月 1 日《关于办理死刑案件审查判断证据若干问题的规定》和《关于办理刑事案件排除非法证据若干问题的规定》施行以来，我国已初步确立了非法言词证据的排除规则，能够在一定程度上抑制讯问人员非法讯问的动机，但与之相关的许多重要配套制度却没有相应地建立，致使排除规则还很难在司法实践中发挥法律规范应有的功能。其次，虽然《刑事诉讼法》第 52 条规定，严禁刑讯逼供和以威胁、引诱、欺骗以及其他非法的方法收集证据，但第 120 条又规定，犯罪嫌疑人对侦查人员的提问，应当如实回答。据此，犯罪嫌疑人在讯问中非但不能享有沉默权和拒绝供述权，而且还有如实供述的义务。在此情况下，一旦犯罪嫌疑人接受讯问时不合作，部分讯问人员就可能以要求履行"如实供述的义务"为借口，采用高压手段包括刑讯手段逼取口供。最后，由于经济条件、政治条件、文化传统、司法能力等因素的影响，我国现有立法中并未确立侦羁分离、讯问犯罪嫌疑人律师在场、侦查人员出庭作证等制度。这些法律制度设计上的缺失必然使讯问活动缺乏必要的监督与制约，对讯问活动合法性的司法审查也没有相应的制度保障，从而导致刑讯逼供等非法讯问行为时有发生，并且往往被忽视，极少受到惩治。

3. 实践方面的原因。首先，我国目前的司法投入普遍不足，侦查技术水平也相对较低，但刑事犯罪的发案又居高不下，并有继续增长的趋势，使得侦查机关面临着极大的工作压力。因此，讯问作为一种成本和耗费相对较低，而效率又相对较高的侦查措施，在侦查破案中往往更被侦查机关所倚重，这势必导致对其合法性缺乏应有的关注。其次，官僚主义作风的存在使一些行政领导无视侦查破案的客观规律，对侦查机关层层加压，限期破案，从而导致讯问人员在巨大的心理压力下，急不择法，甚至刑讯逼供。再次，侦查机关的有些领导对非法讯问行为的危害性认识不足，他们往往更注重实体的真实性，而忽略了程序的合法性，对讯问人员要求不严，管理措施不力，有意无意地采取默许、纵容、庇护的态度，个别领导甚至带头搞非法讯问，产生某种"示范效应"，引发从众行为。最后，检察机关对讯问活动的监督多在事后，而且讯问人员对犯罪嫌疑人进行非法讯问一般没有第三者在场，检察机关取证、确认讯问活动非法性的难度很大；与此同时，律师在侦查阶段又难以通过有效介入来行使辩护权，通常情况下，非法讯问行为既缺乏来自检察机关的体制内监督，又没有犯罪嫌疑人辩护律师的体制外制衡，存在"暗箱操作"的诸多便利。

4. 历史渊源方面的原因。我国历史上曾长期实行封建专制统治，而刑讯合法化、制度化是我国封建时代证据制度的重大特点。尽管刑讯在清末的立法中被取消，但我国近代刑事诉讼制度又是在借鉴、移植大陆法系职权主义诉讼模式的基础上逐渐建立、形成的，仍然强调发挥国家专门机关在诉讼中的主导作用，限制犯罪嫌疑人在预审阶段的权利。虽然目前刑事立法对讯问活动已经作出了较为严格的规范，但一些陈腐的传统诉讼观念还是不同程度地影响着司法心理，仍然潜在地制约着刑事诉讼制度的运作。"有罪推定""口供至上""罪从供定""重实体轻程序"等错误办案思维，也是司法实践中非法讯问现象屡见不鲜的一个重要原因。

（四）非法讯问与合法讯问的界限

《刑事诉讼法》第52条规定："……严禁刑讯逼供和以威胁、引诱、欺骗以及其他非法方法收集证据……"，是对包括讯问在内的各种侦查措施合法性的原则要求。但讯问又具有冲突性、强制性等特点，使其诸多手段的实施必然以限制犯罪嫌疑人的人身权利和运用"诡道逻辑"为前提，往往造成一些讯问方法的合法性难以准确界定，以致有的讯问人员视合法的讯问方法为非法，不敢大胆使用，或者相反，视本来非法的讯问方法为合法，极力效仿和推崇。因此，有必要正确划分非法讯问与合法讯问的界限。

1. 肉刑逼供与依法加戴戒具。讯问人员依据《中华人民共和国人民警察使用警械和武器条例》《人民检察院刑事诉讼规则》的规定，可以在讯问中给犯罪嫌疑人加戴戒具。它与肉刑逼供虽然都会给犯罪嫌疑人造成一定的行动不便和肉体痛苦，但二者的出发点及方式、限度有明显的区别：依法加戴戒具的出发点是为了确保安全，而肉刑逼供的目的只是为了逼取口供；依法加戴戒具以约束人身自由为限，且按规定的方式执行，而肉刑逼供则不按规定的方式进行，往往给犯罪嫌疑人造成不堪忍受的痛苦。

2. "车轮战"与连续追讯。从表象上看，两者都持续了较长的时间，甚至超过了国家机关工作人员一般的工作时间，但它们在目的和具体的实施方式上还是有着本质的区别：首先，"车轮战"属于变相肉刑的一种，其目的是从肉体上和精神上使犯罪嫌疑人遭受痛苦，进而逼取口供，因此讯问持续的时间特别长，而且在此期间犯罪嫌疑人通常得不到任何形式的休息；而连续追讯的目的是创造和利用有利的突破时机，尽管也会持续一定的时间，但一般是在保证犯罪嫌疑人必要的休息和正常的饮食的前提条件下进行。其次，"车轮战"是不让犯罪嫌疑人休息，而讯问人员则可以轮班休息，交替上阵；连续追讯则一般不中途更换讯问主体，由负责讯问的侦查人员一追到底，使犯罪嫌疑人更能认可讯问对抗的公平性，减少其对立、反感情绪。

3. 引供与唤醒记忆。从言语表达的角度看，两者似乎都具有提示性和启发性，但它们在影响犯罪嫌疑人回忆的独立性与回答的自主性上存在明显的差异。唤醒记忆是在犯罪嫌疑人存在回忆障碍的情况下，讯问人员通过运用一定的方法帮助其客观、真实地回忆和陈述有关的案件事实。讯问人员所采用的方法，本身只是为了创造适宜的心境或者激发联想以唤醒记忆，它并不能取代犯罪嫌疑人的回忆，犯罪嫌疑人需自行回忆、能自主回答；而引供则是讯问人员将自己的主观推测或者假设强加于犯罪嫌疑人，犯罪嫌疑人的回忆被干扰、误导，回答问题也受到极为严格的限制，其内容往往只是讯问人员意志的一种反映。

4. 诱供与教育感化。教育感化与诱供的界限比较分明：凡是以超出政策、法律和规章制度允许范围，事实上不可能兑现的许诺套取口供的，属于诱供；反之就是正当的教育感化。成功的教育感化能使犯罪嫌疑人感受到政策、法律的权威性，具有较强的感召力，往往可以促使犯罪嫌疑人主动、彻底地交代问题，形成的口供也较为稳定；而诱供虽然也有可能骗取到口供，但这样的口供有可能只是犯罪嫌疑人为了获得讯问人员践诺的对价所进行的虚假供述，即使为真也多具有不稳定性，因为犯罪嫌疑人一旦意识到上当受骗，就有可能翻供。因此，两者在实际效果上也存在较大差异。

5. 指名指事问供与使用证据。虽然两者都是为了向犯罪嫌疑人施加心理压力而试图让对方认识到，讯问人员已经掌握了案件的事实或情节，但它们在实施的前提条件和实施的后果上有着本质的区别。首先，实施的前提条件不同。指名指事问供是将一些未经查实的案件事实或者情节指出来，前提具有不确定性；而使用证据，则是使用经过查实、确认的证据材料，相对具有客观真实性。其次，实施的后果不同。使用证据往往能使犯罪嫌疑人真切地意识到罪行已败露，从而动摇侥幸心理，不得不如实供述；而指名指事问供，则容易暴露讯问工作的虚实底细，甚至助长犯罪嫌疑人的侥幸心理，并且，即使犯罪嫌疑人按照讯问人员所指的内容作出了供认选择，也难以鉴别该供词是犯罪嫌疑人的自由陈述，还是按讯问人员所指问题的内容作出的违心的虚假认罪。

（五）侦查机关遏制刑讯逼供等非法讯问现象的对策

非法讯问是造成冤假错案的重要根源，为了有效遏制刑讯逼供等非法讯问现象，需要采取多角度、多层面的综合对策。侦查机关作为主导讯问活动的直接参与者，尤其应当重视和加强以下几方面的工作：

1. 加强教育培训，提高讯问人员的执法办案水平。这是防止刑讯逼供等非法讯问现象的治本措施。要通过各种形式的教育培训，增强讯问人员的守法意识，使其自觉克服功名、特权思想；让讯问人员掌握非法讯问与讯问策略、讯问方法的区别，学会正确运用各种策略、方法和斗争手段开展讯问活动，提升讯问工作的技能技巧。

2. 加强领导，严格管理。各侦查机关要把严禁非法讯问作为加强队伍建设、提高队伍素质的一项经常性的重要任务来抓，要将讯问活动的合法性、规范性等内容纳入讯问工作的绩效考核指标体系。作为侦查机关的领导，对讯问人员不仅要布置办案任务，而且要强调办案纪律，交代办案方法。检查工作不仅要看是否突破了案件，而且要看是如何突破的，有没有刑讯逼供及其他非法行为。

3. 加强执法监督，严肃查处非法讯问的责任人员。侦查机关的纪检、督察、法制等部门要加强内部执法监督，及时了解、严肃查处非法讯问行为。要根据不同情节和后果，给予有关人员党纪、政纪、法纪处分，决不包庇护短，尤其是对因刑讯逼供造成严重后果的重大案件，不仅要查处直接责任人，还要查处纵容、包庇、失职的有关领导。

4. 切实保障律师辩护权的行使，自觉接受外部监督。律师在侦查阶段行使辩护权是对讯问活动进行外部监督的重要形式。侦查机关除了要依法保障律师与犯罪嫌疑人的会见权和通信权，还应当为律师代理申诉、控告以及申请变更强制措施、提出辩护意见建立畅通的渠道，并及时作出反馈，从而加大律师执业活动对讯问工作的制约力度与抗衡作用。

## 第五节 讯问的法律要求

讯问是一种法定的侦查措施，自然应当纳入法治的轨道。我国《刑事诉讼法》《公安机关办理刑事案件程序规定》等法律、规章，对讯问主体、讯问时限、讯问方法、讯问程序等作出了明确的规定。

### 一、对讯问人员的要求

首先，讯问人员必须是侦查人员。这是法律对讯问主体的身份要求。即便是在公安机关、人民检察院等拥有侦查权的机关内部，也只有侦查人员才可以讯问犯罪嫌疑人，其他人员不能随意讯问。其次，讯问时侦查人员不得少于2人。这是对一次讯问参加人员数量的要求。法律之所以作出这样的规定，其目的在于：①一审一记，审记分开，可以互相配合，共商对策，提高工作效率和讯问质量；②保证讯问活动的正常、安全进行，防止犯罪嫌疑人行凶、自杀、逃跑等意外事件的发生；③可以相互监督，防止个别讯问人员利用职务之便违法乱纪。

### 二、对讯问时限的要求

讯问一般是在不同程度地限制犯罪嫌疑人的人身自由的情况下进行的。因此，为保证讯问能够以公正、人道的方式进行，尊重犯罪嫌疑人的基本权利，法律对讯问有专门的时限规定。按照《刑事诉讼法》的规定，对于被拘留、逮捕的犯罪嫌疑人，应当在拘留、逮捕后的24小时以内进行讯问，并且，必须在相应的法定羁押期限内完成所有的讯问工作；如果讯问被传唤、拘传的犯罪嫌疑人，应当在12小时内完成，案情特别重大、复杂的不超过24小时，且不得以连续传唤、拘传的形式变相拘禁犯罪嫌疑人。法律作出这样规定的意义在于：①有益于保障犯罪嫌疑人的合法权益，避免无辜的人长时间被拘禁和讯问；②有利于抓住战机，突破犯罪嫌疑人的心理防线，获取供词和其他有价值的案件线索。但目前我国立法尚未对进行讯问的时间、一次讯问持续时间的长短作出明确的限制性规定，犯罪嫌疑人就餐、休息、睡眠等权利还缺乏必要的法律保护。

### 三、对讯问方式的要求

《刑事诉讼法》第52条规定："……严禁刑讯逼供和以威胁、引诱、欺骗以及其他非法方法收集证据，不得强迫任何人证实自己有罪。……"这是法律对讯问方式的明确要求。因此，讯问人员在讯问中只能采取合法的手段，而且不得以任何强制程序和方法迫使犯罪嫌疑人供认自己的罪行。

**四、对讯问步骤、地点和笔录的要求**

《刑事诉讼法》第120条第1款规定:"侦查人员在讯问犯罪嫌疑人的时候,应当首先讯问犯罪嫌疑人是否有犯罪行为,让他陈述有罪的情节或者无罪的辩解,然后向他提出问题。……"这是法律对初审的一般步骤的要求。

《刑事诉讼法》对讯问地点或者场所没有作出全面的规定。根据第85条、第93条和第118条的规定,对于被拘留的犯罪嫌疑人,应当在24小时内送看守所羁押,对于被逮捕的犯罪嫌疑人,应当立即送看守所羁押,犯罪嫌疑人被送交看守所羁押以后,侦查人员对其进行讯问,应当在看守所内进行;第119条规定,对于不需要逮捕、拘留的犯罪嫌疑人,可以传唤到犯罪嫌疑人所在市、县内的指定地点或者到他的住处进行讯问。办案实践中,在犯罪嫌疑人未被送看守所羁押的情况下,一般是将其带回侦查机关进行讯问,因为这样更能保证讯问活动安全、顺利地进行。当然,有时因情况紧急,或者为了不丧失突破案件的最佳时机,侦查人员会在抓获犯罪嫌疑人的当时,就地展开讯问,这些都是法律所允许的。

另外,《刑事诉讼法》第122条规定,讯问笔录应当交犯罪嫌疑人核对或者向他宣读,如果记载有遗漏或者差错,可以补充或者改正,在确认笔录无误后,讯问人员和犯罪嫌疑人应当分别在笔录上签名。这是法律对讯问笔录制作的一般要求。

**五、对保障犯罪嫌疑人在讯问中的诉讼权利的要求**

法律赋予犯罪嫌疑人必要的诉讼权利,既是保障人权这一刑事诉讼价值取向的直接体现,也是权利制约权力,保证程序公正和实体真实的重要机制。讯问人员在讯问过程中,必须对犯罪嫌疑人享有的诉讼权利给予切实的保障。

(一)犯罪嫌疑人有为自己辩护的权利

辩护权是法律赋予犯罪嫌疑人最重要的诉讼权利,保障犯罪嫌疑人在讯问中充分行使辩护权,不仅是尊重和保护犯罪嫌疑人合法权利的需要,而且有助于讯问人员全面、客观地了解案件真相,防止主观臆断或偏听偏信而造成冤假错案。讯问人员应当耐心全面地听取犯罪嫌疑人无罪、罪轻的辩解,并根据犯罪嫌疑人提出的事实和理由,认真进行查证核实,绝不能把犯罪嫌疑人的辩解一律视为"狡辩""抵赖"或"态度不好"而不予理睬。

（二）犯罪嫌疑人有委托律师为其提供辩护的权利

按照《刑事诉讼法》的规定，犯罪嫌疑人自被侦查机关第一次讯问后或采取强制措施之日起，有权随时委托律师作为辩护人；辩护律师在侦查期间可以为犯罪嫌疑人提供法律帮助，代理申诉、控告，申请变更强制措施，向侦查机关了解犯罪嫌疑人涉嫌的罪名和案件有关情况，提出意见；等等。为了保障犯罪嫌疑人委托律师权利的实现，《刑事诉讼法》还规定，侦查机关在第一次讯问犯罪嫌疑人或者对犯罪嫌疑人采取强制措施的时候，应当告知犯罪嫌疑人有权委托辩护律师。讯问人员在讯问中必须严格履行这一告知义务，并将告知内容在笔录中记明。同时，侦查机关还应当依法保障受委托的律师履行辩护职责。

（三）犯罪嫌疑人有申请回避权

根据《刑事诉讼法》的规定，讯问人员有下列情形之一的，本人应当回避，犯罪嫌疑人也有权要求他们回避：是本案的当事人或当事人的近亲属的；本人或他的近亲属和本案有利害关系的；担任过本案的证人、鉴定人、辩护人、诉讼代理人的；与本案当事人有其他关系，可能影响公正处理案件的。讯问人员应当在采取强制措施或第一次讯问时，告知犯罪嫌疑人享有申请回避权，如果犯罪嫌疑人提出回避要求，应当立即报告领导，但在侦查机关负责人作出回避决定前，根据法律规定，讯问人员不能停止对案件的侦查。

（四）犯罪嫌疑人有控告权

根据《刑事诉讼法》第14条的规定，犯罪嫌疑人对于侦查人员侵犯其诉讼权利和人身侮辱的行为，有权提出控告。讯问人员对犯罪嫌疑人的控告，应及时转交有关领导或部门，不得隐瞒或压制，更不得因此对犯罪嫌疑人进行报复。

（五）犯罪嫌疑人有拒绝回答与本案无关问题的权利

根据《刑事诉讼法》第120条的规定，犯罪嫌疑人对讯问人员提出的与本案无关的问题，有拒绝回答的权利。所谓"与本案无关的问题"，主要包括以下几个方面：对认定或者否定犯罪事实不起决定作用的问题；对认定或者否定犯罪的性质没有参考价值的问题；不影响犯罪情节轻重的问题；对判断犯罪危害程度无直接意义的问题。据此，问题与本案"有关"或者"无关"，不能凭个人主观臆断，只能由"本案"的客观实际来决定。

（六）犯罪嫌疑人有获知鉴定意见和要求补充鉴定或者重新鉴定的权利

鉴定意见是具有相关专业知识的人对案件涉及的专门性问题进行鉴别和判断后给出的结论意见，具有科学性和专业性，是认定案件事实的重要依据。但鉴定意见从本质上讲，属于鉴定人提供的一种言词证据，为了确保其可靠性，根据《刑事诉讼法》第 148 条的规定，侦查机关应当将用作证据的鉴定意见告知犯罪嫌疑人，听取犯罪嫌疑人对鉴定意见的意见。如果犯罪嫌疑人认为鉴定意见不全面、不充分或不正确，并提出申请，要求补充鉴定或者重新鉴定，讯问人员认为其申请的理由充分、正当的，应当补充鉴定或者重新鉴定。对犯罪嫌疑人这一申请的内容，应当制作笔录，存入案件卷宗，以备查考。

思考题：

1. 讯问在刑事诉讼中的地位如何？
2. 讯问有什么特点？
3. 讯问的任务有哪些？
4. 如何理解讯问的基本原则？
5. 非法讯问与合法讯问有何区别？

# 第三章 讯问主体

讯问主体是指侦查机关中主持、实施讯问活动，承担讯问任务的讯问人员，其在讯问活动中处于主导地位。从根本上讲，讯问目的是通过讯问人员准确、合理地选择、运用有关的策略方法来实现的，因此，讯问人员对讯问活动的成败和效率起着决定作用，他们必须经过严格训练并具有良好的个人综合素质。

## 第一节 讯问人员的基本素质

讯问人员是法律授权专门从事刑事案件侦查工作的执法者，担负着打击犯罪，保护人民，维护国家政治稳定和社会安定的重要职责。讯问人员是否具有相应的个人综合素质，是其能否胜任这一重要职责的决定性因素。本节将从讯问工作的角度研究讯问人员应当具备的基本素质。

**一、讯问人员应当具备的政治素质**

政治素质是指一个人的政治态度和思想觉悟。讯问人员在工作中必然要面对诸多的价值冲突，进行价值评判并作出选择是开展讯问工作的一个极其重要的主观前提。与此同时，由于对案件的处理结果将直接影响当事人的某些实体权利，讯问人员还时常会面对各种利益诱惑。因此，正确的政治态度、高度的思想觉悟是对讯问人员最基本的职业素质要求。讯问人员必须具备的政治素质包括以下四个方面的内容。

（一）正确的政治方向，坚定的理想信念

犯罪是一种反社会行为，讯问人员在对有关案件进行审理的过程中，不可避免地会接触到各种反动观点和不道德的价值取向，了解诸多的社会阴暗面。讯问人员要杜绝不良影响，抵制来自各个方面的侵蚀，确保讯问目的的全面实现，就必须具有正确的政治方向和坚定的理想信念。为此，讯问人员应做到以下三点：

1. 坚定建设中国特色社会主义的信念。信念作为一种思想意识，对人的行为选择具有重要的决定作用。走有中国特色的社会主义道路，是中国人民经过长期实践检验后的历史选择。习近平新时代中国特色社会主义思想，是马克思主义中国化的最新成果，是中国特色社会主义理论体系的重要组成部分，讯问人员必须认真学习这一重要思想并深入理解其理论创新与时代价值，坚定建设中国特色社会主义的信念，才能适应讯问工作的现实需要，更好地承担起自己应有的职责。

2. 与党中央在政治上保持高度一致。中国共产党是全国各民族人民利益的忠实代表，中国特色社会主义最本质的特征是中国共产党领导，中国特色社会主义制度的最大优势是中国共产党领导，中国共产党是最高政治领导力量。党在各个时期的路线、方针、政策，既是全党、全国人民的行动纲领，也是讯问工作的根本依据。与党中央在政治上保持高度一致，是讯问人员在工作中始终把握正确方向的前提和保障。

3. 自觉维护法律的尊严。法律是党领导人民制定的，是人民意志的体现，是党的路线、方针和政策法治化、条文化的结果。因此，正确贯彻、执行法律与服从党的领导、捍卫人民群众利益是完全一致的。讯问人员应当充分认识到，维护法律尊严是巩固人民民主专政政权、确保政治安定的重要手段，是建立良好社会治安秩序、构建和谐社会的必然要求，是讯问人员最为核心的工作职责。

（二）强烈的事业心，高度的责任感

讯问人员应当具有强烈的事业心和高度的责任感，具体体现在以下方面：

1. 无私无畏的奉献精神。讯问本身所具有的冲突性，导致讯问人员在达成讯问目的的过程中通常会面临诸多障碍、承受诸多压力。为了创造、把握突破犯罪嫌疑人口供的有利时机，或满足法律对讯问活动的时限要求，讯问人员常常需要牺牲个人时间超负荷进行工作，这就难免会影响个人和家庭的正常生活。因此，讯问人员必须具有无私无畏的奉献精神，才能满足讯问工作的现实需要。

2. 一丝不苟的工作态度。讯问人员肩负着惩治犯罪、保护人民的重要任务，讯问人员工作中的一点疏忽，即可能导致放纵犯罪、冤屈无辜的后果。因此，讯问人员在讯问工作中必须全神贯注、严谨认真，对犯罪嫌疑人的每一罪行，对案件的每一情节、每一线索，都要追查清楚，决不能有任何的松弛与懈怠。

3. 求真务实的工作作风。对犯罪的惩治，对无辜的保护，都是建立在准确认定案件事实并正确适用法律这一基础之上的。因此，讯问人员必须忠于事实，忠于法律，勇于修正错误，绝不弄虚作假。办案过程中，无论是遭受压力还是遇到诱惑，都应当保持清醒的头脑，坚持真理，既不趋炎附势，出卖原则，也不文过饰非，推卸责任。

（三）秉公执法，清正廉明

讯问工作的开展必须以相关刑事法律为依据，秉公执法是讯问人员根本的职业要求和职业责任。而清正廉明，防腐拒贿，则是保证秉公执法的重要条件。讯问人员要秉公执法、清正廉明，必须做到以下三点：

1. 正确处理情与法的关系，不能以情易法。人的情感对其行为产生影响是一种较为普遍的现象。但人们的情感选择往往并不完全符合法律的价值取向，讯问人员也是如此。如果讯问人员以种种情感因素代替秉公执法，就有可能将自己个人的价值取向凌驾于而不是服从于刑事立法的价值取向，或者借执法之名，行泄私愤、图报复之实；或者在案件审理中袒护亲属、朋友；等等。这些行为无疑将使讯问工作偏离正确的方向，最终害人害己。因此，讯问人员必须抑制于法不容的情感取向，将法律规范作为自己最根本的行为准则，这其实也是对所有执法者的基本的职业要求。

2. 正确处理权与法的关系，要不畏权势。正确处理权与法的关系，包括两个方面：一是自己不滥用职权；二是不畏权势，坚决抵制以权压法的行为。为此，侦查机关首先要教育讯问人员正确认识自己的职业责任和根本宗旨，并对滥用职权的现象进行严肃查处。既从正面树立依法办案的价值取向，又在纠错、惩办的同时给讯问人员足够的警示。其次，侦查机关及其讯问人员要不畏权势，敢于碰硬，坚决顶住来自有权有势者和有关上级领导的压力和干预，严格依照法律规定办案而不能屈从于法不容的指示、命令或要求。为此，各级党政领导要带头守法，自觉维护法律尊严，作为执法者的讯问人员更应当具有大无畏的气概，淡化对自己个人利益的关注，将国家、集体和人民的利益放在首位。

3. 正确处理钱与法的关系，不搞权钱交易。讯问人员应当清醒地认识到，"权力寻租"是司法腐败的主要表现形式，它不仅会降低侦查机关的公信力，破坏讯问活动的廉洁性，还会严重阻碍司法公正的实现。因此，讯问人员必须加强学习，树立正确的权力观和金钱观，自觉抵制拜金主义、个人主义的侵蚀，严于律己，廉洁奉公，绝不能将自己手中的权力当作换取个人利益的筹码。

(四) 严守纪律，文明办案

1. 讯问人员应当严格遵守办案纪律，特别是要注意遵守以下三项纪律：

(1) 如实反映案件情况。讯问人员在审理案件的过程中，不仅要如实反映讯问活动的进展情况，还应如实反映已经查明的案件事实。这既是有关领导指导讯问工作沿着正确的方向不断深入的必要前提，也是有关单位对案件作出正确处理的根本保障。如果讯问人员出于某种不良动机，不如实反映案件情况，掩盖矛盾、弄虚作假，讯问必然偏离事实，偏离法律，案件事实真相就不可能完全呈现出来，很有可能因此而导致冤假错案。

(2) 严禁刑讯逼供。刑讯逼供不仅从根本上违背了我国刑事诉讼中人权保障的价值取向，而且还是造成冤假错案的重要原因。因此，我们党的政策和国家法律历来是严格禁止、坚决反对一切形式的刑讯逼供行为。讯问人员必须对此高度重视，彻底肃清头脑中的特权思想，严格遵守严禁刑讯逼供的各项纪律。

(3) 不准向无关人员泄漏案情和与案件有关的情况。侦查机关已经查明的案情和与案件有关的情况既是深入侦查工作的基础，也是犯罪分子及有关人员在逃避打击、对抗侦查过程中制定、运用对策的重要依据。如果讯问人员不自觉地泄露了这些情况，就有可能惊动尚未触动的侦查对象或者侦查对象的亲友，使他们有可能逃跑、隐匿、毁灭证据，甚至发生自杀或杀人灭口等行为，不仅将给侦查工作带来难以弥补的损失，还可能造成极大的社会危害。因此，讯问人员必须要有高度的保密意识，严格保守案情机密。

2. 文明办案既是讯问人员职业道德规范的要求，也是保证讯问活动顺利进行的条件。讯问人员文明办案应当做到以下三点：

(1) 谦虚谨慎。由于讯问工作在刑事诉讼和侦查办案中处于重要地位，有的讯问人员自视高人一等，傲慢自大，在侦查机关内部和社会上造成了不良影响，使讯问工作往往因此难以取得其他有关部门和个人的协助与配合，严重阻碍讯问目的的实现。为杜绝这一情况的发生，讯问人员必须加强职业道德修养，谦虚谨慎，尊重他人，文明办案。

(2) 以理服人。由于犯罪嫌疑人在认罪、悔罪情形下形成的口供往往是最真实、最全面、最稳定的，所以讯问人员在讯问活动中，应当尊重犯罪嫌疑人的人格，晓之以理，动之以情，以理服人。

(3) 着装严整。讯问是一项严肃的执法活动，为了体现执法的严肃性，讯问人员讯问时必须严格执行有关的着装规定，保持服装整洁、规范，从而体现讯问人员作为执法者的权威性和良好的精神风貌。

**二、讯问人员应当具备的业务素质**

讯问人员的业务素质是指胜任讯问工作所应当具备的知识和能力。由于讯问是一项政策性、法律性、专业性较强的工作,因此需要讯问人员具有较高的业务素质。

(一)熟悉并善于运用与讯问工作有关的政策、法律

讯问是刑事诉讼的重要环节,必须以刑事政策为指南,严格执行国家的有关法律,依法办案。这些与讯问工作有关的法律和刑事政策,既是讯问人员在具体办案过程中的行为准则和决策依据,也是教育、感召犯罪嫌疑人的重要工具,讯问人员不仅要熟知其内容,正确理解其含义和精神实质,还必须能够根据案件的实际情况,灵活、准确地运用有关规定,制定出最为有效的讯问对策,并对案件审理中遇到的各种问题作出处理,以确保办案质量。能否满足这一能力要求,是衡量一个讯问人员业务素质高低的重要标志之一。

(二)精通讯问专业知识,掌握进行讯问的各种技能

1. 熟练掌握讯问的程序和步骤。讯问人员要熟知讯问的各项程序步骤和实施要领,熟知各项程序、步骤之间的联系和衔接,并能熟练地制作讯问笔录,正确反映讯问全过程的真实情况,使具体办案活动严格依照有关讯问的法律要求进行。

2. 准确预测和把握犯罪嫌疑人的心理活动。讯问人员要获取犯罪嫌疑人真实、全面的供述和辩解,从某种意义上说,只能通过对犯罪嫌疑人施以有效的心理影响,促使其应讯心理向配合讯问的方向转化来实现。而心理对策的制定与实施,必须针对犯罪嫌疑人具体的心理活动状况进行。因此,讯问人员在讯问前,应当通过各种途径,准确掌握犯罪嫌疑人的基本情况,正确分析、判断其对待案件的态度,预测其接受讯问时的心理活动及其变化趋势,并在讯问过程中,善于观察,及时把握犯罪嫌疑人的心理活动,因势利导,消除其如实供述和辩解的各种心理障碍。

3. 因人因案而异,熟练运用讯问的策略、方法。讯问人员在办案实践中,必然要承办各种类型的犯罪案件,面对各个社会阶层且生活背景、个人素质、性格特点各不相同的犯罪嫌疑人。根据各类不同性质案件的特点和规律,根据不同类型的犯罪嫌疑人在讯问中的应讯特点和反讯问手法,因人因案,制订并实施相应的具体的讯问策略和方法,是讯问人员必须具备的专业技能。

4. 准确地审查判断口供，并在此基础上组织、完善证据体系。讯问的主要目的就是获取犯罪嫌疑人的口供。但犯罪嫌疑人受趋利避害心理的驱动，以及观察能力、记忆能力、表述能力等方面的制约，口供既有可能是真实的，也有可能是虚假或虚实并存的。如果讯问人员对真实的口供不予认定，必将导致案件无法正确、及时地进行审理；而如果虚假的口供得不到识别、揭露，则极有可能使侦查工作误入歧途。因此，准确地审查判断口供，是讯问人员成功开展讯问活动必备的技能。另外，在讯问结束将案件移送检察机关审查起诉时，要求案件事实已经查清，证据确实、充分。因此，讯问人员还必须具备在准确审查判断口供的基础上，整合全案证据，有效地组织并完善证据体系的技能。

5. 准确、及时地结束讯问，对犯罪嫌疑人和案件物品提出正确的处理意见。讯问有法定的时限要求，一旦经过讯问和其他调查措施，查清了案件的全部事实和情节，获取了确实、充分的证据，讯问人员即可结束讯问，并依据我国《刑法》《刑事诉讼法》的规定，准确地对犯罪嫌疑人提出起诉或撤销案件的处理意见，并对案件物品提出正确的处理意见，以确保整个讯问工作能够在法定的时间内完成，提高案件诉讼效率。

（三）掌握与讯问工作相关的科学技术

当前科学技术发展进步的速度和广度在人类历史上是前所未有的，并深刻地影响着社会生活的各个方面。犯罪主体构成随之日趋知识化，其作案手段日趋智能化。这无疑给讯问人员揭露犯罪、证实犯罪提出了更高的要求。当然，现代科学技术也为查明案件事实提供了更加丰富的手段和工具。因此，讯问人员应当更多地掌握与讯问工作相关的科学技术，使自己能够比犯罪嫌疑人技高一等，在讯问对抗中取得主动地位。

### 三、讯问人员应当具备的心理素质

讯问的过程，就是讯问主体与讯问对象之间一场极为复杂的心理交往，并且，讯问工作还具有极强的冲突性、时限性等特点。因此，讯问人员良好的心理素质是其胜任本职工作必不可少的重要条件。根据讯问工作自身的特点及其目的的要求，讯问人员应当具备下述职业心理品质。

（一）观察能力

讯问人员必须具有善于了解犯罪嫌疑人的个性，洞悉其在讯问过程中心理变化的能力，这是讯问人员极其重要的心理素质。不同犯罪嫌疑人个性存在差异，并且，每个犯罪嫌疑人在接受讯问的过程中，心理活动都是复杂多变的。讯问人员必须具有敏锐而深刻的观察能力，能够在与犯罪嫌疑人接触、交往的过程中，通过对其言行举止的仔细观察，准确把握对方的个性，洞悉其心理活动状况，从而针对性地制定、实施相应的讯问对策，掌握讯问的主动权。

（二）思维能力

思维能力主要包括：思维的广度、思维的深度、思维的独立性、思维的逻辑性、思维的敏捷性。在讯问过程中，有罪的犯罪嫌疑人为了掩盖犯罪事实，逃避罪责，往往会避重就轻，精心编造谎言，使案件的事实真相被掩盖在真真假假、虚虚实实的各种信息之中。而以查明案件事实真相为主要目的的讯问工作又有着严格的法定时限要求。因此，讯问人员必须具有严谨而敏捷的思维能力，能够对纷纭复杂的案件材料迅速进行周密的综合分析、判断，正确、及时地判明案件事实与证据材料之间的实质关系，确保讯问目的的顺利实现。

（三）记忆能力

讯问人员应当具有良好的记忆能力，对感知过、思考过、体验过和行动过的与讯问工作有关的事物能准确地加以反映，其中包括识记、保持和再现（包括回忆和再认）这三个基本环节。在办理案件的过程中，讯问人员对已经掌握的案件情况，包括与犯罪活动有关的所有细节，都应清楚地记在脑中，只有如此才能在讯问中判断犯罪嫌疑人供述的真伪，对谎言及时加以揭露或纠正，确保讯问的顺利进行。

（四）注意能力

注意是心理活动对一定对象有选择的集中。讯问情势复杂多变，加之持续时间长，犯罪嫌疑人大多又采取不合作态度，容易分散讯问人员的注意力，降低案件审理的效率。因此，讯问人员应当具有较强的注意能力，在讯问中能够排除干扰，始终把注意力集中在案件的主要问题上，避免心理活动的指向错位，切实保障讯问围绕查明案件事实真相这一根本目的来展开。此外，讯问过程中时常会出现一些复杂情况，讯问人员还要能根据讯问总体目标和讯问策略的需要，主动灵活地运用注意的客观规律，既保持高度集中的注意力，又适当分配注意力，适时转移注意力，以适应复杂多变的讯问工作。

（五）想象能力

讯问人员应当具有丰富的想象能力，包括再造想象和创造想象的能力。再造想象，是讯问人员以有关的案件资料为依据，对特定的犯罪过程加以想象的表象心理过程。创造想象，是讯问人员以一定的材料为基础，对犯罪过程、犯罪的原因事实等事物形成某种独创性想象的表象心理过程。无论是通过再造想象,还是创造想象,都有利于讯问人员理清自己的工作思路,它们与主观臆断有着本质的区别。再造想象和创造想象都是建立在一定的事实材料基础之上,并对想象的内容与结果抱着寻找更多的证据予以证实、修正甚至否定的主观心态,而主观臆断则是凭空猜测,并轻易确信。

(六) 感染能力

讯问工作不仅要查明案件事实真相,而且还担负着用政策和法律对犯罪嫌疑人进行感化教育,从思想上改造有罪的犯罪嫌疑人的重要任务。要清除犯罪嫌疑人的各种反动、错误思想和不良心理品质,使他们悔过自新、重新做人,讯问人员自身必须具有很强的感染能力,要善于激发犯罪嫌疑人的情感,启迪他们的良知,促使其悔悟。当然,完成好这项任务也是讯问人员获取犯罪嫌疑人真实供述的一种有效手段。

(七) 应变能力

讯问人员的应变能力,是指在讯问活动中,根据不断变化的情况,临机处置,果断决策,始终掌握讯问主动权的能力。尽管讯问人员在讯问前会认真研究、分析案情,制订详细的讯问计划,但是在讯问中经常会出现一些预料不到的复杂情况,导致原定计划难以顺利实施。如果此时不能敏捷思维、妥善应对,很可能错失突破案件的时机,使讯问陷入僵局。因此,需要讯问人员具有灵活的应变能力,控制好自己的情绪,保持平稳的心态,根据情况冷静迅速地调整讯问计划,把讯问正常进行下去。这种讯问中的随机性决策,就反映了讯问人员的应变能力。

(八) 意志能力

讯问不仅是斗智斗勇的对抗,还是一种意志和毅力的抗衡与较量。许多有罪的犯罪嫌疑人,为了逃脱罪责,往往竭尽全力对抗讯问,不但在罪责上推脱、狡辩,还与讯问人员拼意志、拼耐力,企图消磨和瓦解讯问人员的意志力,使讯问陷入僵持局面。因此,即使讯问的方法完全正确,如果不具备坚强的意志和耐心,仍然难以完成讯问任务。讯问人员在讯问活动中,必须始终保持旺盛的斗志和必胜的信心,具有克服一切困难、应付一切挫折的坚忍不拔的意志力和耐力,具有排除各种干扰、刺激,面对顺境或逆境都能沉着冷静地驾驭局面的自制力。

## 第二节 讯问人员的消极心理及其调控

讯问人员在长期、固定的职业活动中，既能培养优良的心理品质，也容易带来心理上的职业弱点。由于受主客观因素的影响和制约，讯问人员难免会产生一些不利于讯问的消极心理，主要反映在认知、情感、意志等心理活动过程中。认真分析研究讯问人员在讯问中存在的各种消极心理，帮助讯问人员采取有效措施消除消极心理，对于顺利完成讯问工作任务，提高侦查办案质量非常必要。

**一、认知方面的消极心理及其调控**

讯问人员在讯问中出现的认知方面的消极心理现象主要包括偏见、感知迟钝或错觉、注意分散和思维品质欠缺等。

（一）偏见

所谓偏见，这里主要是指讯问人员对讯问对象抱有的片面看法和不公正态度。

1. 认为讯问对象都是有罪的。讯问人员在长期与刑事犯罪的斗争中，养成了高度的警惕性，对与犯罪有关的人、事、物等比较敏感，加上审理案件初始，讯问人员首先感知到的是讯问对象"有罪嫌疑"的材料和证据，所以在讯问对象"是否犯罪"这个问题上，有些讯问人员容易陷入"先入为主""有罪推定"的思维定势，从而只留心控诉证据的收集，忽视辩护证据的获取，不注意发现案件事实、证据以及犯罪嫌疑人应讯表现等方面存在的疑点和矛盾，甚至发现了也会在主观上给出"合理"解释，轻易排除。这种把讯问对象都视为"有罪"的偏见是极其危险的，在大多数冤假错案中都能找到这一重要的思想根源。

2. 认为讯问对象都是狡猾的，都要为自己的罪行狡辩。在讯问中，犯罪嫌疑人受趋利避害心理的制约，不愿供认对自己不利的案件事实，采取狡辩的手法来对抗讯问，的确较为常见。讯问人员基于过往工作经历容易将这一情形绝对化，因此就很有可能把正常合理的辩解也视为"狡辩"，从而剥夺犯罪嫌疑人依法享有的辩护权利。这样不仅无法查明案件事实真相，还会使无辜者长时间遭受冤屈。

3. 乐于相信讯问对象有罪和罪重的供述。按照一般的思维逻辑，没有犯罪行为的人是不会承认自己有罪的。因此，犯罪嫌疑人有罪和罪重的口供，似乎应该是真实的,应该是可以相信的。然而,在实际办案中,事情并非这么简单,比如,有的犯罪嫌疑人出于"哥们义气"或其他利益关系的考虑会代人受过,大包大揽;有的无辜的犯罪嫌疑人则是因为难以承受讯问压力而虚假认罪;等等。因此,讯问对象有罪和罪重的供述也有可能与客观事实不符,如果一律采信,将存在冤假错案的风险。

讯问人员要克服上述三种偏见,就必须关注讯问对象实为无辜者的可能性,对犯罪嫌疑人的供述采取十分审慎的态度,既要耐心、全面地听取其无罪或罪轻的辩解,又要将其有罪、罪重的供述与掌握的其他证据材料结合起来认真分析,注意口供与其他证据之间,口供与口供之间是否存在矛盾和差异,从而准确判断口供的真实性,避免冤假错案的发生。

(二) 感知迟钝或知觉错误

感知是人们认识事物的初始阶段,一切较高级、较复杂的心理过程,都必须依靠感知获得的材料才可能产生。在讯问过程中,犯罪嫌疑人的情绪变化迅速、复杂,并或多或少地会在犯罪嫌疑人的精神上、语言上、态度上、举止上有所反映,而这期间往往隐藏着击溃其心理防线的有利时机。如果讯问人员感知迟钝或产生错觉,不能抓准犯罪嫌疑人瞬间的情绪波动,尤其是讯问触及案件要害问题时的情绪波动,从而推知犯罪嫌疑人的心理变化,就有可能失去已经出现的突破时机,让犯罪嫌疑人的心态又重新归于平稳。

1. 感知迟钝。这是指讯问人员在讯问活动中,对讯问对象、讯问情境等事物的个别属性的感受性低。

2. 知觉错误。这是指讯问人员在讯问活动中,对讯问对象、讯问情境等事物的各个部分和整体属性的失真反映。

为了克服感知迟钝或错觉的消极心理反应,讯问人员应当加强对犯罪嫌疑人犯罪心理、应讯心理以及反讯问手法等的研究,掌握其中的规律,并在讯问实践中不断积累、丰富相关的经验,使自己能够对犯罪嫌疑人在接受讯问过程中言行举止变化和情绪反应的真实状态形成敏捷而准确的认知。

(三) 注意分散

讯问中注意的分配与转移直接影响讯问的效果。然而,注意往往由于各种因素的影响发生分散现象。注意的分散是一种消极的心理现象,是注意效率降低、消失的反映。引起讯问人员注意分散的原因主要有以下四种情况:

1. 长时间高度紧张的注意引起疲劳导致注意分散。由于人的生理机能的特点,注意的集中与转移的强度是有一定限度的。而一次讯问活动通常会进行三至五个小时,有时甚至会持续十多个小时,讯问人员长时间高度紧张的注意必然会引起疲劳,从而导致注意分散,出现思维迟钝的现象。根据这一生理规律,讯问人员应当科学地调节和把握注意的分配与转移。

2. 纪律作风散漫引起的注意分散。如果讯问人员纪律作风涣散,对本职工作缺乏强烈的责任感,在讯问过程中就必然会将自己的注意分配、转移到与案件无关的其他方面,失去对应该关注的对象的注意。这无疑是一种失职行为,必然会给讯问工作带来极大的损害。因此,应当加强讯问人员组织纪律性,督促其养成良好的工作作风,这是克服注意分散的必要条件。

3. 多余信息干扰引起的注意分散。在讯问中,各种线索、材料较多,其中有些与案件有关,有些则毫无关系。那些多余信息,对讯问人员正确认识案件的真实面目起着干扰作用,使讯问人员的注意分散。因此,在讯问中,讯问人员应当发挥注意的选择功能,利用案件信息之间互相依存的关系,合理分析信息中各种矛盾出现的原因,鉴别和筛选出犯罪信息,剔除与案件无关的多余信息,排除它们的干扰。

4. 讯问环境不当引起的注意分散。为了争取时间,尽快突破口供,讯问地点的选择,尤其是第一次讯问地点的选择往往具有较大的随机性。这就可能使讯问人员受到无关人员频繁走动、噪音等环境因素的干扰,从而分散注意。对此,讯问人员必须不断磨炼自己在各种环境下集中有效注意的能力。

(四) 思维品质欠缺

思维品质是心理品质的核心问题。讯问是讯问人员与犯罪嫌疑人之间进行的攻心斗智的心理战,讯问人员思维品质的优与劣,往往关系到讯问的成功与失败。讯问人员思维品质方面的欠缺主要表现在以下方面:

1. 缺乏思维的目的性。在讯问活动中,主要表现为对需要解决的案件核心问题不明确,不能围绕主要的或实质性的问题展开讯问,常常在琐碎的枝节问题上纠缠不休,难以取得良好的讯问效果。

2. 缺乏思维的灵活性。在讯问活动中,主要表现为不能根据不断变化的情况因势利导,及时提出有针对性的问题,或针锋相对地予以回应,并迅速组织语言进行突破。这就有可能让犯罪嫌疑人占得先机,使讯问陷入被动,最终导致讯问目的无法实现。

3. 缺乏思维的严密性。在讯问活动中,主要表现为对有关人、事、物关系的推理判断不符合逻辑规则，不能通过一系列的分析、比较、概括、抽象等思维活动，准确推断案情与犯罪嫌疑人之间的时空关系和因果关系，得出的结论不正确或没有说服力。

4. 缺乏思维的独立性。在讯问活动中，主要表现为面对纷繁复杂的案情，缺乏独立见解，难以通过自己的分析、判断，去伪存真，去粗取精，找出有效的讯问对策。

讯问人员要弥补思维品质方面的欠缺，不断提高、优化自己的思维品质，首先应当加强对刑法学、刑事诉讼法学、证据学等法学理论的学习，以明确讯问在刑事诉讼中的地位和作用，明确通过讯问所要实现的最终目的和阶段性目标，以及通过讯问所应解决的案件的具体核心问题，从而使自己的讯问思路始终保持正确的方向。其次，讯问人员应当加强对心理学、逻辑学的学习，并认真研究各种犯罪和各种反讯问手法的具体情形，增强自己的逻辑思维能力，增强根据具体的讯问情况，迅速从多方面、多角度、多层次进行准确分析、判断、决策的能力。最后，讯问人员要通过业务学习和讯问实践的磨炼，不断增强自信，排除对同事、对领导在工作上的依赖感，以提高自己独立思考问题、独立解决问题的能力。

**二、情绪、情感方面的消极心理及其调控**

讯问人员对于自己所接触到的人、事、物等，常常抱有这样或那样的态度。对这些态度的体验，就是情绪和情感。情绪、情感具有两极性特征，即表现为积极和消极两个方面。积极的情绪、情感可以提高讯问活动效率，而消极的情绪、情感则会影响讯问活动的正常进行。从讯问实践看，讯问人员情绪、情感方面的消极心理主要有以下三种：

（一）急躁情绪

这是讯问活动中最常见的一种消极情绪，大多出现在以下两种情况：

1. 麻痹轻敌，草率上阵，工作遇阻的时候。有的讯问人员自认为办案经验丰富，仅凭某些表象就轻易作出"案情简单""证据充分"，或是犯罪嫌疑人无反讯问经验等主观判断，在思想上麻痹轻敌，不深入细致地研究案件的个性，没有充分准备就轻率上阵，而一旦碰壁就乱了方寸，导致心态失衡，产生急躁情绪。

2. 犯罪嫌疑人坚持无罪或罪轻辩解的时候。有的讯问人员只愿意听，也只相信犯罪嫌疑人有罪、罪重的供述，当犯罪嫌疑人为自己作无罪或罪轻的辩解时，就会认为这是在故意干扰讯问，影响了工作效率，从而产生急躁情绪。尤其是犯罪嫌疑人在讯问中出尔反尔，无理狡辩，甚至对讯问人员冷嘲热讽、蓄意挑衅时，讯问人员更容易头脑发热、感情冲动，表现出急躁和粗暴。

急躁情绪往往是产生对立情绪的催化剂，是产生违法行为的前兆。为了避免这种不良情绪的产生，讯问人员要着重培养自己的耐受性和抑制力，使自己在心理上和生理上都具有足够的承受外部刺激、压力的能力。讯问人员还应当注意培养自己的意志力，因为意志不仅调节人的外部动作，还可以调节人的心理状态。意志对情绪的调节功能和急躁情绪对意志的阻碍作用，是处于相互制约、此消彼长的关系之中。急躁情绪能否得到消除和控制，就人的内部因素来说，主要取决于讯问人员的意志和急躁情绪的力量对比。如果意志坚强，就可以克服急躁情绪对讯问活动的影响。

(二) 畏难情绪

畏难情绪是指人们对客观事物感到无所适从的一种体验和反映。在讯问中，讯问人员常常会遇到这样或那样的问题、困难，需要付出极大的努力，而努力的结果有时还具有不确定性。这样的情形对讯问人员讯问目的的实现无疑是极大的挑战，由此就可能会产生不同程度的畏难情绪。这种畏难情绪一旦形成，必然会导致讯问人员在工作中出现拖延甚至逃避等消极行为，影响讯问的进程和效率。

讯问人员要消除畏难情绪，必须培养自己良好的个性。比如，养成刻苦扎实、不怕困难和自始至终的行为习惯，克服自我迁就、自我懈怠的情绪倾向；培养、增强自己的耐心和抑制力；等等。另外，极强的自信心和坚忍不拔的意志力，对克服畏难情绪也非常重要，讯问人员必须有意识地在此方面进行努力。

(三) 对立情绪

对立情绪，在这里是指讯问人员在讯问中与犯罪嫌疑人相互对立、相互僵持态度的一种反映，多数发生在讯问的对抗相持阶段。其产生的原因主要有两个：

1. 认识上的片面性。有些讯问人员自认为在法律地位上处于绝对优势，对犯罪嫌疑人掌握着"生杀予夺的大权"，具有极强的权威感和严重的特权思想，在讯问中一旦遇到阻力或抵抗，就会产生对立情绪。

2. 个性上的偏激性。个性偏激是讯问人员与犯罪嫌疑人发生对立的一个重要原因。比如，有的讯问人员好胜心强，容易冲动，常常出现激愤心理和过激行为，从而产生对立情绪；有的讯问人员则耐受性低，并且刻板、不灵活，在受到犯罪嫌疑人对抗言行刺激时，容易产生对立情绪。

对立情绪往往会造成讯问的僵局。因为讯问人员一旦产生了对立情绪，就容易对犯罪嫌疑人的言行失去理性的判断和客观的评价，从而难以将讯问顺利地推进下去。对立情绪严重时，还可能使讯问人员违反政策法律，搞刑讯逼供。为了消除对立情绪，讯问人员必须首先清除自己的特权思想，树立尊重科学、实事求是的思想作风，在讯问中讲究斗争的策略和方法，尊重犯罪嫌疑人的人格，理解他们的处境，充分保障他们在讯问中的各种诉讼权利，自觉消除对立情绪。其次，讯问人员要提高自己的业务素质和思维应变能力，全面掌握讯问的策略、方法和技巧，当出现对立情绪苗头时，能够通过调整讯问的策略、方法，使讯问工作顺利地进行下去，减少产生对立情绪的因素。最后，讯问人员应在讯问中不断加强自身心理素质的培养训练，尤其要注意培养自己的忍耐度和抑制力，防止因偏激产生对立情绪。

**三、意志方面的消极心理及其调控**

讯问人员与犯罪嫌疑人在讯问对抗中，既有智慧的较量，又有意志的比拼。讯问人员如果意志坚强，即使面对顽固对抗的犯罪嫌疑人，也往往能够取得讯问工作的最后胜利；反之，即使在极其有利的情形下，也有可能错失良机，使讯问工作陷于僵局。因此，讯问人员意志力的强弱对整个讯问活动的成败具有决定性意义。讯问人员意志方面的消极心理，主要有以下两种反映：

（一）自信心不足

在讯问工作中，要查明案件的全部事实真相，满足移送审查起诉的法定条件，常常会存在一些客观障碍和人为干扰。比如，在有的案件中，有关人员相互间的社会关系错综复杂，案情扑朔迷离；有时，某一关键的犯罪证据难以获取或因失去条件而无法获取；犯罪嫌疑人为逃避或减轻罪责的需要，也常会实施各种反讯问手法，使案情真假难辨，尤其是在审理一些社会影响较大的案件时，往往需要承受来自内部和外部的诸多压力；等等。因此，基于各种不同的原因，有些讯问人员会对自己承办的案件自信心不足，甚至发生动摇。

为了克服自信心不足的消极心理，讯问人员首先要提高认识，自信自强。讯问人员应当拓展思路，充分认识到讯问工作是惩治犯罪、保护人民的正义事业，自己的工作得到了政府和广大人民群众的大力支持，并认真、客观地分析自己在讯问中的有利地位，从而树立起自信自强的信念。其次，讯问人员应当充分、全面地估计到有利条件和困难因素。正确估计有利条件，有助于增强制服犯罪嫌疑人的信心；充分估计不利因素，有利于采取有力措施，增强克服困难的决心。

### （二）缺乏自制力

自制力是指善于控制和支配自己行为的能力。坚强的自制力是讯问人员重要的意志品质。但是，有的讯问人员却缺乏这种自制能力，他们在讯问中，往往不能有效地克制自己的情绪和行为，缺乏应有的忍耐性。比如，当犯罪嫌疑人采取不合作态度的时候，有的讯问人员不是积极主动地去调整自己的心态，沉着冷静地采取对策，而是任由自己的情绪爆发，表现出过激的言词和举动，执法心理失控，这很容易导致违法违纪行为，给讯问工作带来危害。还有的讯问人员在讯问过程中，不善于掩饰自己的心情，当讯问工作遇到阻碍，案件的关键问题一时得不到解决时，就抓耳挠腮，烦躁不已；而一旦讯问工作即将取得重大突破，又兴奋不已，喜形于色，随意表态。如此极易将讯问工作的底细暴露给犯罪嫌疑人。

讯问人员要增强自身的自制力，首先应当加强个人修养，注重在实践中锻炼提高对自己言行举止、面部表情等的控制能力，使犯罪嫌疑人难以从讯问的接触交往中，洞悉讯问人员内心的活动情况，从而自觉抑制职业心理的异向发展。其次，要增强法治观念，严格按照讯问工作方针、原则、程序办事，用法律和原则来约束自制力缺乏等消极心理的形成和发展。最后，讯问人员还应当适应和改善讯问工作的条件、环境，形成合理的生活工作习惯，做到有张有弛，劳逸结合，这对培养讯问人员良好的自制力具有非常重要的实际意义。

## 第三节　讯问人员素质的培养与提高

### 一、提高讯问人员素质的紧迫性

（一）侦查工作的任务加重

由于我国目前正处于社会转型时期，各类社会矛盾较多，由此而引发的刑事犯罪也在不断增加。并且，在我国经济快速增长的过程中，不仅人民群众的生活水平得到明显提高，同时也产生了更多的"犯罪诱惑"和"犯罪平台"，出现了许多新的犯罪形式和犯罪手段，使侦查机关受理案件的范围扩大，受理案件的总数增加。因此，包括讯问犯罪嫌疑人在内的侦查工作的任务也随之加重。

（二）讯问工作的难度增加

根据我国《刑事诉讼法》的规定，犯罪嫌疑人在被侦查机关第一次讯问后，或者采取强制措施之日起，就可以委托律师为自己提供辩护。这在增加侦查机关执法的透明度、促进对犯罪嫌疑人合法权利进行有效保护的同时，也在一定程度上为犯罪嫌疑人对抗讯问提供了心理支持，并使其逃避、减轻罪责的各种反讯问策略、方法有可能更具针对性。另外，随着现代科学技术的快速发展及其运用的日益广泛，社会生活的内容和形式较以往更加丰富多样，犯罪的表现形式和实施手段也由此出现了许多新的变化，使得对犯罪过程的认识以及对相关行为法律性质的界定更为不易。所有这些都不可避免地给讯问工作增加了难度。

（三）对讯问工作的要求更高

首先是对侦查办案的质量要求更高。在以审判为中心所进行的刑事诉讼制度改革过程中，随着庭审实质化的推进，公诉的难度增加。为了避免和减少公诉失败的情况，检察机关自然也对侦查机关移送的案件质量提出更高的要求。其次是对讯问工作的执法要求更高。我国现在已从立法层面上确立了非法证据排除规则，而且对讯问人员收集犯罪嫌疑人口供及其他证据的行为，通过一系列规范性文件的制定实施，从获取的手段、方法、程序以及随附义务等方面细化了合法性要求，讯问人员必须严格执法才能经得起法庭审判的检验，实现刑事诉讼的目的。

综上所述，目前讯问工作的现状就是：任务重，难度大，要求高。为了适应讯问工作面临的新形势和新任务，迫切需要加大力度，付出更多的努力和艰辛，采取多种途径和方法培养提高讯问人员的素质，提高讯问人员的执法水平和工作效率。

## 二、培养提高讯问人员素质的途径和方法

培养提高讯问人员素质的途径和方法是多渠道、多形式的。总括起来途径可以分为两大类：一类是院校正规系统培养，另一类是在职学习培训。这两条途径既可单独发挥作用，也可互为延续教育，相辅相成。各个途径又有多种多样的方式、方法。

（一）勤于学习

讯问人员要有学习的自觉性和紧迫感，有强烈的求知欲望，树立刻苦、勤奋、坚韧不拔的学习精神。要根据需要与可能，充分利用包括院校学习、岗位培训、实践中"以老带新"在内的各种学习的机会和途径，全面提高自己的综合素质，以适应不断变化的情况，适应讯问工作的现实需求。

（二）勇于实践

讯问是一项实践性很强的业务工作，其中的许多真知灼见、技能技巧在课堂

上、书本上是难以获得的，往往需要经过较长时间的讯问实践的磨炼才能够认识、掌握。尤其是在当今社会科技进步日新月异，我国又处于发展社会主义市场经济的新的历史条件下，刑事犯罪的规律、特点发生了很大变化，讯问工作面临许多新情况、新问题。讯问人员必须知难而进，勇于在实践中不断探索，才能有效地提高自己审理案件的实际水平，进而在应对各种挑战的过程中占得先机。

（三）善于总结

讯问人员在勤于学习和勇于实践的过程中，一定要注意克服盲目性，增强目的性和主动性，要善于把学习和实践两者有机地结合起来，不断地总结经验和积累经验，使学习和实践的成果能够进一步深化、提高。为了在总结的过程中更好地揭示出讯问中带有规律性的经验，必须抓住三个关键环节：①要善于自我总结，经常回顾自己学习和实践的经历，找出其中成功的经验和失败的教训，并认真、全面地分析原因，确立下一步的目标、方向、措施和方法，再投入到新的学习、实践中去。遵循实践、认识、再实践、再认识的科学方法，不断提高自身的素质和办案水平。②要善于总结借鉴。讯问人员还必须通过各种形式，广泛收集、积累他人的经验、做法，并根据自身条件和现实情况，借鉴应用，取人之长，补己之短，使自己在广收并蓄中得到提高。③要善于总结新情况。刑事犯罪是一种复杂的社会现象，并处于千变万化之中，讯问人员要善于从现有情况中发现新动向、新趋势，把握事态的发展，早研究、早认识、早准备，这样在面对复杂多变的刑事犯罪活动时，才能始终掌握讯问工作的主动权。

（四）加强组织培养

提高讯问人员的个人素质不仅是其胜任本职工作的自我需要，也是侦查机关在队伍建设中的一项重要职责。并且，在现代社会环境中，讯问人员仅靠自我修养，往往缺乏力度，达不到全面提高自身素质的目的。侦查机关必须加强组织培养，以全面提高讯问人员的政治、业务素质，提高侦查机关整体的办案水平。加强组织培养主要有三个方面：①加强培训，组织好在职学习，办好各种类型的培训班，或有计划、有步骤地选送重点培养对象到各级院校学习深造。②下派基层锻炼，使讯问人员通过在治安情况复杂的基层单位的磨炼，深刻、全面地认识犯罪这一社会现象的本质、形式和成因，为从事讯问工作打下良好的基础。③工作上适时、适度加压。领导应当有意识地增加工作难度和加大工作分量，以充分激发讯问人员的潜能，这同样是培养、提高讯问人员素质的有效途径。当然，领导在压重担时，也要及时给予指点和帮助，并创造适宜的外部环境和物质条件，鼓励支持，直至达到目的。

（五）严格监督考核

讯问人员素质的提高贵在自觉，但是也离不开必要的监督、考核。监督、考核能通过检查、评比等功能，掌握各种情况，发现各种问题，并能进一步采取措施，表彰先进，弘扬正气，纠正偏差、错误，敦促后进，不断提高讯问人员的素质。

监督的内容可以分为三大类：①政治监督，即对讯问人员的政治立场、职业道德，特别是廉洁自律、勤政为民等方面的监督。②风纪监督，即对讯问人员的工作态度、工作作风、守纪守法等情况的监督。③业务监督，即对讯问人员的办案质量和数量的监督。监督的形式有三种：①领导监督，包括上级领导机关的宏观监督、本级侦查机关领导和侦查部门直接领导的全面具体的监督。②互相监督，包括同级执法部门之间和讯问人员之间的互相监督。③群众监督，包括一般群众的监督和讯问工作对象的监督。

考核的内容主要有四个方面：考德——政治素质；考能——业务能力；考勤——工作态度；考绩——工作绩效。考核的种类，按考核的性质可分为定性考核和定量考核；按考核的主体可分为上级考核、同级考核、自我考核、下级考核；按考核的时间可分为平时考核、定期考核。在考核的基础上，对工作绩效突出或者有特殊贡献的讯问人员应给予精神和物质奖励，并根据工作需要大胆提拔和晋升；对有过失、犯错误者应给予相应的批评、处分，对问题严重的违法乱纪人员要按有关处罚条例严肃处理。对不适合从事讯问工作的人员，应坚决淘汰，决不姑息迁就。这样才能功过分清，奖惩分明，通过竞争增强讯问人员队伍的活力，提高讯问人员的素质。

**思考题：**

1. 讯问人员应当具备什么样的素质和能力结构？
2. 简述讯问人员在讯问中可能出现的消极心理现象及其调控方法。
3. 简述提高讯问人员素质的途径和方法。

# 第四章 犯罪嫌疑人的心理与反讯问手法

犯罪嫌疑人是讯问的参与者，也是案件信息的提供者。犯罪嫌疑人对待讯问的态度、所选择的应讯行为影响着讯问的进程。

讯问过程中，由于犯罪嫌疑人处在特殊地位和特定环境，必然会出现与常人不同的心理。而不同的犯罪嫌疑人，由于年龄、性别、职业、经历、文化程度以及涉案情况等自身状况的不同，在讯问中的心理和行为也各有不同的特点。并且，即使同一个犯罪嫌疑人，在讯问的不同阶段，其心理状态和行为表现也是不断变化的。因此，有必要对犯罪嫌疑人在讯问中的心理变化规律和反讯问手法进行系统的研究，以避免讯问的盲目开展，确保讯问对策的针对性和有效性。

## 第一节 研究犯罪嫌疑人心理与反讯问手法的意义

### 一、为建立心理联系提供依据

讯问是一种特殊的交际活动。任何交际活动如要顺利地进行，交际双方之间必须建立起一定的心理联系。只有保持良好的心理接触，才能为双方进行信息交往和感情交流提供一个良好的心理条件和环境。但讯问毕竟是一种特殊的交际活动，作为参与者的讯问人员与犯罪嫌疑人由于法律地位的不同，在交往中呈现出一方进攻、一方防守的对峙格局。犯罪嫌疑人为了自身利益，对讯问人员往往抱有极强的戒备心理，对讯问人员的提问，总是字斟句酌，反复品味，回答问题也是谨小慎微，惟恐露出破绽。在这种情况下，要建立并保持良好的心理接触，使讯问顺利地进行下去，无疑是非常困难的。因此，讯问人员必须根据犯罪嫌疑人的犯罪性质、犯罪经历、是否曾被羁押、对抗讯问的行为表现以及个性特点等情况，对犯罪嫌疑人的心理进行深入全面的研究，以寻求与他们建立心理联系的种种途径，消除交往中的隔阂，从而在讯问中能够对犯罪嫌疑人施加良好的心理影响。

### 二、为制定讯问对策提供依据

犯罪嫌疑人归案后，除很少的人一进入讯问就认罪服法、如实供述，大多数都会有反讯问表现，都会与讯问人员激烈对抗。原因在于讯问双方所处的法律地位不同，各自意欲达到的目的不同，对待讯问的态度必定截然相反。讯问人员揭露、追讯犯罪事实的尽职意向，与犯罪嫌疑人阻止揭露、掩盖犯罪事实、逃避罪责的企图，必然发生激烈的冲突和斗争。攻、防双方为追求各自的目标，都会充分发挥自己的智慧和才能。在这场斗智、斗勇、比拼意志的对抗中，讯问人员若要克服对方设置的种种障碍，排除干扰达成讯问目的，必须采取机动灵活的讯问策略，并配以与讯问策略相协调的方法。犯罪嫌疑人对抗讯问的各种表现，是受其复杂的心理所支配，讯问人员确定讯问策略方法，必须建立在对犯罪嫌疑人的心理充分了解的基础上，从而使讯问策略方法成为对犯罪嫌疑人进行心理影响和心理控制的具体体现。

犯罪嫌疑人为隐瞒案件事实真相，逃避或减轻罪责，常会使用一些反讯问手法，以掩盖、歪曲客观事实，抗拒、阻碍讯问工作的正常进行。这不仅直接影响了讯问的进程，还严重妨碍了侦查办案任务的顺利完成。因此，讯问人员必须认真研究犯罪嫌疑人的反讯问手法，总结相应的对策、措施，以提高讯问工作效率，保证办案质量。

## 第二节 犯罪嫌疑人心理

犯罪嫌疑人有两类：一是确有犯罪事实的嫌疑人，这是大多数；二是没有犯罪事实而被怀疑有罪的人，这是少数。本节仅分析、研究确有犯罪事实的嫌疑人在讯问阶段的心理状态。

### 一、犯罪嫌疑人的拒供心理

所谓拒供心理，是指支配犯罪嫌疑人对抗讯问、拒不如实供述案件事实真相的心理意向。这种心理意向以犯罪嫌疑人的认知和情感为基础，并包含意志力的成分。犯罪嫌疑人具有的认知和情感，决定了他抗拒讯问、逃避打击的价值取向，而意志力则是犯罪嫌疑人谋求这一价值取向的精神保障。拒供心理决定着犯罪嫌疑人对讯问的否定态度和抗拒行为，是由多种心理因素综合形成的。

(一) 畏罪心理

畏罪心理，是指犯罪嫌疑人惧怕案件事实真相被揭露而受到法律制裁的一种心理状态，是由于罪责感的压力和法律的威慑力对犯罪嫌疑人的心理造成刺激而形成。

犯罪嫌疑人对自己行为的法律性质，或多或少有所认知。一旦被传唤或被采取强制措施到案接受讯问，犯罪嫌疑人往往会敏感地意识到，自己的罪行已经或者将要被揭露，等待自己的将是严厉的刑事惩罚，自己的某些既得利益和期待利益也将因此而丧失，可能还会牵连到亲友和家庭。在这些自我意识的基础上，犯罪嫌疑人必然会产生紧张、恐惧的情绪，形成畏罪心理。在畏罪心理的驱动下，为逃避惩罚或减轻惩罚，犯罪嫌疑人往往会采用各种手段，竭力掩盖案件事实真相，干扰讯问的顺利进行。畏罪心理是讯问中犯罪嫌疑人最普遍、最基本的心理，它存在于讯问的各个环节和阶段，是犯罪嫌疑人拒供的主要心理因素。

(二) 戒备心理

戒备心理是犯罪嫌疑人防备罪行被揭露而产生的一种心理警觉状态，是犯罪嫌疑人对讯问环境的防御性本能反应。

防御是人的本能。处在讯问阶段的犯罪嫌疑人，因其法律地位与讯问人员存在明显反差，这种防御本能就显露得更加突出，戒备心理会更加强烈。因此，犯罪嫌疑人一般会对讯问人员怀有严重的不信任感。在讯问中，他们对讯问人员的言行举止总是仔细观察，反复揣摩，稍有异样，便心生疑虑，惟恐落入圈套；回答问题的时候，也总是反复权衡，字斟句酌，生怕祸从口出；当罪行无法隐瞒或开始供述之后，又怀疑讯问人员能否公正处理，甚至怀疑政策和法律能否兑现，思想斗争激烈，反反复复，并经常提出条件加以试探。所有这些都会严重妨碍其如实供述。

(三) 侥幸心理

侥幸心理是犯罪嫌疑人自认为可以逃避侦查和法律制裁的一种自信感，是犯罪嫌疑人对案件事实真相的暴露程度和案件结局的一种认知心理状态。

虽然严厉的刑事处罚规定可以对企图犯罪的人员起到一定的心理震慑，但这并非左右他们是否犯罪的主要因素。他们往往不会仅根据相关罪行的处罚轻重来决定是否实施犯罪，而是更为关注实施犯罪后，这一可能性的处罚会不会在司法实践中变为现实。如果没有把握规避这一风险，他们一般不会冒然实施犯罪。因此，犯罪嫌疑人的侥幸心理，往往在形成犯罪动机或着手犯罪时就已经存在，讯问中的侥幸心理是其犯罪过程中侥幸心理的继续和演化。其形成的主要原因有：自恃作案手段高明，行动隐秘，没有留下犯罪痕迹，或赃、证物已妥善处理，只要不供就不能定案治罪；认为犯罪同伙尚未落网，或者相信"攻守同盟"牢靠，同伙不会供认出卖自己；自恃"社会关系"深厚，有人撑腰，即使罪行败露，侦查机关也会因压力和阻挠，难以真正对自己进行刑事追究；藐视侦查机关的侦查、讯问能力，或认为自己掌握了有效的反侦查、反讯问手段，侦查机关不可能获得确实、充分的证据将案件移送人民检察院审查起诉；等等。侥幸心理是犯罪嫌疑人对抗讯问的一大精神支柱，他们往往因此而敢于大胆策划、实施反讯问的各种手段，百般掩盖案件事实真相，拒不如实供述。

（四）对立心理

对立心理是犯罪嫌疑人对讯问人员、侦查机关，乃至对政府和社会的一种抵触情绪和敌视态度，是在其错误认识基础上的情绪状态。犯罪嫌疑人产生对立心理主要有以下原因：

1. *反动的立场和观点*。那些顽固坚持反动立场和政治观点的犯罪嫌疑人，尤其是危害国家安全的犯罪嫌疑人，与我国人民民主专政的政权和社会主义制度根本对立，他们的反动立场和观点成为其对立心理产生的政治思想基础。

2. *强烈的反社会意识*。一些惯犯、累犯和严重暴力犯罪分子，良心泯灭，是非颠倒，漠视法律规范和道德秩序的约束，具有根深蒂固的反社会意识，这成为其对立心理产生的思想基础。

3. *错误的自我评价和认识*。有些犯罪嫌疑人缺乏基本的法律知识，对自己犯罪行为的认识不客观、不正确，甚至还认为有一定的道理，受拘留、逮捕是被人冤枉了，是侦查机关对他处理不当，从而产生抵触不满情绪。

4. *讯问人员的过错*。有的讯问人员在讯问中采取了违法的方法或不当的言词，侵犯了犯罪嫌疑人在讯问中的诉讼权利，损伤了犯罪嫌疑人的人格和自尊心，使其产生对立心理。

对立心理的存在，往往导致犯罪嫌疑人在讯问过程中，情绪压抑，反应冷漠，对讯问漫不经心，不予理睬，即使回答讯问人员的提问，也是敷衍应付；或者缺乏理智，行为暴躁，在讯问中公开对抗，随意顶撞，往往使讯问陷入僵局。

（五）其他心理因素

有的犯罪嫌疑人如实供述会牵涉他人，害怕报复是其拒供的重要原因，事实上，在某些案件中，犯罪嫌疑人对报复的恐惧甚至要大于对定罪处罚的恐惧；还有的犯罪嫌疑人非常关注自己的个人声誉，一旦被认定犯罪遭到社会的否定性评价，还会导致今后的生存与发展存在诸多障碍。这些意识、认知都会阻碍犯罪嫌疑人如实供述。

## 二、犯罪嫌疑人的供认心理

供认心理，是指犯罪嫌疑人如实供认案件事实真相的心理意向，它同样是犯罪嫌疑人知、情、意的过程和结果。供认心理在讯问中起着积极的作用，是实施讯问对策的期望目标。形成供认心理的因素复杂多样。

（一）悔罪因素

有些犯罪嫌疑人，主要是那些犯罪恶习不深，或者激情犯罪，不知法而犯罪的嫌疑人，经过教育和自我反省，意识到自己犯罪行为对社会的危害，从内心深处感到后悔和内疚，基于减轻罪责压力的内在需求，他们就会产生彻底认罪、痛改前非、重新做人的动机。这是形成供认心理最积极、最稳定的心理因素。

（二）期望从宽因素

"坦白从宽，抗拒从严"是我国一贯的刑事政策，"认罪认罚可以从宽处理"也成为一项法律制度，而且《最高人民法院关于常见犯罪的量刑指导意见》还对具有坦白情节的，细化了不同情形下的从宽幅度。因此，有的犯罪嫌疑人在意识到自己被刑事追责已在所难免，获得从宽处理成为其优势的心理需要之后，如实供述往往是其必然的理性选择。

（三）回报因素

有些犯罪嫌疑人在讯问人员的真诚教诲下，会体验到政策、法律的感召，再加上讯问人员对其人格的尊重和人道的待遇，他们常常会受到感化，并由此产生如实供述罪行以作回报的动机。

（四）无可奈何因素

有的犯罪嫌疑人虽然主观上不愿供认，但由于讯问人员已经掌握其犯罪事实，出示了有力的证据，又进行政策攻心，连续追讯，使其自知隐瞒抵赖已毫无意义，陷入脱罪无望的心理困境，最终不得不供认罪行以顺应讯问情势。但应当注意的是，这种心理因素支配下的供认行为是不主动、不彻底的，往往是有保留的交代或"挤牙膏"式的交代，而且日后容易翻供。

**（五）释放心理压力因素**

犯罪嫌疑人实施犯罪以后，尤其是被拘留、逮捕羁押在案以后，面临刑事追究的现实威胁，一般都承受着较大的心理压力，加上严肃、紧张的讯问气氛和咄咄逼人的追讯攻势，更会令他们寝食不安，坐卧不宁，这种压力还会随着时间的延长而加重。当犯罪嫌疑人的意志力难以承受时，常常会产生如实供述以解脱包袱、释放心理压力的思想动机。

**（六）其他因素**

有的犯罪嫌疑人属于亡命之徒，或崇尚所谓江湖上的"道义"，认为"好汉做事好汉当"，不期望政府从宽处理，一经讯问就彻底交代罪行；有的犯罪嫌疑人受其反动的政治立场和意志支配，不仅对犯罪事实供认不讳，在讯问中还借机大肆宣传反动观点；还有的犯罪嫌疑人本就希望通过接受刑事处罚，甚至被处以极刑，来实现某种个人目的，如逃避现实压力、报复他人等，他们在讯问中常常会非常主动地交代自己的犯罪事实。

供认心理是讯问人员对犯罪嫌疑人实施心理影响所希望达成的目标，它的形成将有利于促使犯罪嫌疑人如实供述，有利于讯问目的的顺利实现。但是，不同因素形成的供认心理，对供述行为驱动的力度及其稳定性、持久性是不一样的。并且，在拒供心理占主导地位的时候，供认心理因素也同样存在，只不过这些因素是不明显、被掩盖着的，其作用和力量也很微弱。讯问人员必须注意观察，发现这些暂时不占主导地位的、积极的心理因素，并加以启发、强化，使它们在讯问中发挥更大的积极作用。

### 三、犯罪嫌疑人的本质心理

讯问中，犯罪嫌疑人出于逃避罪责的本能，往往会产生拒供心理。拒供心理的存在，就像一把利剑悬在犯罪嫌疑人面前，时刻提醒着他：不能交代。但与此同时，经过讯问人员采用多种策略，犯罪嫌疑人也会产生促其交代的供认心理，供认心理又像一块磁石，吸引着犯罪嫌疑人，不断催促着他：还是说了吧。在这两种相反力量的同时作用下，犯罪嫌疑人必须作出选择：交代还是不交代。为此，犯罪嫌疑人会进行异常激烈的思想斗争和认真细致的利弊权衡，促使其作出最终抉择的"本质心理"就是趋利避害。

**（一）趋利避害，人人同心**

趋利避害不仅是犯罪嫌疑人的本质心理，也是一般人根本的、共同的心理。人的天性和本能就是追求使自己感到愉快和幸福的事情，并想方设法维护它；同时还要想尽一切办法回避那些让自己感到痛苦和烦恼的事情，并竭尽全力限制它、消灭它。有人把这种天性和本能称为自私，也有人称之为自爱、自尊或自保，认为这是人的行为的基本准则和动力，是人性金字塔的基石。在这一点上，犯罪嫌疑人也不例外。虽然不同的犯罪嫌疑人，同一犯罪嫌疑人在不同的讯问阶段心理活动多种多样，既有拒供的心理，也有供认的心理，但这些都是犯罪嫌疑人趋利避害的具体体现，趋利避害这一本质心理将贯穿犯罪嫌疑人接受讯问的始终。

（二）利害内容，各不相同

虽然人们都希望趋利避害，但每个人对利与害的内容的理解是不同的，正是由于这种价值取向的差异，造成了人性善与恶的区别，造成了人与人之间有高尚与卑劣之分。由于犯罪嫌疑人对"利"与"害"的理解出现了极大的偏差，他们趋利避害的心理也有许多特点，这其中最突出的就是极端自私。不过从根本上分析，犯罪嫌疑人的利害观是由其需要倾向所决定的。由于不同犯罪嫌疑人的受教育背景、人生经历、生存压力及性格特点等不同，他们的需要倾向也各不相同，这就决定了他们在接受讯问的过程中，权衡利弊的利害观还是存在一定差异的。不同的利害观对拒供心理、供认心理的产生，具有不同的促进作用。

（三）犯罪嫌疑人趋利避害的内容

在讯问阶段，犯罪嫌疑人趋利避害的内容与其拒供心理、供认心理的内容是一致的，他们既有借坦白实现某种需要的想法，又有抗拒讯问以逃避罪责的企图，因趋利避害引发的这一心理冲突，是犯罪嫌疑人在讯问阶段的心理常态。冲突是一种心理困境，而此种困境的形成，是由于个人同时怀有两个动机而无法同时满足所致。犯罪嫌疑人在讯问阶段的心理冲突有三种常见情况：

1. 双趋冲突。这是指对两个动机难以取舍的心理困境。两个不同的动机促使个体在行为上追求两个目标，如果这两个目标无法同时获得，取其一又不愿舍其他，则会产生双趋冲突。例如，犯罪嫌疑人既想如实供述并检举揭发他人，以争取从宽处理，但又希望坚持"攻守同盟"，以避免遭到报复。

2. 双避冲突。这是一种左右为难的心理困境。当个体发现两个目标可能同时具有威胁性时，便会产生两者都要逃避的动机。例如，犯罪嫌疑人既不愿交代后受到严厉的惩罚，又担心不坦白会连累家人或朋友。但迫于讯问情势，两难之中必须接受其一时，即会形成双避冲突。

3. 趋避冲突。这是一种进退两难的心理困境。当个体遇到单一目标，同时对其怀有两个动机，如抗拒有可能逃避惩罚，但也有可能受到从重处罚，一方面好而趋之，另一方面又恶而避之，使个人的情感和理性相互矛盾而产生精神痛苦。

犯罪嫌疑人在接受讯问的过程中，其心理是多层面、多角度的，既要受到低层次需求的折磨，又会感到高层次需求的重要；既要考虑个人利益的得失，又要进行亲友利益的权衡。因此，他们在心理上容易陷入多重心理冲突的困境，并产生不同的心理状态和相应行为。比如，认为坦白既有利又有害，需试探摸底以判断利害之轻重；幻想抗拒有利，坦白有害，所以坚决拒供、伪供；觉得坦白之利小于抗拒之利，从而虽有所供认，却避重就轻；感到坦白之利大于抗拒之利，所以作出部分交代，但可能会有反复；认定坦白有利，抗拒有害，因而彻底交代；等等。这些状态既可能在一个犯罪嫌疑人身上依次出现，又可能因犯罪嫌疑人的个体状况不同而各具一二。因此，讯问人员一定要深入细致地去了解犯罪嫌疑人具体的利害观，并对其进行有效的矫正和利用，引导他们从心理上认为，只有彻底坦白才对自己最有利，最终选择如实供述。

## 第三节 犯罪嫌疑人拒供心理的矫正对策

犯罪嫌疑人的拒供心理是讯问工作中的重要心理障碍，是讯问对策作用的靶向心理。讯问人员不仅要了解犯罪嫌疑人经常会出现哪些拒供心理因素，还要采取正确的措施予以矫正。

**一、针对不同的拒供心理因素，采取不同的矫正方法**

犯罪嫌疑人拒供的心理因素复杂多样，讯问人员在了解犯罪嫌疑人具体的拒供心理因素之后，必须采取相应的矫正方法，才能促使其向供认心理转化。

（一）畏罪心理的矫正

由于犯罪嫌疑人的畏罪心理都是基于对刑责结果的惧怕，所以改变其对认罪后果的认知，是矫正这一拒供心理的关键。为此，讯问人员应当根据犯罪嫌疑人畏罪的原因和程度的不同，针对性地采取不同的方法。对于确有重罪而畏罪，在讯问中百般抵赖、拒不供述的犯罪嫌疑人，应采取"置之死地而后生"的对策，即先将其罪行的严重性说足、说透，加大其心理压力，当犯罪嫌疑人因罪责压力很大而感到走投无路时，再为其指明出路和希望，促其将畏罪的压力变为坦白从宽的动力；对于罪行并非真正严重，仅因思维狭隘导致畏罪心理过重的犯罪嫌疑人，应当向其正确宣讲政策和法律，并在讯问时采取比较缓和的方式，消除其紧张、恐惧的情绪，使其对自己的罪行和可能受到的处罚有一个正确的了解，进而认识到如实供述、认罪服法才是最好的出路。

（二）戒备心理的矫正

针对怀有戒备心理的犯罪嫌疑人，讯问人员应当设法弱化他们对刑事追究威胁的感受，并注意对其情绪的安抚、调节。具体的做法如下：①采用自由交谈法，从一些与主要案情没有直接关系的话题谈起，让犯罪嫌疑人能够接受与讯问人员的对话交流，逐步进行心理接触，使其在不知不觉中放松戒备；②以客观、公正、诚恳的态度对待犯罪嫌疑人，消除其对讯问人员的疑虑和不信任感；③适当降低姿态，淡化双方法律地位的差异，使犯罪嫌疑人在与讯问人员的人际交往中能够获得一定程度的轻松感；④在讯问和羁押中还要注意尽量避免各种刺激引起犯罪嫌疑人的敏感多疑。

（三）侥幸心理的矫正

要矫正犯罪嫌疑人的侥幸心理，讯问人员必须首先全面、具体地了解整个案件情况，摸清犯罪嫌疑人侥幸的根据，在此基础上，再针对性地研究破除侥幸心理的方法和步骤。对自恃作案手段高明，认为侦查机关不可能掌握其犯罪证据的犯罪嫌疑人，讯问人员除加强心理攻势外，关键是要有技巧地使用证据。当侦查机关掌握充分确凿的证据时，就可以直接、连续使用证据，打击犯罪嫌疑人对抗讯问的嚣张气焰。尤其是直接使用犯罪嫌疑人认为讯问人员根本不可能掌握的证据，效果更佳。如果侦查机关掌握的证据不够确凿有力，犯罪嫌疑人又采取试探摸底、索要证据等手法对抗讯问时，可间接使用证据，使其产生错觉，以为讯问人员已经完全掌握了其犯罪证据，从而彻底打消其幻想。对相信攻守同盟牢不可破的犯罪嫌疑人，讯问人员应当通过深入浅出的分析使其对攻守同盟的约束力产生怀疑，同时可以巧用离间计，使犯罪嫌疑人认为攻守同盟已被破除。对幻想获得外力干扰或者庇护的犯罪嫌疑人，讯问人员应切断犯罪嫌疑人的社会联系，还可以变换羁押地点，打破其幻想。

（四）对立心理的矫正

首先，讯问人员自己要保持冷静，心态平和地与犯罪嫌疑人交流，缓解其情绪，而且讯问的内容也要循序渐进，避免因追讯具体情节过急而造成直接对抗。其次，讯问人员要以严肃而诚恳的态度对待犯罪嫌疑人，尊重其人格，在原则许可的前提下，还可以帮助犯罪嫌疑人解决一些合理的问题，使其认可讯问人员的善意，消除对立抵触情绪。最后，讯问人员要在分析、了解对立情绪产生的根本原因的基础上，对犯罪嫌疑人进行政策感化和法律教育，使其认清是非善恶的界限，真正认识到自己所犯罪行的危害，以及对自己进行刑事追责的正义性，从而理解侦查机关对其羁押审查的原因，自觉转变对抗立场。

（五）其他拒供心理因素的消除

讯问人员应当根据犯罪嫌疑人具体的拒供心理因素，针对性地采取不同的矫正方法。对于因害怕报复而拒供的犯罪嫌疑人，一是要详细阐释有关侦查机关保守侦查秘密的原则要求，同时介绍将牵涉他人的供述内容作为公开证据在诉讼程序中呈现之前，如何处理供述内容表现形式转换的具体措施，减少犯罪嫌疑人对自己供述行为可能被泄露的顾虑；二是要正确宣讲政策、法律对如实供述尤其是揭发他人的从宽规定，突出不同应讯选择导致的量刑结果差异，使犯罪嫌疑人在利弊权衡的过程中，对报复风险的感受进一步减轻。对于害怕认罪会破坏个人声誉的犯罪嫌疑人，讯问人员可以明确指出，其个人声誉受损的根本原因在于犯罪而非认罪，拒绝认罪将会进一步遭到社会的否定性评价，只有如实供述，痛改前非，才能重建良好的个人声誉。

当然，犯罪嫌疑人拒供的各种心理因素之间并不是孤立存在的，而是一个互相联系的整体。犯罪嫌疑人拒供心理的形成，往往是几种心理因素同时在起作用，但在一定条件下，必然有一种居于主导地位，对犯罪嫌疑人的拒供行为起着主要的支配作用。抓住其拒供的主导心理因素，就能引起其他心理因素的连锁反应，使供述的心理障碍迎刃而解。因此，讯问人员要将犯罪嫌疑人的拒供心理作为一个有机整体，进行系统的观察分析，捕捉其主导心理因素，并根据讯问阶段的推进，注意掌握主导心理因素的变化，因势利导，促进拒供心理向供认心理方面转化。

二、犯罪嫌疑人不同心理活动阶段中的拒供心理矫正

在讯问中，一开始就如实供认罪行的犯罪嫌疑人是少数，顽抗到底、死不认罪的也不是多数。多数犯罪嫌疑人都有一个由拒供到供认的转化过程，只是转化过程的长短、速度的快慢不同而已。这种转化是犯罪嫌疑人内在的拒供心理和供认心理矛盾斗争的结果，是这两种心理对行为的支配力的消长过程。这一转化过程，一般要经历对抗——动摇——供认三个阶段。

（一）对抗阶段

对抗阶段是讯问人员与犯罪嫌疑人进行实质性较量的重要阶段，进攻与防守、揭露与回避、批驳与狡辩，一系列的对抗冲突常常十分激烈。犯罪嫌疑人此时的拒供心理因素，一般是侥幸心理。但随着讯问的进展，犯罪嫌疑人的罪行逐渐暴露，其侥幸心理有所削弱，畏罪心理急剧上升，对立情绪也可能随之增长。讯问人员在这一阶段实施心理对策的宗旨，是压制犯罪嫌疑人对抗讯问的气焰，逐渐削弱其拒供心理。对抗阶段，应采取的主要心理对策是：

1. 准确判明犯罪嫌疑人形成拒供心理的主导因素。讯问人员应通过阅卷、调查和与犯罪嫌疑人接触等方法，考察、了解犯罪嫌疑人形成拒供心理的主导因素。当判明犯罪嫌疑人形成拒供心理的主导因素后，即可运用前一部分所讲述的矫正方法予以消除或削弱。

2. 注意把握拒供心理因素的变化，及时调整心理对策。当一种拒供心理因素被削弱或消除后，另一种拒供心理因素可能上升为主导因素，继续阻碍犯罪嫌疑人如实供述。这就需要讯问人员通过综合分析犯罪嫌疑人实时的行为表现，准确把握其拒供心理因素的变化，及时灵活地调整心理对策，以削弱或消除其新的拒供心理主导因素。

3. 实施心理进攻策略，应遵循"隐己露彼""先虚后实"的一般原则。由于犯罪嫌疑人在这一阶段的对抗意识较强，企图试探摸底，并据此构建、完善反讯问的防御体系，所以讯问人员通常应当先迂回，后突破；先教育攻心，后使用证据；先暗示，后明示；先一般，后重点。不可盲目冒进，乱抛证据，暴露讯问的意图和我方掌握证据的底细，这样讯问才能掌握主动权，立于不败之地。

（二）动摇阶段

动摇阶段，犯罪嫌疑人面临着供与不供权衡利弊得失的重要选择，是内心矛盾斗争最激烈、最痛苦的阶段。在讯问人员有效的政策法律教育和巧妙地使用证据揭露等心理对策作用下，犯罪嫌疑人的拒供心理趋于削弱，供认心理得到激发、强化而上升，拒供与供认两种心理的力量处于相对平衡状态。这一阶段犯罪嫌疑人的侥幸心理明显减弱，但仍然有所残存，畏罪心理加重，想交代又怕罪行大处理重，不交代又难以承受巨大的追讯压力，处于犹豫不决的状态。讯问人员若能对犯罪嫌疑人的心理活动把握得当，引导得法，就可促使其向供认阶段转化；若把握不好，或引导失当，很可能使犯罪嫌疑人重新萌发侥幸和对立心理，修补和重新构筑反讯问防御体系，进行更加顽固的抵抗。因此，讯问人员应当敏

锐地抓住犯罪嫌疑人犹豫、动摇的时机,实施有效的心理对策。动摇阶段,应采取如下心理对策:

1. 加紧政策攻心,多做心理转化工作。在讯问中要多鼓励少打压,多规劝少责备,尽量避免和减少同犯罪嫌疑人情感上的对立。针对犯罪嫌疑人残存的疑虑和畏罪心理,要表明依法办案、客观认定其罪轻情节的诚意,鼓励犯罪嫌疑人讲出实情,彻底消除其残存的供述心理障碍,促其下决心交代罪行。

2. 谨慎处理犯罪嫌疑人在其实体权利上讨价还价的要求。对犯罪嫌疑人提出的从轻、减轻或免除处罚等要求,既不能充耳不闻,不予理会,也不能无原则的许诺,或随便训斥、一驳了之。应视不同的要求和具体的案情,技巧性地运用讯问语言,依法依理地解答,既不违反政策和法律,授人以柄,又能给其以希望。

3. 针对性地宣讲政策和法律。犯罪嫌疑人在此阶段最主要的思想顾虑,就是害怕供述后得不到从宽处理。所以应根据其罪行,结合有关宽严典型的实例,宣讲刑事法律及有关司法解释关于量刑幅度、量刑规则的具体规定和适用该规定的考量依据,教育犯罪嫌疑人认真、理性地权衡利弊得失,让其切实体会到供认对自己有利,心理向彻底供认倾斜。

(三) 供认阶段

当犯罪嫌疑人拒供的心理防线完全崩溃,对抗讯问的意志彻底动摇,认识到只有如实供认罪行才是出路时,其心理活动就进入了供认阶段。在这一阶段,犯罪嫌疑人的拒供心理得到了消除或遏制,供认心理成为主导心理。但需要注意的是,犯罪嫌疑人此时的供认心理往往还不稳定,供认罪行缺乏彻底性,拒供心理仍然有所残存,在不良外因影响下仍有可能出现反复心理,导致再次拒供,甚至推翻先前已经作出的真实供述。因此,讯问人员决不可掉以轻心,而应将此作为与犯罪嫌疑人"心理战"的决胜时刻。供认阶段,应采取如下心理对策:

1. 对犯罪嫌疑人做好疏导教育工作。讯问人员要以诚恳的态度,适时、适度地对犯罪嫌疑人的进步表示肯定和鼓励,稳定其情绪,同时应将客观的告诫和证据的巧妙运用相结合,彻底打消和纠正对方可能存在的翻供企图,进一步强化和巩固其供认心理。

2. 深追细问,查清核实犯罪的具体情节。犯罪嫌疑人初步承认犯罪后,往往不会全面、详细地交代犯罪的具体情节,以备日后认为坦白无法获得预期"对价"时进行翻供还有机会和条件。因此,当犯罪嫌疑人承认犯罪后,讯问人员绝不能盲目乐观，麻痹松懈，应再接再厉，乘胜追击，对犯罪的每一个具体情节都要深追细问，认真核实，同时注意追查犯罪嫌疑人犯罪的动机和目的，让犯罪嫌疑人丧失日后翻供的基础。

3. 对犯罪嫌疑人的翻供应具体分析、区别对待。如果是推翻过去所作的伪供、假供，应让其翻供；如果是为了抵赖罪行、统一前后口供，则应及时予以揭露和批驳，并做好各方面的工作，防止供述的反复。

## 第四节　犯罪嫌疑人的反讯问手法及其对策

由于讯问双方的目的关系从总体上来讲是冲突的，犯罪嫌疑人选择不合作属于常态。因此，反讯问是讯问中的一种普遍现象，是犯罪嫌疑人通过最大程度地控制自己在案件信息方面的贡献，以抵制讯问效用实现的一种对抗行为。反讯问手法是犯罪嫌疑人为了隐瞒案件事实真相，逃避或减轻罪责，掩盖、否定和歪曲客观事实，抗拒、阻碍讯问的各种方式方法。它不仅直接影响讯问的进程，严重妨碍侦查办案任务的顺利完成，还可能导致无辜被冤枉、犯罪被放纵等重大风险。因此，认真研究犯罪嫌疑人的反讯问手法，总结相应的对策、措施，对于避免讯问僵局、提高讯问工作效率、保证侦查办案质量，具有十分重要的意义。

在讯问中，犯罪嫌疑人的反讯问手法主要有下文所述的八种。

### 一、拒供

拒供是指犯罪嫌疑人在讯问中采取各种公开或隐蔽的方式，拒不如实供认罪行的行为，是犯罪嫌疑人反讯问最常见的手法。犯罪嫌疑人在讯问中拒供的表现形式多种多样，有的沉默不语，一言不发；有的矢口否认，一概抵赖；有的公开顶撞，以攻为守；有的索要证据，探查底细；等等。

对拒供的犯罪嫌疑人，要针对不同的表现形式和产生原因，采取不同的讯问对策。对沉默不语的犯罪嫌疑人，要在摸清其真实思想原因的基础上，根据犯罪嫌疑人的性格特点，设法调动犯罪嫌疑人谈话的兴趣，启发犯罪嫌疑人与讯问人员对话的动机。这其中的关键，是让犯罪嫌疑人明白拒绝陈述等同于自动放弃辩护权，对其有害无利。对侥幸心理严重、态度嚣张、以攻为守的犯罪嫌疑人，要强化讯问的严肃气氛，增加讯问对犯罪嫌疑人心理的压迫感，给其制造适度的紧张情绪，必要时还可使用有力的证据，以消除犯罪嫌疑人不切实际的幻想，打击其气焰，端正其态度。对畏罪心理过重而拒供的犯罪嫌疑人，应通过正确宣讲政策法律和有关案例，使其能够客观地预期自己可能遭受的刑事处罚，并能以较为平和的心态去面对，从而适当减缓其压力。对因讯问方法不当造成抵触而拒供的犯罪嫌疑人，应适当调整讯问态度、方式，必要时可撤换讯问人员，以消除其抵触情绪。

**二、谎供**

谎供是指犯罪嫌疑人假意配合讯问，用虚假供词隐瞒案件事实真相的行为。根据谎言和事实的关系，谎供可分为否认犯罪事实的谎供、缩小犯罪事实的谎供、夸大犯罪事实的谎供和揽罪的谎供等多种类型。在犯罪嫌疑人谎供的情形下，讯问双方表面上可能不存在直接的言语或行为冲突，加之虚假供词往往不会明显违背常理，所以谎供具有较大的迷惑性。根据心理学原理和讯问实践经验，讯问人员识别谎言，揭露谎供主要有以下方法：

（一）察言观色

犯罪嫌疑人说谎或想要说谎时，由于思维冲突，动机矛盾以及罪责感的压力，必然致其情绪紧张，从而引起体内一系列异常生理反应和表情、言行的变化，这其中的一些反应和变化可以凭感官直接观察感知到。比如，面部苍白或变红，呼吸变得急促或时快时慢，鼻尖、发际等部位有汗珠，口舌干燥咽唾沫，目光不敢正视讯问人员，手、脚出现无意识的动作，说话语速变缓且声调提高等。但需要注意的是，导致紧张心理的原因很多，不仅仅是说谎所致。讯问人员必须根据其他方面的情况全面分析，才能做出准确的判断。

（二）分析供词

讯问人员可以运用逻辑学知识，分析犯罪嫌疑人的前后供词，或者将查证属实的证据和客观事实与供词进行比对，如果发现犯罪嫌疑人的供述自相矛盾，或者与证据、事实相矛盾，那么供词必定有谎。

（三）重新讯问

有时仅凭现有供词还不足以发现矛盾、识别真伪，这就需要重新进行讯问，包括补充讯问和重复讯问。补充讯问即对上一次讯问中没有作为讯问目标或虽作为讯问目标但追讯不彻底的问题进行详细讯问，让犯罪嫌疑人作补充陈述，使供词更加详尽、具体，以发掘、显现更多可据以判断供词真伪的考察点。毕竟犯罪嫌疑人构思谎供内容时，不可能考虑、协调好所有细节，一旦讯问人员就案情的细节内容进行追问，就有可能发现谎供的破绽。重复讯问是针对犯罪嫌疑人在上一次讯问中供述内容的全部或部分要求其重新陈述。如果犯罪嫌疑人供述有谎，则前后供词很可能出现不一致甚至矛盾的地方。这是因为犯罪嫌疑人进行谎供时并无可供回忆的亲身经历，虚构的事实、情节在其大脑中并未形成稳定的记忆痕迹，一旦重新讯问，犯罪嫌疑人既要考虑如何应对讯问人员的连续追问，又要回忆、协调上次谎供的有关内容，往往就会顾此失彼，出现矛盾。

（四）调查验证

在供词所反映的情况缺乏相应的证据进行证实，或供词同现有的证据发生矛盾，而现有证据的真实性尚待查实的情况下，讯问人员就需要采取调查的方法补充收集证据，以验证供词的真伪。

三、少供

少供是指犯罪嫌疑人避重就轻地供认一部分罪行而隐瞒、掩盖另一部分罪行的行为。其具体表现可归纳为"七供七不供"：①供轻不供重。即交代一些轻微的、次要的犯罪行为，以取悦讯问人员，从而掩盖严重的罪行。②供远不供近。即供述一些已过追诉时效的问题，或远在外地无法查证的问题，而不供近期的、本地的问题。③供表不供里。即只供述一些已经显现出来的问题，不供尚未暴露、隐藏较深的罪行。④供现行不供历史。即只供被当场抓获或已被查获的现有罪行，不供以往的罪行。⑤供事不供赃。即只供犯罪事实，但不供赃款、赃物及重要物证的真实下落，使讯问人员无法定案。⑥供事实不供动机目的。即只供述犯罪事实，不供认犯罪的真正动机和目的，使讯问人员难以对其行为准确定性。⑦供自己不供同案犯或相反。即只供认自己所实施的犯罪行为，不供认同案犯。或者相反，只供他人的犯罪行为，隐瞒、减轻自己的罪行。

少供是犯罪嫌疑人出于趋利避害本能产生的防御行为，是犯罪嫌疑人最常用的反讯问手法之一。但少供毕竟标志着犯罪嫌疑人开始退却。因此，讯问人员应当牢牢把握时机，对已供材料进行认真分析研究，从中发现线索，展开调查获取新的证据，或从中发现弱点，找到突破口，针对性地进行更加深入的讯问，促使犯罪嫌疑人向完全供述方向步步退却。

四、翻供

翻供是指犯罪嫌疑人推翻原供，作出新的供述的行为。翻供有两种类型：一是推翻了原来真实的有罪或罪重的供述，代之以虚假的无罪或罪轻的狡辩；二是推翻了原来虚假的有罪或罪重的供述，代之以无罪或罪轻的真实辩解。前者是犯罪嫌疑人反讯问的手法，后者是犯罪嫌疑人自行辩护的正当行为。在此要研究的是前一种翻供行为。翻供主要有以下四方面原因：

（一）蓄意翻供

有的犯罪嫌疑人在决定认罪的同时，就对日后翻供有所策划和准备。因此，在交代自己罪行的过程中，他们有的是笼统地供认有罪而隐瞒具体情节和有关证据，为以后推翻有罪供词埋下伏笔；有的是捏造部分事实情节，使供述内容真假相混，为今后使真实供词随着虚假供词一起被推翻创造条件。

（二）后怕心理

有的犯罪嫌疑人供认罪行之后，特别是一些重大、特大案件的犯罪嫌疑人供罪之后，或意识到问题严重，或经同监室其他犯罪嫌疑人的"量刑分析"，惧怕被判重刑或极刑，在后怕心理支配下，重新编造口供，推翻原来的真实供词，以期能够再现"生机"。

（三）受人教唆

有的犯罪嫌疑人受到他人教唆之后，对政策和法律产生不信任感，错误地认为人民法院会根据自己的供述从重处罚自己，或经他人教唆之后，误认为否认犯罪即可逃避刑事追究，后悔原先作出了真实的供述，继而翻供。

（四）违法讯问

有的犯罪嫌疑人的供述虽然是客观真实的，但由于是在刑讯逼供、引供、诱供等违法讯问的条件下形成，他们往往会以被打、被骗为把柄，在关键的时候翻供，并把责任归咎于讯问人员。

针对翻供这一反讯问手法，首先，应采取有效措施巩固犯罪嫌疑人的口供，防止翻供。一是采取细节讯问法，要在犯罪嫌疑人开始承认并交代罪行时，就对关键性情节深追细问，并抓紧调查核实，使其供述的内容有其他证据予以印证，这样犯罪嫌疑人的翻供企图就难以得逞；二是消除翻供的心理因素，即针对犯罪嫌疑人可能翻供的心理，通过客观的分析与说明，使犯罪嫌疑人真正认识到，唯有坦白认罪、检举立功才可能减轻处罚，而翻供意味着放弃了量刑减让的机会，将给自己最终的实体处理结果带来不利影响，从而有效地消除其翻供的心理因素。其次，对于已经翻供的案件，讯问人员应当认真审查犯罪嫌疑人推翻的供词，分析其翻供的理由和依据，并进行调查核实。如果调查获取的证据能够证明翻供根据成立，犯罪嫌疑人确系无罪，应立即将其释放。如果调查获取的证据不能证明其翻供理由，反而证明其有罪，则应组织好证据体系，在讯问中逻辑严密地论证犯罪嫌疑人确已涉足犯罪，使犯罪嫌疑人形成侦查机关已经证据在握、翻供无济于事的观念，从而动摇犯罪嫌疑人翻供的信心，促使其转变态度如实供述。当然，如果查明确实存在违法讯问的情形，还必须对有关讯问人员进行追责，并向犯罪嫌疑人真诚道歉，以促成其如实供述的正常心态。

### 五、狡辩

狡辩是指犯罪嫌疑人故意隐瞒事实真相，歪曲行为性质，以减轻或逃避罪责的一种行为。在有的案件中，犯罪的行为过程和危害结果都是明显而确定的，犯罪嫌疑人难以在此方面进行抵赖，但为减轻或逃避罪责，一些犯罪嫌疑人仍然会从犯罪动机、犯罪目的、认识因素、意志因素、因果关系、同案犯地位等方面进行狡辩。具体表现有：①在犯罪动机上狡辩。例如，把故意报复杀人狡辩为临时起意的激情犯罪，把意欲引发社会恐慌的纵火犯罪狡辩为针对特定对象的个人报复，等等。②在犯罪目的上狡辩。例如，把故意杀人狡辩为故意伤害，把以非法占有为目的的贪污犯罪狡辩为具有归还意愿的挪用公款，等等。③在认识因素上狡辩。比如，原本明知他人出售的手机系盗窃所得，辩称以为是其合法持有而大量购买；原本明知自己的行为必然发生危害社会的结果，辩称以为不会发生或可以避免；等等。④在意志因素上狡辩。比如，原本在主观上是积极追求或放任危害结果的发生，辩称不希望发生。⑤在因果关系上狡辩。比如，把杀人致死的结果归咎于被害人的先行行为；把自己行为导致危害结果狡辩为意外事件；等等。⑥在同案犯地位上狡辩。比如，原本为教唆犯，辩称是同案犯曲解了合法建议从而为自己脱罪；原本为主犯，辩称系从犯或胁从犯；等等。

要破解狡辩这一反讯问手法，讯问人员首先要分清狡辩与辩解的区别。辩解是犯罪嫌疑人根据事实和法律提出有利于自己的理由，对侦查机关指控的内容进行申辩，以证明自己无罪或罪轻。这是法律给予犯罪嫌疑人的一项正当的诉讼权利。而狡辩往往缺乏基本的事实根据，一般是无理强辩，不符合逻辑，不符合情理，并伴有谎言。当分析确认犯罪嫌疑人在进行狡辩时，讯问人员要据理驳斥，用确凿的证据和事实揭露、批驳犯罪嫌疑人的狡辩。如果证据不足，则应详细讯问其辩解的理由，从中发现矛盾，抓住漏洞予以揭露，或展开外围调查，用获取的证据进行批驳。

### 六、伪装

伪装是指犯罪嫌疑人从言行举止上制造假象，以迷惑讯问人员、干扰讯问的行为。常见的伪装手法及其表现如下：

#### （一）伪装无辜

有的犯罪嫌疑人在讯问一开始就用谎言竭力表白，把自己装扮成道德情操高尚的守法公民，以证明自己根本不具有犯罪的思想基础。

#### （二）伪装愚笨

有的犯罪嫌疑人在讯问中故作反应迟钝、呆头呆脑，回答问题语不成句，以误导讯问人员从根本上怀疑其作案的可能性，或看轻其对抗讯问的能力。

#### （三）伪装精神病

有的犯罪嫌疑人在讯问中故意表现出种种反常的言语和行为，使讯问无法正常进行下去，其家属也在监外提出犯罪嫌疑人曾有精神病史，要求变更强制措施或免除刑事责任。

#### （四）伪装失忆

有的犯罪嫌疑人在讯问中以记忆力差为借口，声称无法回忆自己曾经的行为，从而回避讯问人员的提问，拒不供述案件事实。

#### （五）伪装聋哑

有的犯罪嫌疑人在讯问中对提问假装听不见，或胡编乱造哑语与讯问人员周旋。

#### （六）伪装急病

当讯问进入紧张关键的阶段，有的犯罪嫌疑人承受不住追讯压力，常常伪装急病，要求暂停讯问就医治疗，以获得喘息之机重新构思对策。

#### （七）伪装身份

有的犯罪嫌疑人伪装成外国人，假装听不懂汉语；有的则伪装成外地人，故意南腔北调，或满口方言，以掩盖自己的真实籍贯和身份。

对犯罪嫌疑人的种种伪装手法，讯问人员应当仔细地观察、分析，识破并揭穿其伪装。揭露犯罪嫌疑人伪装的方法有两种：一是掌握其弱点后，及时揭露，迎头痛击，一举揭穿；二是采取欲擒故纵的方法，让犯罪嫌疑人编造谎言，尽情表演，等矛盾充分暴露、漏洞百出后，再集中予以揭露，使其无地自容，陷于被动。

### 七、诬陷

诬陷是指犯罪嫌疑人捏造犯罪事实，使他人处于被刑事追究的危险之中。当然，犯罪嫌疑人在讯问中诬陷他人的根本意图还是逃避自身的罪责，主要表现在两个方面：一是把罪责嫁祸于人，栽赃陷害，以误导侦查机关的侦查行为，自己借机脱身；二是反诬讯问人员违法办案，并以此为由否认自己有罪供述的真实性，借机翻供，逃避罪责。

针对这一反讯问手法，讯问人员应当首先向犯罪嫌疑人宣讲《刑法》中关于"诬告陷害罪"的有关规定，告知诬陷应负的法律责任，通过法律的震慑，促使其端正态度，放弃诬告陷害行为。如果对犯罪嫌疑人指控他人犯罪的事实难以识别真伪，则应就相关情况进行深入的调查核实，然后在搞清事实的基础上，逐步揭露犯罪嫌疑人的诬陷行为。

### 八、其他

犯罪嫌疑人除了上述七种直接的反讯问手法外，还有其他多种间接的反讯问手法。

#### （一）闹监

有的犯罪嫌疑人寻找种种借口在监室内大吵大闹，甚至绝食绝水。有的还煽动其他犯罪嫌疑人闹监，以破坏监管秩序，对抗讯问。

#### （二）自杀

有的犯罪嫌疑人自知罪大恶极，会被判处重刑甚至极刑，因此想方设法寻机自杀，以逃避讯问和审判。

#### （三）自伤自残

有的犯罪嫌疑人在监室里或在接受讯问的过程中，想尽各种方法故意对自己的身体进行伤害，以逃避、对抗讯问。

#### （四）脱逃

犯罪嫌疑人脱逃的方式多种多样。从组织形式上分：有单一型，即单人独自逃跑；有集体型，即为首者教唆、煽动、胁迫其他犯罪嫌疑人一起越狱。从手段上分：有秘密型，即采取秘密手段破坏警戒设施越狱；有暴力型，即采取袭击监管人员、抢夺枪支等手段，公然暴力越狱；有腐蚀型，即通过密谋设计，欺骗或拉拢监管人员为其脱逃提供机会。

对犯罪嫌疑人上述间接反讯问的破坏行为，讯问人员应当保持高度的警惕，并积极与监管人员配合，严密监视，实时掌握动态，防患于未然。一旦发生有关破坏行为，必须迅速果断地予以制止。

思考题：

1. 如何理解犯罪嫌疑人的本质心理？
2. 简述犯罪嫌疑人拒供的主要心理因素及相应对策。
3. 简述犯罪嫌疑人不同的供认心理因素。
4. 犯罪嫌疑人有哪些反讯问手法？针对各种反讯问手法应采取什么对策、措施？

# 第五章 讯问的组织实施

讯问工作必须有计划有目的地有序进行，避免盲目、随意。如此才能取得讯问工作的成功。讯问人员应当精心组织，精心准备，从组织上、行动上和物质上把讯问的各项工作落到实处。

## 第一节 讯问的准备

讯问的准备工作是指讯问前采取的各项措施的总和。讯问的准备工作十分重要，其作用主要表现在：其一，它是实现讯问策略、完成讯问任务的重要条件。讯问前做好准备工作，才能使讯问有明确的目标，避免讯问工作的盲目性或者让讯问进程受制于犯罪嫌疑人，使讯问人员能够充分发挥主观能动性，始终不迷失讯问方向。其二，讯问前做好准备工作，才能把握犯罪嫌疑人的心理变化，避免暴露讯问意图和掌握证据的情况，避免讯问陷入僵持局面，使讯问人员始终驾驭讯问的主动权。其三，只有做好讯问的准备工作，才能合理安排其他侦查措施，协调好讯问与其他侦查措施的关系，为讯问提供有价值的证据。

讯问的准备工作要以细致、全面为首要原则。并且，由于法律对侦查阶段羁押犯罪嫌疑人的时限有着非常严格的规定，所以还必须具有极强的时间观念，力争在最短的时间内完成讯问前的准备工作。讯问的准备工作，主要从以下几个方面来进行：

### 一、人员的准备

（一）及时组织讯问力量

犯罪嫌疑人到案之后，侦查机关首先应当根据案件的性质，案件涉及的犯罪嫌疑人人数的多少，案件的重大、复杂程度，以及案情发展趋势等情况，迅速组织讯问力量，配备相应的讯问人员开展讯问工作。在组织讯问力量的时候，应当充分考虑案件的具体特点和讯问人员不同的能力结构、不同的性格特征，有针对性地确定讯问小组成员，使讯问力量形成最优人员组合。具体来讲，讯问人员的选配应根据以下因素来考虑：

1. 案件的性质和复杂程度。各个讯问人员由于办案经历和专长不同，可能擅长审理某些类型的案件，积累了办理某类案件的经验，有突破某类案件的能力和技巧，因此，在选派讯问人员时，要充分考虑这一因素，尽量发挥讯问人员的业务专长。

2. 犯罪嫌疑人抗拒讯问的能力。讯问是一种特殊的人际交往，交往过程中双方对抗是常态。为了在与犯罪嫌疑人的较量中占据上风，需要本着"兵对兵、将对将"的原则选定讯问人员，不仅要在文化修养、社会阅历、心理素质、认知能力等方面优于对手，在性格上也要能应对犯罪嫌疑人的特点，确保讯问在总体占优势的情况下顺利进行。

3. 犯罪嫌疑人的个体特征。讯问目的是通过促使犯罪嫌疑人向讯问人员提供案件信息达成的，所以应当根据犯罪嫌疑人在语言、籍贯、年龄、职业、受教育背景等方面的具体情况，选定容易与之建立良好人际关系的讯问人员。比如，犯罪嫌疑人使用某个地域的方言，最好选派懂该方言或同一籍贯的讯问人员，这样有利于拉近情感、顺畅交流、扩充谈话话题，增强犯罪嫌疑人对讯问人员的信任感；讯问年龄较大、有一定社会地位且受教育程度较高的犯罪嫌疑人，应选定与之匹配的讯问人员，否则容易让其不信任甚至轻视，使讯问一开始就陷入困境；等等。

4. 犯罪的特点。应根据犯罪嫌疑人作案手段、方法的特点，选配讯问人员。有的犯罪带有一些职业特点，有的犯罪涉及某些领域的专业知识，有的犯罪采用了一定的专门技术，等等。在选派讯问人员的时候，要考虑选择了解或熟悉这类案件特点和作案手段的讯问人员进行讯问。

5. 法律规定的因素。凡是按《刑事诉讼法》第 29 条规定应当回避的侦查人员，不能被选派参加案件讯问工作。在侦查讯问环节中出现有该条规定的情形时，讯问人员应主动提出回避。发现讯问人员有违反《刑事诉讼法》第 30 条规定的情形时，侦查机关负责人应当作出回避的决定。

(二) 确定讯问人员分工

讯问小组的成员确定后，还要对其具体的职责分工作出明确界定。讯问通常由一人主审，一人记录，必要时可增加人员协助讯问和录音、录像。主审由熟悉案情、有经验的讯问人员担任。主审人员和记录人员及其他助审人员要共同研究分析案情，制定讯问计划，确定讯问的策略、步骤和方法。

记录员和其他助审人员应协助主审人员做好讯问的各项工作。在讯问时，主审人员、记录员、其他助审人员要根据各自的分工和事先约定的方法，各负其责，互相配合。记录员和其他助审人员负责记录，包括文字记录和录音、录像，准确无误地把讯问的真实情况记录下来，必要时可向犯罪嫌疑人提出补充性的问题和进行思想、政策教育。在一般情况下，应按照既定的讯问计划和步骤进行讯问。如果主客观情况发生了重大变化，主审人员可以根据变化了的情况改变讯问计划，或按事先研究的应变方案进行讯问，记录员、其他助审人员应密切配合。

在装备了录音、录像设备的讯问室进行讯问，主审人员可以用图文传输系统与讯问室外的指挥人员联系，报告讯问的进展情况，或提出要求其他人员配合讯问的相关事项。讯问指挥人员也可以通过该系统直接指挥讯问。

二、研究了解案件基本情况

参加讯问的侦查人员应当认真梳理、分析案件材料，全面熟悉案情，以弄清案件的现状和存在的问题，明确讯问工作的方向和目标。

(一) 研究案件发生的基本情况

1. 发案的时间。包括案件发生的时间和发现案件的时间，以及当时犯罪嫌疑人的活动情况。

2. 发案的地点。包括发生案件的地点、发现犯罪证据的地点、发现犯罪的第二现场和由犯罪的第二现场推断出的犯罪第一现场，以及这些地点周围的环境，等等。

3. 犯罪现场情况。包括现场痕迹、物证的种类与具体分布，案犯的来去方向，等等。

4. 被害人情况。包括被害人姓名、年龄、性别、经历、职业、家庭情况、社会关系及社会交往情况，发案时被害人的活动情况，等等。

(二) 研究侦查破案的情况

包括现场分析对案件所作出的推断结论及其依据；确定侦查范围的依据及开展侦查的情况；确定犯罪嫌疑人的依据及线索来源，等等。

**（三）研究犯罪嫌疑人的情况**

只有认真研究犯罪嫌疑人的情况，才能分析、判断犯罪嫌疑人是否具有反侦查、反讯问的经验，了解其道德品质和个性特点，以便准确确定讯问策略、方法，制订并完善讯问计划。需要研究的犯罪嫌疑人情况包括：犯罪嫌疑人个人及家庭的基本情况；犯罪嫌疑人受教育的程度；犯罪嫌疑人的经历；犯罪嫌疑人的社会关系及社会交往情况；犯罪嫌疑人的性格、品质、案件发生前后的表现；犯罪嫌疑人对案件侦查情况的知情程度，等等。

**（四）研究证据材料和案件的其他材料**

证据既是侦查机关对犯罪嫌疑人采取强制措施，使其到案接受讯问的依据，也是在讯问中给犯罪嫌疑人施加心理影响最有力的武器，而案件的其他材料可以更全面、更深入地展现、诠释证据的诸多效用。因此，必须在讯问前认真研究已收集的证据材料和其他材料。通过研究、审查证据材料的可靠程度和证明力，了解其证明内容，了解案件疑点以及查清这些疑点的线索和途径。在研究案件的其他材料时，应着重了解犯罪涉及的范围、犯罪嫌疑人罪行的暴露程度和影响程度等。最后，还应将已有的案件证据材料和其他材料综合起来，进行去粗取精、去伪存真、由此及彼、由表及里的加工提炼，以期对案情有一个整体的认知，并对犯罪嫌疑人的供述意向有所了解，进而为制定讯问计划，确定讯问策略、步骤、方法提供正确的导向。

### 三、研究掌握犯罪嫌疑人的心理

犯罪嫌疑人在接受讯问时的心理活动虽然有共同规律，但因犯罪嫌疑人之间存在诸多个体差异，每一个犯罪嫌疑人涉及的案件又各不相同，受讯时的心理活动也会有不同的体现。讯问人员必须认真调查研究，掌握犯罪嫌疑人的个性心理和心理状态，并根据案件性质和案情的需要，确定讯问的策略、方法和节奏。

**（一）研究犯罪嫌疑人心理的途径**

1. 从案卷材料中研究。有的案卷材料包含有涉及犯罪嫌疑人的档案资料，这些档案资料通常能反映犯罪嫌疑人年龄、文化、职业、家庭、社交等方面的情况；传唤或采取刑事强制措施等的呈批材料，往往能反映犯罪嫌疑人的犯罪事实、犯罪经历等情况；现场勘查笔录、现场照片、鉴定意见等材料，能够反映犯罪现场情况、犯罪后果。借此可以显示犯罪嫌疑人所处的环境状况，日常生活中的基本心理特点，作案时的心态以及对付侦查的态度和手段，进而推断其到案后的现实心理状态。

2. 向有关人员调查。那些曾经同犯罪嫌疑人有过接触和交往的人，对犯罪嫌疑人的行为表现和心理特点、心理状况或多或少有所了解。因此，在讯问开始之前，讯问人员应当向被害人、同监在押犯、接触过犯罪嫌疑人的其他侦查人员、看守管教人员、犯罪嫌疑人的亲友、同事、邻居等，进行有针对性的调查，以掌握犯罪嫌疑人的心理。

3. 运用电子监控设备进行观察。讯问人员可以充分利用羁押场所内安装的电子监控设备，对犯罪嫌疑人进行实时跟踪观察，全面掌握其在监所内的言论及行为表现，从而推断其现实的心理状态。

（二）掌握犯罪嫌疑人心理的方法

1. 从犯罪嫌疑人对侦查情况的知情程度进行分析。案件发生后，犯罪嫌疑人为应对刑事追究，往往会极力打探侦查工作的进展情况。犯罪嫌疑人对侦查情况的了解程度，将直接决定其到案后接受讯问的心态和策略。有罪的犯罪嫌疑人如果对侦查机关掌握他犯罪证据的情况、证人的态度、被害人现在的情况、讯问人员对案件的看法等有所了解，即会有针对性地制定自己的反讯问计划，建立起较强的对抗讯问的自信心。如果对侦查的情况一无所知，或知之甚少，凭其趋利避害的本能，虽然也会施展反讯问伎俩，但大多是盲目的，并对讯问人员的追讯惶恐不安。

2. 从犯罪嫌疑人被传唤、拘传、拘留、逮捕时的行为表现进行分析。侦查机关对犯罪嫌疑人采取这些措施时，表明侦查机关已经掌握了一定的犯罪证据，他们已经非常现实地面临着刑事追究的巨大风险。因此，有罪的犯罪嫌疑人往往会采取各种暴力或非暴力的方法极力对抗。而对于无罪的犯罪嫌疑人来说，这不仅涉及他的声誉问题，而且还存在被冤枉、错判的可能，所以通常会表现出紧张、愤怒和无奈，极力为自己申辩，以表明自己的清白，不过由于对罪责威胁没有真实的感受，一般不会出现激烈的反抗行为。此时犯罪嫌疑人不同的行为表现，正是他们心理活动的强烈反映。

3. 从犯罪嫌疑人被羁押后的表现进行分析。犯罪嫌疑人被羁押后，生活环境、物质条件都发生了很大变化，其中，有罪的犯罪嫌疑人对犯罪被揭露并因此而遭受刑事处罚的恐惧还时刻折磨着他，巨大的心理压力常常使他感到难以承受，精神处于崩溃的边缘。为了摆脱这种困境，不少犯罪嫌疑人就会在同监人犯中寻求帮助，密谋对抗侦查的"策略"，或打听类似犯罪的处理结果；有的则害怕罪行暴露，不轻易与同监人犯交往；有些甚至采取破坏监所秩序的极端行动。

而无罪的犯罪嫌疑人虽然也承受着极大的心理压力，但其行为表现却有所不同，且较为一致。他们通常会对同监人犯表现出不屑和戒备，尽量避免与他们交往，并急切希望被提讯，因为这是解释无辜、摆脱困境最有效的途径。所有这些，都反映了犯罪嫌疑人不同的心理活动情况。

4. 讯问时正面观察分析。讯问时，犯罪嫌疑人因为讯问的压力，心理会出现变化，而这样的变化或多或少有外显的痕迹。讯问人员应当细心观察犯罪嫌疑人的一举一动、一言一行，从其神情、动作和情绪反应以及供述或辩解的语气中对其心理活动作出正确的评价。

当然，研究掌握犯罪嫌疑人的心理并不是一次性的，要真正掌握犯罪嫌疑人心理，需要通过不同途径，采取多种方法才能实现。

### 四、制定讯问计划

讯问人员在全面了解案情的基础上，应当根据讯问任务的要求，案件的性质及复杂程度，讯问的有利条件和不利因素，制定出切实可行的讯问计划，以保证讯问工作有序进行。讯问计划可分为全案讯问计划、个别事实情节讯问计划和突击讯问计划。

（一）全案讯问计划

全案讯问计划是讯问犯罪嫌疑人全部犯罪事实或讯问某一宗犯罪案件的计划。应包括如下内容：

1. 案件的主要情况。包括犯罪嫌疑人的基本情况，发生案件或发现案件的时间和地点，已经掌握的证据材料及其中的疑点、矛盾，尚待收集的证据材料，等等。

2. 讯问的目的和要求。明确要查明哪些犯罪事实，获取哪些关键的证据线索，讯问中追问到何种程度等。

3. 讯问的步骤、重点。对于犯罪事实需要确定先问哪些问题，后问哪些问题，问题如何提起，怎样切入主题，讯问的重点问题是什么。

4. 突破口的选择。在讯问中选择什么事实或情节作为突破口，理由是什么。

5. 策略和方法。在讯问中采取什么策略，运用什么方法来实现策略。

6. 讯问时需出示的证据材料及出示证据材料的方法。

7. 讯问如何与其他侦查措施结合（如查证、监控等）。

8. 讯问中可能出现的问题，解决问题的预设方案。

（二）个别事实情节讯问计划

个别事实情节讯问计划是为了查明案件中某一项关键性事实或情节的讯问计划，一般在全案讯问计划的基础上制定，是其必要的深化与细化。

（三）突击讯问计划

突击讯问计划是指因案情紧急或重大，针对某些需要迅速查明的犯罪事实或具有现实危险性的问题所制定的讯问计划。其重点是，必须列明案情紧急程度或重大程度，以及迫切需要追讯的内容。

讯问计划制定后，还应根据讯问的进展情况和犯罪嫌疑人的思想状况，及时修改和调整。

**五、讯问场所的选择与布置**

讯问的客观环境必然会对犯罪嫌疑人的心理产生一定的刺激作用。因此，讯问场所的选择和布置应当引起高度重视。

（一）选择讯问场所应考虑的因素及要求

选择讯问场所是讯问准备工作的一项重要内容，讯问人员要根据案件的性质、证据的多少及可靠程度、犯罪嫌疑人的基本情况及个性特点、犯罪嫌疑人到案的具体情形等来确定，力争创造适宜的环境和气氛。选择和布置讯问场所的基本要求是：严肃、安全、保密。

（二）就地讯问

这是指犯罪嫌疑人刚被抓获，或者从其身上、住处搜查到犯罪证据时，就地对其展开的讯问。此时进行讯问，可以避免犯罪嫌疑人有较长时间思考，使其难以将谎言编造得更富欺骗性，回答中如果撒谎容易产生矛盾，有利于取得真实口供。但就地讯问时常有被害人或他们的家属以及围观群众在周边，容易受到外界干扰，甚至造成群体性事件。因此，抓获犯罪嫌疑人后，一般不当场讯问。确有必要时，应选择无闲杂人员的场所或带至附近适当地方进行讯问。

（三）在犯罪现场进行讯问

也称现场讯问，就是将犯罪嫌疑人带到他实施犯罪的现场进行讯问。侦查实践中，现场讯问常被用来迫使或者启发犯罪嫌疑人供述真实的犯罪情况，尤其常被用来验证犯罪嫌疑人供述的真伪。犯罪现场记录着犯罪行为作用于客观环境所形成的各种信息，是一种特殊的证据，在这一特殊证据面前犯罪嫌疑人撒谎将承受极大的心理压力，而且谎言经证据检验也容易出现矛盾，同时在犯罪现场进行讯问，还可能会发现新的证据。现场讯问虽然具有一些独到、重要的效能，但却不是可以随意采用的。讯问人员必须在准确掌握犯罪现场的地点及其真实情况的前提下，基于实际需要与可行性原则，审慎选择、运用现场讯问，并且在将犯罪嫌疑人带至犯罪现场进行讯问的整个过程中，务必确保安全。

（四）在押解途中进行讯问

这是将抓获的犯罪嫌疑人在押送侦查机关审查或押送看守所羁押的途中进行讯问。在押解途中进行讯问，具有就地讯问的优点，但由于受到客观条件限制，只有在急需取得口供时采用。

（五）易地讯问

这是将犯罪嫌疑人转移关押场所进行讯问。易地讯问的目的，是通过"易地"去除犯罪嫌疑人的心理优势，寻找新的讯问突破口，重新选择讯问策略和方法，打破犯罪嫌疑人已经形成的拒供心理定势，促其如实供述。易地讯问适用于两类犯罪嫌疑人：其一，有抗御讯问能力的。这类犯罪嫌疑人本人或其亲友有一定的社会地位或经济实力，在当地有"保护伞"、"关系网"，不仅使讯问工作受到严重干扰，而且犯罪嫌疑人自恃有人保护并为其说情，在接受讯问时侥幸心理严重，拒不供认罪行，大胆地与讯问人员周旋。其二，因证据不足或者讯问失误而久讯不下的。由于经过较长时间的讯问，犯罪嫌疑人也逐渐意识到侦查机关并没有掌握足以对其构成实质威胁的真凭实据，或者熟悉了讯问环境和讯问人员的个性特点、工作方式，从而使其侥幸心理增强。对上述犯罪嫌疑人，易地后脱离了"势力范围"和熟悉的环境及人际关系，拒供的自信心必然减退。并且，由于环境发生骤然变化，也搅乱了犯罪嫌疑人已渐趋平衡的应讯心理，可能再现刚被拘捕时惶恐不安的心理状态，从而为重新选择讯问策略方法创造条件。同时，易地还有利于秘密力量贴靠，以开展狱内侦查工作；对于案情在当地牵连较多的犯罪嫌疑人易地讯问，也有利于调查取证，避免打草惊蛇。易地后的讯问地点，可视犯罪嫌疑人原来的权力大小、势力范围、"后台"地位的高低，以及"关系网"的严密程度而定。易地讯问时，讯问人员可以是原班人马，也可由上级侦查机关另组讯问班子。

（六）在讯问室进行讯问

讯问室是专门为讯问设置的房间，具有保密性和安全性，是最理想的讯问场所。犯罪嫌疑人被送交看守所羁押以后，讯问人员对其进行讯问，应当在看守所内的讯问室里进行。讯问室的面积大小要适中，并安装录音、录像设备。所有讯问室，都应当布置得严肃、隔音、通风，便于保密，防止外界干扰。其中，墙壁和天花板要用吸音材料装修，装修墙壁的吸音材料以米黄色或乳白色为宜，装修天花板的材料宜用白色。讯问室内的光线要按照标准照相馆对照相光线的要求设计。另外，讯问室内还可安装闭路电视系统与监控指挥室联系，以方便讯问人员与监控指挥室的指挥人员及录音、录像操作人员通信联络。

## 第二节　第一次讯问

### 一、第一次讯问的特点

第一次讯问是指讯问人员依法对犯罪嫌疑人进行的第一次讯问活动。作为法律意义上的第一次讯问，具有以下特点：

（一）讯问对象的特定性

《刑事诉讼法》第34条规定："犯罪嫌疑人自被侦查机关第一次讯问或者采取强制措施之日起，有权委托辩护人；在侦查期间，只能委托律师作为辩护人。……"根据这一规定，犯罪嫌疑人从第一次接受讯问开始，已经处于被刑事追究的地位，因而有权委托律师提供辩护。由此可见，法律意义上的"第一次讯问"是指侦查机关第一次把有关人员作为犯罪嫌疑人所进行的审查与诘问，其对象只能是犯罪嫌疑人。在未将某人的诉讼地位确定为犯罪嫌疑人之前，对其进行过的盘问或者询问，不能称为"第一次讯问"。因而也不能使用"讯问笔录"，可使用"询问笔录"记载问答情况。

（二）讯问时间的法定性

根据《刑事诉讼法》的有关规定，侦查机关第一次对犯罪嫌疑人进行讯问必须遵守下列时限规定：

1. 对被拘留、逮捕的犯罪嫌疑人的第一次讯问，必须在自拘留、逮捕时起的24小时之内进行。

2. 对采取传唤、拘传的犯罪嫌疑人的第一次讯问，必须自传唤或拘传起12小时之内进行并完成，特殊情况下24小时内完成。

3. 对被取保候审、监视居住的犯罪嫌疑人进行第一次讯问的起始时间法律没有作出具体规定，但如果对其进行第一次讯问则应当从到案时起12小时之内讯问完毕。

（三）讯问进程的程序性

第一次讯问是讯问人员与犯罪嫌疑人首次面对面的直接接触，标志着以核实讯问对象犯罪嫌疑为目的的讯问活动的开始。根据《刑事诉讼法》第120条和《公安机关办理刑事案件程序规定》第203条的规定，第一次讯问要按照一定的步骤进行。之后的讯问则可以根据审理案件的具体需要，安排相应的步骤进行，且可根据讯问情势的变化，适时调整讯问步骤。

二、第一次讯问的意义

（一）有效地保障公民的合法权利

如前所述，法律对第一次讯问的时限有着十分严格的规定，依法做好第一次讯问，可以及时听取犯罪嫌疑人的辩解，发现并立即释放被错拘、错捕的人，保证无辜公民的人身自由权利不受侵犯，维护社会主义法治的尊严。如果发现被拘传、传唤的人没有犯罪，也可以立即将其放回，避免冤案、错案的发生。

（二）保证办案质量

侦查机关在确认犯罪嫌疑人之前所进行的侦查活动，大都是背靠背进行的，其工作方式和方法均受到一定局限。因此，这期间所了解的犯罪事实及获取的证据材料，常常处于一种不确定的状态，其中可能虚实兼有，真假并存。而犯罪嫌疑人对自己是否犯罪，如果犯罪又犯有何罪，相关证据材料的实际状况如何等情况最为知情，通过对其进行第一次讯问，可以及时发现侦查破案工作中的疏漏，弥补工作中的失误，确保案件质量。

（三）有利于及时突破犯罪嫌疑人的口供

犯罪嫌疑人刚被抓获归案接受讯问，思想尚处于惊慌混乱之际，来不及仔细考虑应对讯问的计策，未能构筑起对抗讯问的防御体系。同时，他们对侦查机关掌握案件事实的情况、获取证据材料的情况不甚了解，大多只是一种猜测。在第一次讯问中，讯问人员如果能够抓住有利时机，出其不意，攻其不备，很可能迫使犯罪嫌疑人交代出犯罪的主要事实、情节。特别是初次犯罪的嫌疑人，由于从无应对讯问人员追讯的实际经验，通过第一次讯问突破其口供的可能性更大。

（四）了解犯罪嫌疑人的性格特点及认罪态度

讯问人员对犯罪嫌疑人的第一次讯问，首先要讯问他们的基本情况，包括姓名、年龄、职业、住址、文化程度、民族、家庭情况等。这些提问虽与犯罪事实并无多大关系，但对一个有经验的讯问人员来讲，至少可以从中了解犯罪嫌疑人两方面的情况：一是犯罪嫌疑人的性格特点。比如，犯罪嫌疑人对于讯问人员的提问，如果回答爽快，而且急于表现自己，说明他是外向型的性格；如果只是被动、含蓄地消极应答，而且面部表情变化不大，说明他是内向型的性格。二是犯罪嫌疑人的认罪态度以及对侦查机关的抵触情绪。如果犯罪嫌疑人的认罪态度好或者抵触情绪小，他对讯问人员的提问，往往会如实回答；反之，即使面对简单提问，也不认真回答，甚至不予回答，或者提出反问。通过第一次讯问，了解犯罪嫌疑人的性格特点及应讯态度，可以帮助讯问人员今后更准确有效地制定、实施讯问对策。

（五）为侦查案件探明方向

由于讯问双方的价值目标冲突，讯问人员常常难以通过第一次讯问就突破全案。但在第一次讯问中，犯罪嫌疑人的供述态度、反讯问伎俩、口供中的矛盾以及案件的某些线索，或多或少地会有所暴露。讯问人员可以就此进行综合的分析，对案情重新作出判断，从而为案件的下一步侦查探明方向，或为制定其后讯问的策略、计划及调查取证提供依据。

### 三、第一次讯问的步骤

第一次讯问最直接的目的就是核实、澄清前期侦查工作所收集到的证据，从而进一步确认或排除到案人员的犯罪嫌疑。因此，进行第一次讯问的步骤是相对稳定的。

（一）讯问犯罪嫌疑人的基本情况

第一次讯问要问明犯罪嫌疑人的姓名、别名、曾用名、出生年月日、户籍所在地、现住址、籍贯、出生地、民族、职业、文化程度、政治面貌、工作单位、家庭情况、社会经历，是否属于人大代表、政协委员，是否受过刑事处罚或行政处理等情况。讯问以上情况，对于查清案件事实和保障犯罪嫌疑人的合法权利具有重要意义。首先，犯罪嫌疑人的基本情况是案件事实的组成部分，问明这些情况自然成为讯问的重要内容；其次，问明犯罪嫌疑人的基本情况，可以及时发现错传、错拘和错捕，防止发生"张冠李戴"的错误，避免对公民的合法权利造成侵害；再次，从犯罪嫌疑人对其基本情况的回答中，可以判断他的个性特点和应讯态度，为修正讯问计划和下一步讯问提供依据；最后，有时还能发现讯问人员事先并不了解的情况。

（二）讯问犯罪嫌疑人是否有犯罪行为

在问明基本情况后，应当讯问犯罪嫌疑人是否有犯罪行为，如果犯罪嫌疑人承认有罪，即让其陈述犯罪的全部过程和具体情节；如果他否认犯罪，要听取他的无罪辩解。然后就其供述或辩解中不清楚、不全面或前后有矛盾的地方向他提出问题。

**（三）履行告知义务**

在第一次讯问中，讯问人员应当告知犯罪嫌疑人享有的诉讼权利，如实供述自己罪行可以从宽处理和认罪认罚的法律规定。如果犯罪嫌疑人有不清楚、不明白的地方，讯问人员应当进行讲解，并向他说明在侦查阶段如何行使自己的权利。履行该等告知义务，使犯罪嫌疑人了解有关的法律规定，有利于犯罪嫌疑人正确对待讯问，为讯问创造良好的气氛，并且也能证明讯问活动的合法性。与此同时，还要向犯罪嫌疑人说明他在侦查阶段应尽的义务，如对讯问人员的提问要如实回答，要遵守、服从国家法律，配合讯问人员查清案情，等等。

**（四）按讯问计划向犯罪嫌疑人提出问题**

针对讯问的具体情况，要按讯问计划、讯问提纲向犯罪嫌疑人提出问题，敦促犯罪嫌疑人及早把全部问题或主要问题交代清楚，争取讯问能够深入展开或澄清案情。

**（五）结束讯问**

在讯问没有取得实质性进展而讯问对象的犯罪嫌疑仍未排除的情况下，结束讯问时，应当提出问题，责令犯罪嫌疑人反省，以便为以后的讯问创造条件。对于已经排除犯罪嫌疑的，结束讯问时要做好善后工作。

**四、不同情形下的第一次讯问**

犯罪嫌疑人到案接受讯问的形式不尽相同，不同的情形会对第一次讯问产生不同的影响，一定要区别对待。

**（一）对经立案侦查查获的犯罪嫌疑人的第一次讯问**

侦查机关经过立案侦查，通常掌握了犯罪嫌疑人犯罪的某些证据，但由于没有经过正面接触，尚不能完全确定犯罪嫌疑人就是本案真正的犯罪分子。而犯罪嫌疑人到案之后，意识到侦查机关已经掌握有犯罪证据，了解一定的案件事实，自己正面临刑事处罚的重大危险，为避免这一危险最终演变为现实，他们在第一次讯问中往往会使用种种手段来探查侦查底细，对抗讯问攻势。因此，这种情形下的第一次讯问，既是讯问人员与犯罪嫌疑人之间互相摸底、互相试探的一场较量，也是讯问与反讯问的一场尖锐激烈的斗争，讯问人员需要采取如下讯问对策：

1. 压制嚣张气焰。对犯了罪还不知罪、不认罪、不服罪，明目张胆对抗讯问的犯罪嫌疑人，一定要压制其嚣张气焰，确保讯问工作步入正轨。讯问犯罪嫌疑人，是讯问人员代表国家进行的一项非常严肃的刑事执法活动，是获取证据、查清案件事实真相的重要的侦查手段。讯问中，如果犯罪嫌疑人咄咄逼人，气焰嚣张，那么，讯问人员的权威性和法律的尊严就得不到维护，讯问工作也会因此而无法顺利展开。要打击犯罪嫌疑人的嚣张气焰，讯问人员既可以针锋相对，直接阐明坚持对抗必将受到严惩的严重性和危险性，敦促其正确权衡利弊，改变错误的立场和观点，收敛自己的对抗言行，尽早选择坦白从宽的道路。也可以后发制人，让对抗讯问的犯罪嫌疑人充分表演，同时将其拙劣的言行全面完整地记录下来，然后选择适当的时机予以有力地揭露、批驳，将其置于理屈词穷的境地，最终迫使其端正应讯态度。

2. 打掉幻想。对那些企图以对抗蒙混过关的犯罪嫌疑人，首先要向他讲明，任何犯罪行为，无论如何诡秘，都一定会留下各种痕迹，也必将被他人所发现，讯问人员要查清案件全部事实真相存在充分的可能性。其次，要运用案件中涉及的科学知识和科学原理说明，在科学技术高度发达的当今，许多犯罪事实都可以通过技术手段查清，任何伪装都可以识破，前述的可能性完全可以变为现实，从而彻底打破对方的幻想，端正其接受讯问的态度。

3. 循序渐进。犯罪嫌疑人刚被查获归案时，大多具有较强的戒备心理，其防御本能在第一次接受讯问的过程中体现得较为充分。讯问人员要以具有连贯性、系统性、逻辑性的一系列问题向犯罪嫌疑人提问，前一问题为后一问题作准备，后一问题为前一问题作补充。如果犯罪嫌疑人为掩盖案件事实编造谎言，其前后供词就会自相矛盾，讯问人员即能抓住弱点提出反问或质问，迫使其如实供述。只要这样步步为营，稳扎稳打，讯问人员就能始终掌握讯问的主动权。

4. 适时提醒、施压。犯罪嫌疑人刚被查获归案时，既想掩盖罪行逃避打击，又害怕因认罪态度不好而受到重罚，这种矛盾、冲突的心理使其供述意向极不稳定。讯问人员应当适时提醒犯罪嫌疑人，就某些案件事实或情节进行狡辩、掩饰已失去基础，隐瞒罪行、对抗讯问只会不利于自己最终的实体处理结果，从而给犯罪嫌疑人施加正面的心理压力，促其供述意向向良性发展。

（二）对在犯罪现场被抓获的犯罪嫌疑人的第一次讯问

由于在犯罪现场被抓获，人赃俱在，或人证俱全，这类犯罪嫌疑人也自知否认罪行已丧失客观基础，大多数会对现行犯罪作出交代。但受趋利避害心理的驱使，他们的交代往往伴随有狡辩和掩饰，并且不会轻易供述自己尚未暴露的余罪。另外，有的犯罪嫌疑人在证据面前仍然可能对现行犯罪极力抵赖，以顽固的态度对抗讯问。对付这些犯罪嫌疑人，主要有如下讯问对策：

1. 及时、就地讯问。要趁犯罪嫌疑人刚被抓获，惊魂未定，人赃俱在或人证俱全的有利时机，当即就地讯问，并及时在犯罪现场收集各种犯罪证据。讯问时，讯问人员要语气严厉，提问直接而尖锐，节奏要快，使犯罪嫌疑人既无平稳的心态，亦无充裕的时间来思考反讯问的对策，力争在第一次讯问就把现行犯罪的主要事实和情节了解清楚。

2. 用被害人和其他群众的情绪对犯罪嫌疑人施加压力。犯罪嫌疑人在现场被抓获的时候，被害人、其他群众也在场，他们非常清楚是谁实施了侵害行为，有着严惩犯罪嫌疑人的强烈愿望。这类犯罪嫌疑人也惧怕被害人和其他群众在激愤情绪支配下，对自己采取一些过激行动，担心自己受到严重伤害。现场就地讯问时，可利用被害人和其他群众的这种情绪向犯罪嫌疑人施加压力，向他们指出，只有端正态度，如实交代问题，被害人、在场群众的愤恨心情才会有所平复，侦查机关保护他们的合法权利才会变得相对容易。否则，侦查机关可能也难以控制局面，无法确保他们的合法权利不受侵害。最终使其明白顽抗对自己不利，如实认罪才是最佳选择。

3. 预防反悔翻供。由于在犯罪现场被抓获，这类犯罪嫌疑人在第一次讯问时供述犯罪事实的可能性较大，但过后在各种不良思想影响下也有人会出现反复，反悔翻供。为此，在犯罪嫌疑人供述现行犯罪事实后，要巩固其认罪思想，并及时收集、核实能够印证第一次口供的有关证据，防止其翻供。

4. 以查明现行犯罪为契机，深挖余罪。犯罪嫌疑人在实施犯罪时被当场抓获，极有可能是多次犯罪后的"偶然失手"，他们往往还有不曾暴露的余罪。由于查明现行犯罪相对容易，讯问人员在第一次讯问中实现这一目标后，应以此为基础，针对犯罪嫌疑人实施现行犯罪的起因、动机、目的、方法和手段等进行延展讯问，以挖掘、发现余罪线索，为彻底查清犯罪嫌疑人的全部犯罪事实打下基础。

（三）对在身上或住处发现犯罪证据的犯罪嫌疑人的第一次讯问

这类犯罪嫌疑人多是一些惯犯、累犯、流窜犯或是作案后负案在逃人员。侦查机关查获他们，其实是一场遭遇战。虽然犯罪证据表明了犯罪事实的客观存在，但讯问人员此时对犯罪嫌疑人、犯罪证据、案件事实这三者之间的实质关系并不完全了解，而犯罪嫌疑人同样也不知道讯问人员掌握案情和证据材料的底细，甚至不清楚自己被查获的原因究竟是由于侦查机关有计划、有目的的工作，还是"偶然所获"。因此，对这类犯罪嫌疑人进行第一次讯问的对策必须巧妙、灵活。可选择采取的具体讯问对策如下：

1. 制造错觉，乘虚而入。这类犯罪嫌疑人对讯问往往事先有所准备，企图以狡辩抵赖蒙混过关，所以接受讯问时会小心谨慎，步步设防，容易使讯问陷入僵持。为了避免出现这样的不利局面，讯问人员应当避实就虚，营造宽松的言语互动气氛。尤其是讯问涉及案件的一些关键、重大问题时，一定要掩饰提问的真实意图，措辞力求委婉、含蓄，并以自由交谈的方式进行，使犯罪嫌疑人误认为讯问人员并不是针对案情在追讯他们，而仅仅是作一般性的情况了解，其戒备心自然会随之减弱，回答问题也更多关注如何应付当前的问询，从而忽略了在整体上对犯罪事实进行有效的掩盖。讯问人员一旦从中弄清了需要证实的细枝末节，就可以对不清楚的问题继续追讯或展开调查，或对犯罪嫌疑人的谎言进行揭露、质问，最终迫使其如实供述。

2. 单刀直入，深追嫌疑。虽然此时尚不能确定这些犯罪嫌疑人犯有罪行，但由于在其身上或住处发现了犯罪证据，包括讯问人员在内的其他人都会对他们涉及犯罪产生合理怀疑。如果犯罪嫌疑人不能就此作出合符情理的解释，其犯罪嫌疑就不可能排除，侦查机关对他们的审查、追究必然会延续。这一点也是此类犯罪嫌疑人在讯问对抗中处于心理劣势的根本原因。因此，讯问人员在对他们进行第一次讯问时，可开门见山，直接责令其对嫌疑问题，包括犯罪证据或其他可疑物品的来源、用途、去路等一一作出交代，并且一追到底，不容有任何含糊不清的地方。这其中的关键是讯问的节奏要比较快，不能给犯罪嫌疑人喘息的机会，使其在无法自圆其说、狼狈不堪的情况下，不得不如实交代问题。

3. 运用证据，后发制人。在对犯罪嫌疑人的人身或住处进行搜查以及对其他有关人员进行调查的过程中，如果已经掌握了比较充分的证据，而犯罪嫌疑人在接受讯问时却负隅顽抗，拒不如实供述，讯问人员则可不露声色，有意识地让其表演下去，任其申述无罪或罪轻的种种理由，等到矛盾充分暴露之后再果断地出示有关证据，对他们的谎言和狡辩予以揭露和批驳，从而彻底地打击他们对抗讯问的意志。

（四）对投案自首犯罪嫌疑人的第一次讯问

犯罪后能投案自首的人，不管其动机如何，一般来说都希望获得从宽处理。对这类犯罪嫌疑人进行第一次讯问主要有以下对策：

1. 详细讯问犯罪事实。由于这类犯罪嫌疑人具有通过投案自首获得从宽处理的愿望,在第一次讯问中即可让其详尽供述所有犯罪事实和情节,交代有关的证据情况或证据线索,使犯罪嫌疑人的供词能够全面、具体地展现其罪行,并有证据予以证实。

2. 弄清犯罪嫌疑人投案自首的动机。不同的犯罪嫌疑人投案自首的动机可能存在差异,弄清其具体动机可为审查、判断口供的真实性提供一定的帮助。

3. 阐明对待投案自首的法律规定。犯罪嫌疑人之所以投案自首,大多是希望获得从宽处理,但其趋利避害的本能又会使他们在交代问题的时候有所顾忌。因此,对这类犯罪嫌疑人一定要针对其投案自首的动机和具体案情,详细宣讲处理投案自首的法律规定,明确地告诫他:真正的投案自首,应该是完全彻底地坦白交代自己的犯罪事实,不能有任何欺诈和隐瞒,否则,不以投案自首论处,也就是他们会因此无法实现主动投案的初衷,从而给这类犯罪嫌疑人施加必要的压力,矫正其隐瞒事实真相的心理倾向。

4. 教育犯罪嫌疑人检举犯罪线索。在讯问投案自首的动机和犯罪事实以后,要教育、动员这类犯罪嫌疑人检举揭发他所知道的其他犯罪线索,争取立功赎罪,最大程度地获得从宽处理的结果。

5. 宣布投案自首后的纪律。要向投案自首的犯罪嫌疑人宣讲接受讯问必须遵守的纪律,并提出具体的要求。

## 第三节　续审

续审是指对犯罪嫌疑人第二次至最后一次前的所有讯问。一般情况下,犯罪嫌疑人在接受讯问的过程中,都有一个从不如实供述到如实供述的心理转变过程。要使犯罪嫌疑人实现这种心理转变,大多要在第一次讯问后,经过讯问人员多次艰苦的续审才能促成。即使犯罪嫌疑人在第一次讯问中就能供述问题,但讯问人员对案件的认识还有一个不断深化的过程,在对犯罪嫌疑人供述的线索经过调查后,为了核实调查收集的证据的真实性、可靠性,也必须对犯罪嫌疑人进行续审。续审的决策与实施一般按以下步骤进行:

**一、续审问题的确定**

**（一）确定续审内容**

续审常常是针对案件中的具体问题而展开的。每次续审之前，必须根据案件的不同情况，已有证据材料的多寡和真伪程度以及犯罪嫌疑人对上一次讯问的态度等，确定具体的讯问内容，以保证每次续审都能有助于案件问题的解决，有利于讯问目的的实现。一般来讲，讯问人员可从以下方面选择每次续审的内容：犯罪嫌疑人的真实身份；案犯作案过程；案犯作案动机；罪证物品的下落；共同犯罪同案犯的去向；共同犯罪成员之间的关系；推翻原有供词的理由；纠正犯罪嫌疑人的错误认识，端正其应讯态度；等等。

需要强调的是，上述内容在不同案件的审理中，或同一案件的不同审理阶段，其紧迫性和重要性是存在差异的，讯问人员必须根据实际情况，十分审慎地将其中的一项或几项确定为续审的内容。

**（二）确定续审内容的具体方法**

1. 认真审查案件材料，从已有案件材料中确定续审内容。案件材料集中体现了侦查机关已经掌握的案件信息，是确定续审内容的主要依据。审查案件材料，需要紧紧抓住以下几点：犯罪嫌疑人的真实身份是否已经查明，是否有前科；案犯作案手段是否老练，是否体现了反侦查的意图和惯犯作案的特点；作案工具和其他罪证物品是否已经查明，是否已经扣押在案，如果尚未获取是否已经掌握相关线索；证据与证据之间、证据与口供之间的矛盾焦点是什么，对案件事实的认定有何影响；哪些证据需要通过续审核实；犯罪嫌疑人极力狡辩、抵赖的根据是什么，其狡辩和抵赖的问题实质是什么；共同犯罪中还有哪些犯罪嫌疑人未落网，同案犯之间的关系如何；等等。

2. 在调查取证过程中确定续审内容。讯问与调查收集证据互补相成，互为促进。讯问人员在调查取证过程中，对新的证据进行初步审查判断后，应将以下问题确定为下一次续审的主要内容：新收集的证据与犯罪嫌疑人原有口供之间存在的矛盾；新收集的证据能够证明，但犯罪嫌疑人极力回避的事实；新收集的证据与原有证据有矛盾，必须通过讯问犯罪嫌疑人进行辨识的事实；以前讯问未触及的犯罪事实；新的犯罪线索；等等。

3. 从犯罪嫌疑人被羁押后的表现中确定续审内容。犯罪嫌疑人被羁押后，大多会感到自己势单力薄，为了对抗侦查，往往要竭尽全力寻求他人的帮助。他们或者在同监在押犯中寻找"朋友"，密谋对策；或者拉拢、腐蚀监管人员、讯问人员,以争取同情甚至谋求包庇;或者急于与外界取得联系,希望他人能够帮助探查侦查底细、处理有关罪证;或者与同案犯订立"攻守同盟";等等。讯问人员要密切注意犯罪嫌疑人的这些动向,善于从中确定续审的内容。从犯罪嫌疑人被羁押后的行为表现中确定续审内容,可从以下几个方面着手:犯罪嫌疑人与同监在押犯密谋的问题;犯罪嫌疑人向同监在押犯吐露的问题或案件实情;犯罪嫌疑人拉拢、腐蚀监管人员、讯问人员的动机和目的;犯罪嫌疑人急于向外界传递的信息内容及其真实图谋;犯罪嫌疑人急于与同案犯订立"攻守同盟"的手法及"攻守同盟"的内容;等等。

### 二、消除干扰续审的外界不利因素

不利于续审的消极因素很多,除了犯罪嫌疑人主观上受"趋利避害"本能驱使之外,一些外界因素的影响也常常导致犯罪嫌疑人在讯问中采取抗拒态度。比如:受同监在押犯教唆;有关人员对犯罪嫌疑人的庇护暗示甚至承诺;讯问人员对犯罪嫌疑人合法权利的侵犯;监所里生活条件太差,使犯罪嫌疑人在生理上、心理上严重不适;因自己被羁押讯问,家人的基本生活发生重大困难;等等。

为顺利推进续审以达预期目的,讯问人员应区别不同情况,采取相应措施,排除上述不利因素对续审的干扰。主要办法包括:把犯罪嫌疑人调离原羁押监室,布置秘密力量对其进行疏导教育,促其转变态度;堵塞犯罪嫌疑人与同案犯、关系人、知情人互相串通的渠道,仔细检查外界送进的各种物品,依法监督犯罪嫌疑人与辩护律师会见的情况,必要时可采取异地羁押讯问的方式,使其难以与外界互相传递对抗讯问的信息;更换对犯罪嫌疑人刑讯逼供、侵犯其合法权利的讯问人员,消除犯罪嫌疑人与讯问主体的对立情绪;改善犯罪嫌疑人在监所里的生活条件,给予其人道主义待遇,控制生活环境的变化在其生理上和心理上造成的不适感,使其能够以平和的心态接受讯问;联系有关单位尽量解决犯罪嫌疑人亲属的基本生活困难,并利用犯罪嫌疑人的亲属进行规劝,以亲情削弱犯罪嫌疑人与侦查机关和讯问人员的对抗心理;等等。

### 三、摸清态度,多方引导

为了解犯罪嫌疑人经过上一次讯问后的反应,以决定续审的力度及深入发展的方向、时机,讯问人员在续审一开始,应承接上一次讯问的话题向犯罪嫌疑人提问,以试探犯罪嫌疑人对续审的态度。对讯问人员的试探,不同的犯罪嫌疑人有不同的表现:有表示愿意交代问题的,有对如实交代问题心存疑虑的,有继续对抗的，等等。对持不同态度的犯罪嫌疑人，讯问人员应从不同方向、以不同话题进行引导。

（一）表示愿意倾听

对愿意交代问题的犯罪嫌疑人，讯问人员首先应肯定其态度，激发、稳定其良性情绪。然后应语气诚恳地问其愿意交代什么问题，或打算从何处开始交代问题。对一开口并非交代问题而是进行辩解或解释的，也可表示愿意倾听，以避免僵局，进而引导犯罪嫌疑人主动交代问题。

（二）表示理解

犯罪嫌疑人对如实交代问题心存疑虑的主要原因有：害怕坦白得不到从宽处理，不交代又会面临从重处罚，担心亲友受牵累，害怕遭到同案犯报复，等等。对于犯罪嫌疑人的矛盾心理及当时所处的环境，讯问人员可以表示理解，并根据其产生顾虑的具体原因，客观、诚恳地进行分析、阐释，表明所担心的某些危险其实是虚无的，实际上不可能发生，或虽存在可能性但通过努力完全可以规避，进而激励其放下思想包袱，如实交代问题。

（三）批驳错误

对于那些在续审一开始就气焰嚣张并肆无忌惮地发布错误甚至荒谬言论的犯罪嫌疑人，讯问人员要果断出击，严肃地批驳其错误的应讯态度，驳斥其言论中不实或不合逻辑之处，从而施加一定的心理压力，使其嚣张气焰被有效抑制。为了避免因冲突升级而导致讯问僵局，在批驳过程中，言词既要有威严之气，又不宜过分激烈，并且要注重说理，能够令犯罪嫌疑人信服。

（四）表示惋惜

为了在情感上贴近犯罪嫌疑人，或使其重新进行利害评判，得出较为客观、准确的结论，讯问人员可以在适当的时机，以适当的方式向犯罪嫌疑人表示一定的惋惜。比如惋惜他走上违法犯罪的道路，也遗憾他在讯问中一次又一次错过侦查机关和讯问人员按照政策和法律给他的坦白认罪、悔过自新的机会等等。从而为深入讯问创造条件。

（五）寄予希望

讯问人员应使犯罪嫌疑人明白：虽然他目前不愿如实交代问题，但讯问人员并没有丧失信心，相信他在讯问人员的帮助教育下，会转变认识。以此表明讯问人员用心良苦，仁至义尽，从而动摇犯罪嫌疑人的抗拒心理。

## 四、由易到难，逐步推进

讯问人员经过施谋用策，往往能引导犯罪嫌疑人愿意回答提问，或促使其不得不回答提问。但此时犯罪嫌疑人的供认意向和供认心理还处于不稳定的状态，如果追讯压力、罪责压力对其造成强烈刺激，极有可能出现反复，所以讯问人员仍不宜就案件的实质问题直接发问，而应根据案件的实际情况，从易到难，有目的、有步骤地向犯罪嫌疑人提出与案件有关联的一般性问题，再逐步过渡到核心问题，逐步将讯问引向深入。

（一）切入的问题

1. 具体犯罪案件。对于某个具体犯罪案件，讯问人员应当围绕最有利于讯问深入的某个犯罪情节或案件的关联问题，逻辑严密地进行讯问。

2. 多次犯罪案件。对于犯罪嫌疑人实施了多起犯罪的案件，讯问人员一开始应当围绕较易突破的某起案件进行讯问，遵循先易后难、由浅入深的原则逐步推进。

3. 共同犯罪案件。对于共同犯罪案件，应当根据犯罪嫌疑人在犯罪中的地位和作用，先从其罪责相对较轻或证据较充分的案件事实、情节问起，逐步推及全案。

（二）切入提问的具体办法

1. 在切入提问的过程中，应结合政策、法律攻心，逐步转变犯罪嫌疑人的认识和情感，削弱犯罪嫌疑人的对抗意志，并适时出示证据，以加大追讯力度，更好地克服讯问逐步推进中的阻力。

2. 在犯罪嫌疑人的供认心理尚未得到强化之前，应当通过循序渐进的讯问先扫清一个个障碍，使讯问逐步接近案件的实质问题。

## 五、选准对象，伺机突破

犯罪嫌疑人的应讯心理随着续审的推进，也在不断变化，讯问人员应当通过施谋用策对其进行良性诱导，以创造有利于把讯问引向深入的各种条件。一旦条件具备、时机成熟，讯问人员就应选择难度较小并能带动全案的目标果断实施突破，促使犯罪嫌疑人对案件实质问题作出如实供述。

（一）突破的对象

1. 突破部分事实、情节。对多次作案的犯罪嫌疑人，讯问人员要选择侦查机关掌握证据较为确实、充分的某起案件事实作为突破对象；对具体犯罪案件，应选择犯罪嫌疑人暴露较多的某个具体情节作为突破对象，力争以点带面，突破全案。

2. 突破共同犯罪成员。讯问人员应当选择具有从轻或减轻处罚条件，并且对共同犯罪情况了解较多的犯罪成员作为突破对象，或选择共同犯罪中与同案犯有矛盾冲突的犯罪成员作为突破对象，以打开缺口，逐步深入案件核心问题。

3. 突破犯罪嫌疑人的心理防线。讯问人员应当针对犯罪嫌疑人赖以抗拒的精神支柱、拒供的主要心理障碍或其心理品质上的弱点实施突破，以彻底摧毁、瓦解其拒供心理，促其全面如实供述。

（二）突破的具体方法

1. 正面突破。在掌握有可靠、确凿证据的情况下，讯问人员可直接向犯罪嫌疑人追问案件的核心问题，开展强攻，突破全案。

2. 侧面突破。如果掌握的证据还有不足，且犯罪嫌疑人戒备心尚存，讯问人员则可采取迂回包抄的方式，将犯罪嫌疑人可能进行狡辩的问题分解为若干威胁性小的关联问题，有目的、有步骤地提出，在犯罪嫌疑人不知不觉中将其退路堵死，最后突破案件的核心问题。

3. 合围突破。如果某一案件可供选择的突破对象不止一个，且其价值和可行性均有一定保障，讯问人员就可从多个角度向犯罪嫌疑人发起攻击，使犯罪嫌疑人顾此失彼，疲于应付，最终导致全面崩溃。

## 第四节　结束审

将案件移送人民检察院审查起诉前的最后一次讯问，即是结束审。

### 一、结束审的前提条件

讯问犯罪嫌疑人是刑事侦查的最后一个环节，进行结束审时，意味着讯问工作乃至整个侦查工作已正式进入了收尾阶段，因此必须具备一定的前提条件。

（一）案件事实已经查清

案件事实已经查清，是指从主观方面和客观方面均已查清了犯罪嫌疑人所实施的犯罪行为的内容。包括查明犯罪事实是否存在，是否犯罪嫌疑人所为；犯罪的时间、地点、动机、目的、手段和危害结果；共同犯罪成员各自在犯罪中的地位、作用；其他影响犯罪嫌疑人量刑轻重的情节；犯罪嫌疑人是否存在其他罪行；是否存在其他应当追究刑事责任的人；等等。

### (二) 证据确实、充分

证据确实、充分，是指对给犯罪嫌疑人定罪量刑有影响的事实和情节，要有确实、充分的证据证明，并且，犯罪事实与证据、证据与证据、犯罪嫌疑人供述与其他证据之间，没有矛盾，互相衔接，能够形成完整的证据体系。

### (三) 犯罪性质和罪名认定准确

通过已经进行的讯问，在查明犯罪事实，取得确实、充分证据的基础上，能够依照刑法规定，划清罪与非罪的界限，正确区分此罪与彼罪的界限，确定犯罪的性质，并按照刑法分则正确认定罪名。对于共同犯罪的案件，能够根据犯罪嫌疑人已作出的供述及其他证据，认定他们各自在犯罪活动中的地位、作用，确定主犯与从犯。

上述三个条件是彼此联系，不可分割的整体，必须同时具备。

## 二、结束审的目的

### (一) 获取犯罪嫌疑人系统完整的供述

经过多次讯问，许多犯罪嫌疑人不得不如实供述，但就整个案件而言，其每次供述的内容往往是零散的、不系统、不完整，所形成的供词还难以条理清晰地展现案件的全貌。利用结束审这一环节，可以在犯罪嫌疑人以往从不同侧面、不同情节供认案件事实的基础上，就全案事实向犯罪嫌疑人提问，以获取犯罪嫌疑人对案件事实全面、详尽的供述，使犯罪嫌疑人对案件事实的真实供述更清晰、更具条理性，并据此制作系统完整的讯问笔录。

### (二) 核对有关证据

在侦查即将终结，对案件作出处理前进行结束审，有条件根据证据与证据之间、证据与口供之间的关联性，从整体上向犯罪嫌疑人核查有关证据。通过核查，确认有关证据的客观真实性与证明力，使全案证据更加确实、可靠。

### (三) 告知犯罪嫌疑人用作证据的鉴定意见

《刑事诉讼法》第148条规定："侦查机关应当将用作证据的鉴定意见告知犯罪嫌疑人、被害人。如果犯罪嫌疑人、被害人提出申请，可以补充鉴定或者重新鉴定。"由于在结束审之前，某一鉴定意见是否会用作证据可能还无法确定，而且告知犯罪嫌疑人有关鉴定意见必然会在一定程度上暴露侦查底细，导致犯罪嫌疑人可以更具针对性地制定反讯问对策的风险，因此，讯问人员大多需要在结束审中履行前述告知义务。

（四）巩固讯问成果

犯罪嫌疑人的供述动机具有多样性，其供述之后，直接面临的将是严厉的刑事处罚，被抑制的畏罪感极有可能回升。如果受到外界消极因素的影响，思想波动会更大。因此，讯问人员应当利用结束审这一环节，根据案件性质及犯罪嫌疑人的供述动机、认罪态度和个性特点，积极评价口供，适当加以告诫，进一步强化犯罪嫌疑人对自己供述选择的认可，从而巩固讯问成果，防止翻供，保证刑事诉讼的顺利进行。

**三、结束审的内容和基本方法**

（一）全面讯问案件事实

1. 把案件事实作为一个大命题向犯罪嫌疑人提问，责令其全面详尽地供述。对某一具体的犯罪事实，应当让犯罪嫌疑人按照发生的时间顺序，将其主观方面与客观方面的所有内容一一供述清楚。如果犯罪嫌疑人多次作案，应当先把现行犯罪事实详细追讯清楚，再责令犯罪嫌疑人按照一定的时间顺序，顺时交代或逆时追踪，详细供述每宗犯罪事实。在此过程中，应特别注意每一项事实、情节是否有必要的证据予以证明。

2. 对案件的重要事实、情节，再次提问，重复核实。一些案件中的事实和情节，对于人民法院给犯罪嫌疑人定罪量刑具有决定性意义，将对犯罪嫌疑人的实体权利产生重大影响。因此，进行结束审必须对这些重要的事实和情节作重点核实，进一步确认其真实性。在此过程中，应特别注意将过去因某种讯问策略需要而使用的有关犯罪行为的模糊用语，换用明确的法言法语提出，以便更清晰地展现犯罪嫌疑人涉案行为的法律性质。

（二）完善相关的法律手续

讯问结束就意味着案件即将移送人民检察院进入审查起诉阶段。因此，一些应当在侦查阶段由侦查机关办理、犯罪嫌疑人确认的法律手续如果尚未履行或履行有瑕疵，讯问人员在进行结束审时，就必须依照法定程序予以完善。

（三）教育受审对象正确对待讯问结束以后对案件的处理

就侦查工作整体而言，广义的结束审的对象除了有罪的犯罪嫌疑人，还包括犯罪情节显著轻微，不构成犯罪，由侦查机关自行或交其他国家机关依照有关法律、法规或规章作其他处理的受审对象，实施了危害社会的行为，但依法不负刑事责任，应予无罪释放的受审对象，以及被冤屈、应当无条件释放的无辜者。讯问人员应视案件具体情况和对受审对象的处理结果，做好结束审工作。

1. 教育有罪的犯罪嫌疑人认罪服法。在犯罪嫌疑人如实供述犯罪事实之后，还应继续对犯罪嫌疑人进行政策、法律、形势、前途教育，巩固其认罪思想，预防其在随后的诉讼程序中出现翻供行为，保证刑事诉讼的效率，并为今后犯罪嫌疑人的服刑改造打下良好的思想基础。

2. 教育违法人员接受其他处理。在进行结束审时，要向违法人员客观、全面地分析其行为的危害性，阐释由此所反映的思想、行为上的危险倾向，教育引导他们从违法乱纪的行为中吸取教训，自觉接受有关处理，努力提高自己的法律意识。

3. 对无罪释放者，要深入细致地释明有关法律规定，引导对方正确对待侦查期间被采取强制措施的问题，并做好善后工作。

4. 对受冤屈的无辜者，讯问人员应当赔礼道歉，并应明确告知他有依法获得国家赔偿的权利。

（四）教育犯罪嫌疑人检举他人犯罪线索

违法犯罪人员由于价值取向趋同、行为特点相似，在社会生活中往往有着各种各样的联系，而且犯罪嫌疑人在被羁押审查期间，也可能会听到同监在押犯议论一些犯罪案件的案情。他们除了自己违法犯罪外，对其他人的违法犯罪活动也时有了解，甚至是其他犯罪的知情人或关系人。因此，在结束审时要教育他们检举所了解的他人犯罪线索，争取立功赎罪，获得宽大处理。这是侦查机关破获隐案、积案的一项重要手段。

**思考题：**

1. 讯问应从哪些方面做好准备工作？
2. 研究掌握犯罪嫌疑人心理有哪些方法？
3. 在不同情形下，应怎样对犯罪嫌疑人进行第一次讯问？
4. 如何进行续审？
5. 结束审的内容和基本方法有哪些？

# 第六章 讯问言语

## 第一节 讯问言语概述

### 一、讯问言语的概念

(一) 语言与言语

语言和言语是两个彼此不同而又紧密联系的概念。语言是以语音或字形为物质外壳，以词汇为构建材料，以语法为结构规律而构成的一种社会上通用的符号系统。无声语言是一种特殊的语言形式，它运用表情、人体态势、行为动作来传递信息、交流思想。语言是人类进行思维和交际的工具，因而具有全民性、普遍性。人们凭借语言沟通信息，表达感情，交流思想，以实现一定的交际目的。

言语是人们运用语言材料和语言规则以及相应的表情动作进行交际活动的过程，没有言语交际人们就不能产生和实现各种社会联系。说、听、写、读等活动，都是人们交际过程中的言语活动的不同表现形式。言语活动是各个社会成员在交际中对全民语言的具体运用和个别体现，因而具有特殊性、个体性。每一个社会成员都有自己的言语风格，他们的言语因在词语使用、词语发音和语法结构上的差异而互不相同，而且同一个人的言语在不同场合、不同需要下，其表达方式也会有所不同。因此，言语也是人类社会生活中的一种心理现象。

语言和言语虽是不同的概念，但二者有着密不可分的联系。一方面，言语不能脱离语言而存在。言语活动是依靠语言材料和语言规则进行的，个人言语活动的效能，受制约于他对语言掌握的程度。另一方面，语言也离不开言语。语言是在人的具体的言语交际活动中形成和发展起来的，并且，任何一种语言都必须通过人的言语活动才能发挥其交际工具的作用。如果某种语言不再被人用来进行交际，它最终必将从社会中消失。

（二）讯问言语

讯问言语是讯问人员围绕案件事实，运用语言材料和语言规则以及相应的表情动作对犯罪嫌疑人进行追讯的交际过程，包括提问、应答和论说三种基本的言语活动形式。讯问实际上就是一种特殊的言语交际活动，是讯问人员在特定的交际环境中，对特定的交际对象，运用语言实现特定的交际目的——向犯罪嫌疑人查明案件事实真相的活动。就讯问语言而言，它仍然是一种普通的、全民性的语言，而不是一种特殊的语言，必须遵循一般的语言规则；但就讯问言语而言，则具有鲜明的特性，它必须遵循讯问活动的特殊规律，使讯问言语具有极强的策略性、技巧性。讯问人员的言语能力、言语水平及其言语行为，对讯问活动的成效具有最直接的决定作用。

## 二、讯问言语的意义

讯问言语的意义可从如下两个方面体现出来：

首先，从讯问言语与讯问策略方法的关系上看，讯问言语是实现讯问策略、实施讯问方法的基本途径，也是讯问策略方法的直接体现。任何讯问策略方法在未被付诸实施前，都只是一种思想、一种意图，还不会对犯罪嫌疑人产生实际效果。只有通过讯问人员的言语和行为，才能使讯问方法得到实施，讯问策略意图得以实现，从而产生策略方法的预期效果。讯问言语技巧是讯问策略方法生动而直观的体现。讯问策略方法的得失，具体就表现为讯问言语的得失。因此，培养讯问人员的言语技巧和能力，是提高讯问策略水平的重要途径。

其次，从讯问言语与心理的关系上看，讯问言语是对犯罪嫌疑人进行心理影响的主要方法。受"趋利避害"本能的驱使，犯罪嫌疑人在接受讯问的过程中，往往会竭尽全力与肩负查明案件事实真相职责的讯问人员进行对抗。因此，讯问的目的是讯问人员通过对犯罪嫌疑人实施心理影响，促其态度转变而实现的。而影响心理的各种方法，主要是通过讯问人员与犯罪嫌疑人的言语交际来实施的。讯问语言是讯问中传递信息的载体。讯问人员通过言语表达，向犯罪嫌疑人输出、传递一定的信息；犯罪嫌疑人通过对讯问人员言语的理解，接收信息，引起犯罪嫌疑人的思维、情绪、情感、意志等一系列心理活动，进而导致其态度和行为的转变。讯问言语的表达形式，决定着犯罪嫌疑人对语言信息的理解程度，讯问言语的内容决定着犯罪嫌疑人心理变化的方向和进程。因此，讯问言语技巧是调控犯罪嫌疑人心理的有力杠杆。

### 三、讯问言语的制约条件

讯问言语的制约条件就是决定和影响讯问言语的选用、调整及其效能的条件，即讯问语境，包括围绕讯问言语活动所构成的主客观两方面的因素。讯问言语活动总是在特定的语境中进行。讯问的成败，讯问效果的好坏，与讯问语境的关系极大。整个讯问活动都要受讯问语境中各因素的制约，如果讯问人员不考虑讯问语境的制约作用，讯问言语的运用不切合讯问语境需要，则讯问活动将无法实现预期目标，甚至给整个案件的审理工作造成重大障碍。所以在讯问活动中，讯问人员必须认真分析讯问语境中制约其讯问用语的各种因素，力求使讯问言语符合讯问语境的需要，提高讯问用语效能。当然，讯问语境是动态的，讯问人员应当努力改善其中可变的语境因素，使之更有利于讯问言语的有效运用。

（一）制约讯问言语的主观条件

1. 讯问人员的素质。讯问人员是讯问的主体，能否高水平地选择、运用讯问言语，首先取决于讯问人员的个人素质，包括讯问人员的文化素质、政治素质、业务素质和心理素质。讯问人员的文化素质是适应讯问用语要求的基础，如果讯问人员的文化素质不高，语言修养不够，其言语能力包括讯问言语能力必然存在诸多局限，难以适应讯问活动多层面的需要。但仅有高水平的文化素质尚不能确保讯问言语的效能，讯问人员还必须具备较高的政治、业务素质，才能有效地组织讯问言语，提出具有针对性和策略性的问话，进行富有说服力和感召力的教育，将讯问顺利地进行下去。此外，由于讯问活动极具对抗性，其局势的发展往往难以预料，讯问人员必须具备良好的心理素质，无论面对何种复杂的局面都能处乱不惊，以平和的心态理性地选择、运用讯问言语，确保讯问成效。

2. 讯问的策略方法。讯问言语是讯问策略方法的载体，每一具体的讯问言语活动都是为实施讯问方法、实现讯问策略意图而进行的。因此，讯问言语的选用必然受到讯问策略方法的制约。一方面，讯问人员确定了讯问的策略方法之后，必须选用与之相配套、相适应的讯问言语，否则，即使制定的讯问策略方法精妙，也难以得到顺利实施，无法实现其应有的效用；另一方面，如果讯问策略失当，方法笨拙，那么，尽管讯问人员的言语能力很强，并选用了与之匹配的讯问言语，也难以突破犯罪嫌疑人的心理防线，促其如实供罪。

3. 讯问目的。每次讯问都是为了达到一定的目的，讯问言语的选择与运用必须服从于相应的讯问目的。讯问目的不同，所选用的讯问言语也应有所区别。例如，为了削弱犯罪嫌疑人的对抗心理，促进良好的心理接触，讯问人员应当以平和的言语进行讯问，避免新的对抗；为了打击犯罪嫌疑人的嚣张气焰，有效地实施心理震慑，讯问人员应以严厉的言语，对犯罪嫌疑人进行有力的揭露和批驳；在对犯罪嫌疑人进行思想、政策教育时，应当以富有说服力和感染力的言语，动之以情，晓之以理。由此可见，讯问的目的制约着讯问言语的内容和表达方式。

(二) 制约讯问言语的客观条件

1. 案件和证据情况。案件的性质，讯问人员了解案件事实、情节的清晰程度，掌握证据的充分确实状况，都制约着讯问言语的选择和运用。一般而言，在案件事实、情节较为清楚，证据较为确实、充分的情况下，讯问人员对讯问言语内容和表达方式的选择余地较大，可根据案件审理中的具体情形来选用。比如，在犯罪嫌疑人拒不认罪时，可以以揭露性的言语，直接进行有力的追讯，当其愿意如实交代后，又可以以较为和缓的言语进行讯问。当然，如果案件的事实、情节不清，证据不够确实、充分，讯问人员对讯问言语的选用必然存在一定局限。比如，即使犯罪嫌疑人在讯问中态度恶劣，拒不供罪，讯问人员也应选择迂回性的言语，多从侧面进行提问，尽量不从正面出击，避免暴露侦查机关在掌握案情、证据方面的不足，不给犯罪嫌疑人可乘之机。

2. 犯罪嫌疑人的个体情况。犯罪嫌疑人的年龄、性别、身份、地位、职业、文化程度、性格、气质、当前的思想状况、认罪情况、应讯态度等个体情况，也制约着讯问人员的用语选择。因为犯罪嫌疑人不同的个体情况，会导致其对讯问人员言语中所传递信息的接受能力高低不一，有关信息内容对其心理触动有强有弱，并且不同的言语方式对不同个体情况的犯罪嫌疑人理解信息内容、感受信息冲击也有影响。因此，讯问人员必须根据犯罪嫌疑人不同的个体情况，选择、运用相应的讯问言语。

3. 法律规定。讯问言语的选择和运用必须符合法律的规定。例如，讯问过程中，讯问人员不得进行引供、诱供、指名指事问供和逼供，讯问人员所选用的讯问言语必须符合法律的这一要求。因此，讯问言语的选择和运用还会受到法律规定的严格制约。

## 第二节 讯问语言的运用

### 一、讯问语言的运用要求

讯问是一种特殊的言语交际活动。由于其交际主体和交际对象的特定性，以及交际过程中的对抗性、强制性和交际目的的法律性等特点，使它具有不同于其他言语交际活动的特殊要求。

（一）合法、文明

讯问是一项刑事司法活动，讯问人员代表国家履行职务，执行法律，不同于一般的言语交际活动。因此，要求讯问中运用语言必须合法、文明，不能使用有违法律规定或有辱人格的各种语言。合法，体现讯问人员执法严明、公正。文明，体现讯问人员自身的道德素养和对犯罪嫌疑人应有的尊重。讯问言语合法、文明，有利于使犯罪嫌疑人对讯问人员产生敬畏、信赖心理。

（二）严谨、规范

讯问中运用语言必须严谨、规范，符合逻辑法则。讯问人员表达某一概念或某一观点必须要清楚、明确，选词用语应符合通用规范，使犯罪嫌疑人易于理解，迅速反应。在进行分析、判断、推理的过程中，要有根有据，条理清晰，逻辑严密，前后思想观点要保持一致性和协调性，以对犯罪嫌疑人更具说服力和震慑力。

（三）客观、准确

讯问中运用语言必须符合案件的实际情况，应当是对案件情况的客观反映。为了避免引起犯罪嫌疑人的反感、对立情绪，更好地对其施加正面的心理影响，讯问人员选用讯问语言必须遵循实事求是的原则精神，不能主观臆断地随意运用语言对犯罪嫌疑人进行追问施压。讯问中运用语言还必须具备准确性，即必须能恰如其分地反映案件情况的特征。为此，讯问人员必须认真分析判断案情，依据对案情的最新认识来选用适当的讯问语言。另外，讯问人员还应依据使用范围、适用对象、言语轻重、词语色彩及语境要求等，正确选择、运用法律术语，以保证向犯罪嫌疑人说理论法的效用。

（四）策略、灵活

讯问活动常常是在激烈的对抗中进行的，讯问语言的运用必须讲究策略性、灵活性。策略性是指讯问用语的概括性与具体针对性的结合，要求选用讯问语言必须目标明确且有整体谋划；灵活性是指讯问人员应当根据不同的案情、不同的讯问对象、不同的讯问阶段、不同的策略方法，灵活主动地采用有针对性的讯问语言。策略性和灵活性的用语要求，需要在语词和句式的选择、语气的把握、问题的设计、修辞表达的方式等方面均有充分体现。

## 二、有声语言的运用

有声语言是指人们以声音形态呈现的口头语言，是开展讯问活动的主要语言形式。讯问人员在讯问活动中，运用有声语言必须围绕查明案件事实真相这一目的，根据犯罪嫌疑人的具体情况与心理变化，采用最有效的表现形式，既要切合题旨，又要适应情景，以充分发挥其效用。

按照不同标准，可以对有声语言进行多种分类。根据语义表达讯问意图的隐现，可将有声语言分为直接语言和含蓄语言；根据语义表达事物的准确程度，可将有声语言分为精确语言和模糊语言；根据表达语气的强弱，可将有声语言分为强硬语言和和缓语言。

### （一）直接语言与含蓄语言

1. 直接语言。直接语言是指讯问人员直接表达讯问意图的明确用语。这种讯问语言具有明确的指向性，与讯问意图直接相关。它具有清楚、明了、直接的特点，语义直截了当而又确切肯定，采用这种讯问语言能使犯罪嫌疑人易于理解、无可置疑、无法回避，必须正面回答或作出明确表示。

直接语言是常规的、基本的讯问语言，常常运用于以下几种情况：其一，讯问简单、明了，犯罪嫌疑人愿意回答的事实，如讯问犯罪嫌疑人的基本情况、人所共知的案件的一般情况等；其二，讯问文化程度低、理解力较差的犯罪嫌疑人，运用直接语言，可以更有效地向其传递有关信息，表达提问要求；其三，讯问无反讯问经验、思想单纯的初犯，可使用直接语言进行讯问，这样既能加快讯问工作的进程，又不至于失去讯问的主动权；其四，讯问有认罪意愿的犯罪嫌疑人，运用直接语言能提高讯问工作的效率；其五，以口头宣示的方式使用证据时，运用直接语言能够增强证据使用的效果；其六，直接揭露矛盾时，为了更有效地削弱犯罪嫌疑人的侥幸心理，打击其嚣张气焰，必须运用直接语言；其七，需要就案件的某些具体事实和情节向犯罪嫌疑人了解情况时，使用直接语言提问有助于其理解问题内容，并据此详细、全面地进行供述。

2. 含蓄语言。含蓄语言是指讯问人员对讯问中涉及的问题或所指的事物，不直接作正面的提问、说明，而是用委婉隐约的方式表达时所使用的语言。讯问中采取含蓄的语言，尽管对涉及的问题或所指的事物含而不露，但由于讯问人员恰当地利用了双方共知的条件作为沟通信息的媒介，对有罪的犯罪嫌疑人却是一点即明。这种语言，既能表达讯问意图，又能契合讯问态势的需要。

含蓄语言常常用于以下情况：其一，暗示使用证据。运用含蓄语言暗示使用证据，既能给犯罪嫌疑人施加必要的心理压力，又不至暴露侦查机关的证据底细。其二，当掌握证据较少或讯问与犯罪嫌疑人有利害关系但又不能确定的问题时，可以运用含蓄语言，这样既不会暴露讯问工作中暂时存在的不足，又能适当地表达出讯问意图。其三，讯问感情脆弱的犯罪嫌疑人、自尊心强的犯罪嫌疑人或畏罪、悲观心理较重的犯罪嫌疑人时，运用含蓄语言进行讯问能够避免过分刺激他们，否则，这类犯罪嫌疑人的情绪就有可能出现极大的波动，从而阻碍讯问活动的顺利进行。其四，讯问隐私问题时可运用含蓄语言，以示对犯罪嫌疑人的尊重，这样利于赢得犯罪嫌疑人的认可和信任。

（二）精确语言与模糊语言

1. 精确语言。精确语言是指讯问人员在讯问中具体、准确地表达事和物的用语。这种语言的最大特点就是具有准确性，含义明了、确切，概念内涵清楚，外延明确，没有歧义、多义、转义等现象。讯问人员为了准确地表达思想，或向犯罪嫌疑人提出明确的问题，需要特别讲究讯问语言的准确性。

精确语言常常用于以下几种情况：其一，讯问中引用法律条文和交代政策，在这种情况下，只有使用精确语言，才能体现法律与政策的严谨性和严肃性，维护法律与政策的权威性；其二，直接使用证据，此时运用精确语言是增强证据使用效果的需要；其三，揭露犯罪嫌疑人谎言，此时运用精确语言可使讯问人员的揭露更具说服力；其四，讯问中需要向犯罪嫌疑人描述案件的某一细节时，运用精确语言来表达，可以使犯罪嫌疑人对讯问人员掌握案件事实的程度感到震惊，心理上受到极大的震慑，从而端正自己的应讯态度。

2. 模糊语言。模糊语言是指讯问人员在表达事物或意向时有意使用的让所述内涵、外延不清楚的语言。模糊不等于含糊其词、令人费解。其特点在于所体现的概念外延的边缘区域没有明确的界限，而在其中心的区域，此一概念和彼一概念的区分则是清楚的。讯问中使用模糊语言，是为了实现某种讯问意图，特意利用语义的模糊性和犯罪嫌疑人理解的灵活性，去适应某些特殊的表达需要，不把话讲得过分明确，留下必要的回旋余地，让犯罪嫌疑人在特定语境下自行分析、判断后得出讯问人员期望的结论。

模糊语言常常用于以下几种情况：其一，面对犯罪嫌疑人提出的不易或不宜明确回答的问题，运用模糊语言回应不仅可以避免讯问的僵局，还能凭借策略取得一些不错的效果；其二，追问尚不清楚的犯罪事实，这时运用模糊语言可以更好地体现侦查机关的讯问意图；其三，给犯罪嫌疑人制造错觉，在讯问过程中，犯罪嫌疑人大多敏感、多疑，他们往往根据自己的心理需求对讯问人员使用的模糊语言进行取舍，容易造成思维上的片面性，进而产生错觉，并据此放弃之前的抗拒行为。

（三）强硬语言与和缓语言

1. 强硬语言。强硬语言是指讯问人员在讯问中使用的语气肯定、硬朗的语言。讯问人员使用强硬语言表明，自己在是非、爱憎方面的立场观点是明确、坚定、不可让步的，呈现出这样的感情色彩能够给犯罪嫌疑人施加较强的心理压力。

强硬语言常常用于以下几种情况：其一，犯罪嫌疑人公开抗拒讯问时，可使用强硬语言进行批评、驳斥，以矫正犯罪嫌疑人的错误认识，打击其嚣张气焰；其二，犯罪嫌疑人采取种种隐晦的手段对抗讯问时，可选用强硬语言明确表达讯问意图，促使犯罪嫌疑人正视自己的犯罪行为，改变应讯态度；其三，突入提问时，使用强硬语言，可以增强问题信息对犯罪嫌疑人应讯心理的冲击力，取得更好的震慑效果；其四，直接使用证据时，可将强硬语言与精确语言并用，使语气与语义互为照应，强化证据的客观真实性，给犯罪嫌疑人形成更大的威慑力。

2. 和缓语言。和缓语言是指讯问人员在讯问中使用的语气平和、舒缓的语言。讯问人员使用和缓语言所呈现的思想情感通常是尊重、理解、同情，有利于弱化犯罪嫌疑人对双方权力、地位差异的感受，缓解双方之间人际关系的紧张状态，营造出良好的言语互动氛围，为讯问活动的顺利进行创造条件。

和缓语言常常用于以下几种情况：其一，向犯罪嫌疑人告知其诉讼权利，此时使用和缓语言可以让犯罪嫌疑人真切地感受到，自己的诉讼权利不仅仅是规定在法律中，还是的确可以充分行使的；其二，犯罪嫌疑人因戒备心过重而顾虑重重时，讯问人员使用和缓语言与其交谈，可以弱化双方之间的权力不对等关系，有利于建立相互信任；其三，对犯罪嫌疑人正在进行的辩解无法识别真伪时，使用和缓语言探询，对于真正的辩解可以使犯罪嫌疑人更充分地陈述理由和依据，对于狡辩又能使犯罪嫌疑人误认为侦查机关并无怀疑，不经意间露出破绽；其四，犯罪嫌疑人因误解而形成强烈对立情绪时，使用和缓语言进行解释、论辩，不仅有利于犯罪嫌疑人理性地思考、辨析是非对错，还能体现讯问人员消除矛盾的诚意，促成双方在讯问中的合作。

另外，在讯问实践中，还时常运用有声语言的副语言，也就是笑声、叹气声、语速、声调等语言辅助因素，它们可以起到渲染某种讯问气氛，体现讯问人员态度等作用。

### 三、无声语言的选择与运用

由于无声语言所能传递的信息量有限，且信息内容还存在一定程度的不确定性，它在讯问中一般不单独使用，而是配合有声语言使用，对有声语言起到辅助、补充和强化作用。因此，在讯问中选用无声语言应有整体观念，要注意与有声语言所表达的内容相适应、相配合，使无声语言能够准确、恰当地发挥作用。

#### （一）手势语

借助手势动作可以增强言语表达的说服力、感染力。讯问中，讯问人员可以用手指向某一对象，借此加强语感，提高表达效果。在遇到需要告诉犯罪嫌疑人某个物体的形状、犯罪过程中的动作、作案手段等具体内容时，讯问人员还可以用手势来模拟比画，使其有声语言更为形象、生动，从而对犯罪嫌疑人施加更大的心理压力。讯问人员还可以用手势来表达某种感情，比如，当犯罪嫌疑人气焰嚣张或谎话连篇时，讯问人员可站起来用手指着犯罪嫌疑人，然后再摆摆手表示愤怒或不屑。

#### （二）体态语

讯问中，讯问人员的坐姿、站态以及身体动作，都可以帮助表达有关的思想感情。比如，讯问人员笔直地正面坐着，可以表达出庄重、威严的意思，对犯罪嫌疑人产生一种较强的威慑力；稍稍侧身而坐，可以表现出一种不拘谨的气氛，便于对犯罪嫌疑人进行说服教育；坐时身体前倾可表示关注，后仰则可表示蔑视；在追问的时候，讯问人员可以慢慢走到犯罪嫌疑人面前，这样既能更直接、更清楚地表达讯问内容，还可以给犯罪嫌疑人的心理带来压迫感，使其无法回避。

#### （三）表情语

面部表情是人对外部刺激和内部刺激的内心感受的流露，是人最重要的情感反映形式之一。每一种表情都是一种语言，展现着一个人的内心世界，即他的思想感情、愿望和要求。讯问中，犯罪嫌疑人往往很注重观察讯问人员的面部表情，以期从讯问人员面部表情的细微变化中探知他所希望得到的信息。因此，在讯问过程中，讯问人员应根据讯问策略的需要和案件的具体情况，将自己的表情与有声语言所表达的感情协调一致，使其吻合自然。比如，讯问人员为缓和讯问气氛，减轻犯罪嫌疑人的心理压力，或者要对犯罪嫌疑人的进步表示赞许和鼓励时，应当面部肌肉松弛并平和地正视对方，使自己的表情显得亲切、和蔼一些；而在需要批驳、震慑顽固不化的犯罪嫌疑人时，则要严厉，面部肌肉绷紧，目光要逼视着对方，以加大其心理压力。

（四）眼神语

人的眼神千变万化，可以传递各种微妙的感情。讯问中，讯问人员巧妙地运用眼神语言，可以配合有声语言表明自己对犯罪嫌疑人应讯行为的立场、态度和看法。比如，犯罪嫌疑人态度恶劣，肆意对抗讯问时，讯问人员可用威严的目光长时间地逼视或怒视，以增加犯罪嫌疑人的思想压力；面对犯罪嫌疑人的摸底试探，讯问人员回应时保持心平如镜的眼神，既显得胸有成竹，又不暴露侦查工作的底细和讯问的具体意图；犯罪嫌疑人编造谎言时，讯问人员应当用漠视的眼神凝视着他，以使犯罪嫌疑人感觉自己的欺骗手段已被识破，反讯问伎俩难以奏效，从而丧失对抗讯问的信心；当犯罪嫌疑人开始认罪交代，讯问人员则可以以柔和的目光注视对方表示欣慰、鼓励；等等。

（五）空间语

通过设置、变换讯问人员与犯罪嫌疑人的距离和位置关系，也可以表达一定的意思，给犯罪嫌疑人施加一定的心理影响。如果用于讯问的房间条件允许，讯问人员在一般情况下应当与犯罪嫌疑人拉开大约3米的距离，讯问人员坐在面对房门的桌子后面，犯罪嫌疑人坐在房间中央的椅子上，背向房门。这样的空间位置安排，能够在一定程度上使犯罪嫌疑人处于一种心理上的劣势。需要注意的是，双方之间相距不能太远，中间不应放有隔离物，因为这不仅会构成严重的心理交流障碍，还会使犯罪嫌疑人在一定程度上增加轻松感和反讯问的自信心，影响讯问的顺利进行。

## 第三节 提问技巧

### 一、提问的概念和作用

提问是指在讯问中,讯问人员为了实现讯问策略意图,针对案情和犯罪嫌疑人的特点,运用语言学的规则和逻辑学的原理,以口头表达的形式向犯罪嫌疑人提出思维命题,责令其回答或解释的行为。由于讯问的目的需要通过向犯罪嫌疑人索取案件信息达成,所以提问是讯问言语活动的主要形式,在讯问言语交际中居于主导地位,具有十分重要的作用。

（一）控制作用

提问本身具有一种控制能力,以适当的方式提问适当的内容,能够有效地掌握讯问活动的主动权。在问答式言语活动中,问话对答语具有制约作用:它产生某种期待,要求下一个说话人实现这种期待,说出的话语与其匹配。因此,讯问人员通过对问题问域的设定和问题的技巧编组,可以在一定程度上引导犯罪嫌疑人的回答,让其按照讯问人员的要求提供信息。另外,讯问人员通过对问题句式的选择和提问语气的把握,可以传递、渲染一定的情绪,从而控制讯问的气氛。提问的控制技巧是提问艺术的重要内容。

（二）探测作用

讯问中,讯问人员掌握的证据、信息往往是有限的,尚不足以为查明案件事实真相提供足够的支持。而提问具有索引行动、索引心理反应的功能,讯问人员通过技巧性的提问,观察犯罪嫌疑人对问题的种种反应,可以探测到犯罪嫌疑人的心理状态、性格特点、防御部署,可以印证讯问人员对案情的推测、判断,为进一步展开讯问、调整讯问计划提供依据和指向。

（三）揭露作用

犯罪嫌疑人基于趋利避害的心理,在讯问中往往会编造谎言,对抗讯问,以逃避或减轻罪责。讯问人员通过精心编排问题,进行逻辑严密的提问,可以使犯罪嫌疑人在编造谎言时顾此失彼、漏洞百出,暴露出欺骗实质,进而被迫放弃谎供,端正应讯态度。因此,提问是讯问中主动进攻的手段,讯问人员必须掌握提问技巧,重视提问的艺术。

## 二、灵活地选择提问方式

提问方式就是提问的方法和形式，它是讯问策略技巧的体现，是实现讯问意图的主动进攻的手段。讯问中基本的提问方式有以下几种：

### （一）直接提问

直接提问，是指用确切表达的方式，开门见山，直截了当地向犯罪嫌疑人索引侦查机关需要的信息，没有遮掩、迂回。这种提问方式通常用于犯罪嫌疑人知晓侦查机关讯问意图也不会有负面影响，且愿意回答问题的情况。比如，第一次讯问时，按法律程序规定就犯罪嫌疑人的基本情况进行提问；讯问与犯罪事实无直接关系、犯罪嫌疑人不易敏感和排斥的一般性问题；犯罪嫌疑人供认的心理障碍已被消除，愿意交代问题时，等等。在这些情况下直接提问要语气平缓，轻重得当，避免犯罪嫌疑人产生紧张、戒备，甚至对立抵触心理。另外，在侦查机关已经掌握确实有力的证据，但预计犯罪嫌疑人不会轻易供认时，或在其身上、住所查获了罪证就地讯问时，也可以直接提问。此时提问，语气要加重，语势要强烈，态度要坚决，要使提问具有心理震慑力，令对方无法回避。

### （二）探测提问

探测提问，是指以试探对方态度，摸清对方底细，或印证某一情况和判断为目的的一种提问方式。以此方式提问往往是深入追讯的必要前奏。探测的内容，可以是犯罪嫌疑人的认罪态度、个性特点、心理状态、反讯问伎俩、案件事实，或者是某一证据的真实性，某一推测判断的准确性等。探测提问有定向探测和不定向探测、正面探测和侧面探测等具体形式。定向探测，即有特定的探测目标，提问有明确的针对性；不定向探测，仅有一定的探测区域，但无特定的探测目标，多采用自由交谈的方法进行。正面探测是为了印证侦查机关掌握的某一情况是否属实、某一推测是否正确或某一证据内容是否真实，以肯定的语气向犯罪嫌疑人提出这一事实令其回答或解释，使其难以回避，必须直接面对问题作出反应；侧面探测则是采用旁敲侧击、引而不发等策略，从侧面作用于犯罪嫌疑人，以探测侦查机关所需查明的问题。

### （三）突入提问

突入提问，是指讯问人员不做逻辑上的铺垫、过渡，针对案件中关键的事实、情节单刀直入地提出问题。讯问人员在掌握有确实、充分的证据时，如果分析认为犯罪嫌疑人不会轻易交代罪行，但又缺乏有针对性的防备，则可突入提问。这样不仅可以对犯罪嫌疑人心理造成强烈刺激，通过强大的冲击力充分显示讯问人员胸有成竹，还能在犯罪嫌疑人抵赖时及时予以揭露、批驳，摧毁其狡辩的信心。选择适当的时机突入提问，可以快速摧垮犯罪嫌疑人的拒供意志，加快讯问进程，提高讯问效率。为此，讯问人员采取突入提问方式时，态度要严肃凛然，语气要坚定有力，言词要肯定、明朗，语速要快慢适中，要使犯罪嫌疑人在心理上感到压力大、来势猛，无法应付，进退两难，最终不得不坦白交代罪行。

（四）迂回提问

迂回提问是针对犯罪嫌疑人拒供心理较为严重，侦查机关掌握的证据材料又不够确实充分，正面追讯难以突破案情的情况，而采取的一种"暗度陈仓"式的讯问方式。讯问人员在实施迂回提问前应当进行周密设计，围绕所要攻取的讯问目标，提出一些前后有内在联系并与案件事实有关的小问题。但这些小问题从表面上看并未显现出与案件事实的关联性，因而犯罪嫌疑人感受不到威胁，往往会愿意回答。而当犯罪嫌疑人对这些小问题都作出如实供述后，讯问人员也就堵死了犯罪嫌疑人躲避讯问目标的所有退路，使其从根本上丧失了狡辩的基础，此时一旦对讯问目标发起攻击，犯罪嫌疑人除了如实交代已别无出路。

应当注意的是，在迂回提问的过程中，讯问人员绝对不能暴露讯问意图，此为迂回提问奏效的关键。讯问人员编组问题既要有严密的逻辑性，穷尽一切可能，又要有极强的隐蔽性，设法将讯问目标技巧性地隐藏其间。并且在提问时，节奏不宜太快，言语力求平缓。在迂回包围圈尚未形成、犯罪嫌疑人还有退路时，必须保持耐心，逐步推进。只有排除其他各种可能，条件成熟时，才能实施突破。

（五）渐进提问

渐进提问，是指讯问人员在确定某个具体的讯问目标之后，按照一定的逻辑模式设计一组具体的问题，分阶段、分步骤、有次序地循序推进的提问方式。这种提问方式通常适用于侦查机关掌握的证据材料不够充分，犯罪嫌疑人不交代罪行，经过初次交锋未果，讯问意图已有所暴露的案件。

渐进提问与迂回提问既有相近之处，又有所区别。相近之处在于：两者通常都是在侦查机关掌握的证据材料较少，犯罪嫌疑人拒不认罪的情况下采用，且两者都要根据案件事实情节先选择好话题，再提出一系列有着内在联系的具体问题一步步进行追讯。两者的区别在于：其一，迂回提问要依靠一定的条件作掩护，目标隐蔽，依靠偷袭取胜；渐进提问不依靠掩护或者无法掩护，攻击目标明确，依靠明攻取胜。其二，迂回提问的进攻路线灵活；而渐进提问的进攻路线单一，须根据讯问目标，按照固定的逻辑顺序分步骤地进行。

渐进提问的特点是所提问题一环紧扣一环，各句提问相互依存。讯问人员渐进提问时应当互相衔接，安排得当，前句提问要为后句提问作准备，后句提问则是前句提问的必然延续。犯罪嫌疑人一旦对这些问题逐一如实回答，我方就必然达到讯问目标。如果犯罪嫌疑人不据实回答，他即使能躲过前一句提问，也往往躲不过逻辑性强的后一句提问，最终必将露出破绽、陷入尴尬，只能如实回答。

（六）跳跃提问

与渐进提问相反，跳跃提问是打破讯问的常规顺序，跳过一些问题的逻辑环节，直插犯罪嫌疑人防御无备之地，从而打乱其防御部署的提问方式。这种提问方式适用于那些已经熟悉和掌握了渐进提问规律，提前编造好了成套谎言的犯罪嫌疑人。讯问中，若惯于用渐进提问方式讯问，容易被犯罪嫌疑人掌握侦查机关提问的规律，而提前准备好虚假或虚实并存的供词应付追讯。为了打乱犯罪嫌疑人步步设防的对抗伎俩，需要适时变换提问方式，故意不遵循提问的逻辑顺序，忽前忽后、忽此忽彼地提问，使犯罪嫌疑人掌握不了前后问题间的关联，不能预测讯问人员下一问题的指向，从而造成其注意力不能适时转移，仓促应答，难以即时编造严密的供词，慌乱中必然露出破绽。跳跃提问的内容表面显得零乱，前后问题看似不相关，但实际上却有着内在联系，是按照一定的策略意图，把一些关键性问题分散安插在不同的侧面，从不同的角度分进合击。

（七）借言提问

借言提问，是指在讯问中借用犯罪嫌疑人说过的个别词句、某一内容作为话题，顺势向犯罪嫌疑人提问。这一提问方式的优点在于，以犯罪嫌疑人的言词为话题，顺势切入发问，能够自然地转换话轮进行追讯，增加讯问攻势对犯罪嫌疑人的压迫感；或者是利用犯罪嫌疑人言语中不经意暴露的问题，乘虚而入，以子之矛，攻子之盾。需要注意的是，借言提问的内容只能是犯罪嫌疑人说过的原话，或原意的表达，而不能断章取义、牵强附会，将犯罪嫌疑人不曾有过的意思表示强加于他作为切入点，进而生硬发问，如此则会造成对方的反感、对立，反而会给讯问工作带来障碍。讯问中借言提问可以从以下方面进行：从犯罪嫌疑人说过的个别词句中借言；从犯罪嫌疑人曾经做过的某种许诺中借言；从犯罪嫌疑人表白、诡辩的谎言中借言；从犯罪嫌疑人供词中自相矛盾的词句中借言；从犯罪嫌疑人供述中的明显漏洞处借言；等等。在借言提问时，既可以顺着犯罪嫌疑人表达的意思来提出问题，也可以反其意思进行发问。

(八) 纵横提问

纵横提问，是指按照认识案件事实的不同维度，依逻辑顺序分别编组问题，在讯问中有计划、有目的、有系统地逐个提出追问。这种提问方式主要用于以下情况：犯罪嫌疑人已经承认犯罪，但供述不彻底，需要促其全面、系统交代；验证供述的可靠性；发现供述中的矛盾；等等。纵横提问运用了事物的普遍联系、互相制约的规律，对每个案件问题从因到果，从果到因，从事到人，从人到事，系统地纵横交错提问，能够更充分地展现案件事实的全貌和相关细节。这样既可以发现犯罪嫌疑人供词中的矛盾，为进一步追讯提供指向，又可以令犯罪嫌疑人从不同角度、不同层面进行联想，回忆案件的有关情节，全面、彻底地进行供述，还可以深挖犯罪，扩大战果。

以上是几种基本的提问方式，讯问中应当根据不同的讯问目的和意图，不同的讯问条件，以及犯罪嫌疑人不同的心理状态，灵活地选择提问方式。只有因人、因事、因时、因势制宜，才能取得良好的提问效果。

**三、有技巧地使用问题预设**

预设是隐含于问题中的已知判断。任何问题都是由隐含的判断和明言的疑问两个部分构成。前者是已知的，后者是未知的。任何人在提出问题之前，都一定会先在思维中对有关对象作出至少一个判断，疑问就是在这个判断的基础上提出来的，我们可以从问题本身而不依赖于任何别的条件分析出其中所隐含的判断。这个隐含判断在问题逻辑中叫做预设。预设是联系问与答的桥梁，它在问答式言语交际中起着连接问答双方思维的中介作用。问题提出是否合理有效，取决于预设判断是否真实。根据问题中预设的真假情况，可以将问题分为三种：一是预设真实的问题；二是预设为一假言判断，该判断可能为真，可能为假，是真假待定的问题；三是预设虚假的问题。其中，只有第一种问题是合理、有效的问题，后两种问题都是不合理的问题，语言学中叫做复杂问句，一般认为在言语交际中是不宜使用的。但讯问是一种特殊的言语交际活动，有其语言运用的特殊规律。应该说，上述三种问题都可以在讯问中加以运用，需要权衡考虑的仅仅是其中的问题预设能否有助于实现讯问意图。根据讯问实践，有技巧地使用问题预设可体现在以下四个方面：

第一，利用预设暗示侦查机关证据在握，可以起到先发制敌，令其无法回避的作用。犯罪嫌疑人在讯问中大多具有侥幸心理，认为侦查机关可能没有掌握他的犯罪事实，而使用证据是破除其侥幸心理最有效的方法。在讯问中使用证据向犯罪嫌疑人施压时，为了避免暴露证据底细和证据来源，可以利用问题预设暗示使用证据。预设是隐含于问题中的判断，具有向犯罪嫌疑人传导信息的功能。讯问人员将某个已被证据证实了的案件事实或情节隐含在问题中提问，可以向犯罪嫌疑人表明侦查机关已经掌握了相关证据，并对证明的内容作出了确然性认定。以这样的方式使用证据，实际上只是向犯罪嫌疑人传递了证明结果的相关信息，能够有效地隐蔽证据底细，并且，由于预设通常是提问者有充分依据作出的当然判断，所以通过隐含的问题预设传递案件事实信息，还对犯罪嫌疑人具有一定的心理强制作用，有利于打消犯罪嫌疑人在此方面进行纠缠、抵赖的企图，迫使其承认该事实并供述具体情节。

第二，利用预设跳跃提问的逻辑环节，打破犯罪嫌疑人步步设防的计划，缩短提问的进程，加快讯问的步伐。跳跃提问方式就是利用预设来实现的。有的犯罪嫌疑人掌握了讯问人员循序渐进的提问规律，因而采用处处设防、步步抵抗的反讯问策略。此时如果讯问人员仍然在每一个环节上与犯罪嫌疑人进行论辩，势必陷入旷日持久的纠缠，极大地降低讯问效率。这时需要打破讯问的常规步骤，跃过一些逻辑环节，将跃过的环节作为预设，隐含在下一个环节的问题中，以此暗示犯罪嫌疑人这个问题的前提已有证据肯定，不需要讯问追查，从而打乱对方的防御部署。

第三，利用预设进行定向探测，以印证侦查机关掌握的情况是否确实或对某一案情的分析判断是否正确。在侦查中，常常通过其他途径了解掌握案件中的某一情况，或根据侦查中掌握的其他情况对某一案情作出分析推断，这一情况或推断可能是真实的，但其真实性尚未得到确证。在讯问中，可以将这一尚未得到确证的事实或推论"当作"真实的判断隐含在问题中"强加"给犯罪嫌疑人，然后观察他对该问题的反应。如果这一隐含判断是虚假的，则犯罪嫌疑人不会直接回答该问题，而会理直气壮地否认、反驳该问题的预设；如果这一隐含判断确属真实，犯罪嫌疑人可能会默认，或虽不承认，但其内心的怯懦和恐慌会从否认、反驳的口气、表情上或多或少地体现出来。这样，根据犯罪嫌疑人对问题预设的反应，就可以判断预设所断定的情况是否真实。

第四，利用虚假预设设置心理圈套，揭露犯罪嫌疑人的谎言。一个谎言往往需要其他的谎言加以掩盖。因此，犯罪嫌疑人在讯问中常常会编造一个自己并未亲身经历过的事实，以表明自己不具备作案动机或不具备作案条件，从而掩盖其声称与犯罪事实无关的谎言，骗取讯问人员的信任。这直接导致犯罪嫌疑人狡辩的谎言必然以其虚构的事实为基础。但犯罪嫌疑人对自己未曾亲身经历过的事情特别是其中的细节，只能靠道听途说和主观想象胡编乱造，所以讯问人员可以顺水推舟，表现出对虚构事实的认可，在其忘形编造谎话的过程中，虚拟一个并不存在的事实情节，作为预设隐含在问题中，引导犯罪嫌疑人回应。此时无论他怎样回答，都将以承认该虚假预设为前提，从而掉进陷阱，暴露出对所述事实并不知情的真相，这就为彻底揭露犯罪嫌疑人的所有谎言打开了缺口。

需要注意的是，当问题中的预设判断尚未被确证时，利用问题预设是具有一定风险性的。因为讯问人员如果将这个假定主观臆断为真实的，并在讯问中强迫、诱使犯罪嫌疑人接受、承认，就变成了利用复杂问句搞引供，其结果将是极其危险的。为了规避这一风险，讯问人员在思想上一定要明确，隐含在问题中的预设判断在逻辑上只是一个假定，使用它的目的只能是用来探查、印证假定，并且，即使在讯问中该假定已经得到印证，也还需要收集其他证据进一步验证，才能确认为真实。在这里，合法与非法的区别不在于是否使用复杂问句，而在于讯问人员在思想上能否清醒把握该预设的逻辑性并将其用于正确的目的。

### 四、实施提问应当注意的问题

（一）实施提问必须关注问答话轮的正常转换

讯问中，犯罪嫌疑人根据讯问人员的问题来答，讯问人员再根据犯罪嫌疑人的回答进行下一步的提问，双方是通过问答话轮转换而完成言语交际的。因此，讯问人员确定问题内容、运用提问方式，不能忽略问答相邻对之间的关联，在关注讯问目标的同时，必须兼顾犯罪嫌疑人的应答这一即时语境因素，妥当把握问答相邻对的链接点，确保问答话轮能够正常转换，讯问活动能够顺利进行。

（二）实施提问必须恰当选用疑问句式

讯问目的主要是通过提问索引犯罪嫌疑人输出案件信息来实现的。因此，讯问人员应当多选用特指问句向犯罪嫌疑人提出开放性问题，使应答表述具有较大的自由度，为犯罪嫌疑人就某一案情提供更多的信息创造必要的言语条件。只有在需要确认某些案件信息时，才宜采用选择问句、是非问句或正反问句。

（三）实施提问不得暴露侦查底细

问题中隐含的预设说明讯问人员已经作出了一定的判断，如果该判断与案情有关，则无论真实与否，都将存在暴露侦查底细的风险。因此，在预设为真的情况下，提出的问题只能让犯罪嫌疑人意识到，讯问人员已经掌握了有关的案件信息，却无法据此推断讯问人员获得这些案件信息的具体途径和手段，更无法进一步分析判断讯问人员掌握案件信息的整体情况。如果讯问人员为策略需要有意提出了预设虚假的问题，那么讯问人员作出该"失误"判断应当存在符合情理的原因解释，避免犯罪嫌疑人在识别后看低侦查工作的有效性，进而增强其逃避刑事追究的自信感。

## 第四节　应答技巧

### 一、应答的概念和作用

应答，是指讯问人员在讯问中对犯罪嫌疑人所提出的问题和要求作出反应和回答，是讯问中的又一种言语活动方式。讯问作为一种心理攻防和言语交锋之战，一般是以讯问人员提问和犯罪嫌疑人回答的形式进行。但是，讯问双方这种攻防角色并非一成不变，有时犯罪嫌疑人也会反客为主，突然向讯问人员提出一些问题或要求，而讯问人员又必须回应，否则会导致双方的言语交际中断，讯问活动无法继续推进。这种应答对犯罪嫌疑人的心理将产生很大影响，甚至直接关系到犯罪嫌疑人心理转化的方向。此时，双方的攻防地位就发生了转换，讯问人员由提问的进攻态势转变为应答的防御态势。但在防御中要有进攻，不能只是消极的防御，否则将陷入非常被动的局面。因此，讯问人员应当实施积极的防御，即技巧的应答。应答在讯问中的作用主要表现在以下方面：

（一）可以满足犯罪嫌疑人的正当要求

犯罪嫌疑人在讯问中提出的正当要求和合理问题，讯问人员理应给予满意的答复。这样，既回答了犯罪嫌疑人的正常提问，又满足了犯罪嫌疑人的心理需要，使其能够感受到讯问人员的善意。在此情况下，犯罪嫌疑人的抗拒抵触情绪会减轻，有利于讯问顺利进行。

（二）可以挫败犯罪嫌疑人的反讯问伎俩

在讯问中，犯罪嫌疑人为了逃避法律制裁，常用的一种反讯问伎俩是，通过向讯问人员提出各种各样的问题和要求来干扰讯问的正常进行。此时，讯问人员要妥善应答，对无理要求予以批驳，对企图通过提问转移讯问主题、掩盖事实真相的行为予以揭露，以此挫败犯罪嫌疑人的反讯问伎俩，使对方改变抗拒态度，如实回答提问。

（三）可以控制讯问进程

讯问中，一些犯罪嫌疑人提出无理要求和各种问题，是为了改变讯问方向，达到扰乱讯问、破坏讯问的目的。讯问人员通过巧妙应答，可以控制讯问态势，把握讯问节奏，使讯问按照原定计划顺序进行，不致被犯罪嫌疑人所左右而将讯问引入歧途。

（四）可以承上启下

讯问活动是以讯问人员的提问引出话题进行的，有问就有答，否则讯问活动就无法正常进行。此时，如果犯罪嫌疑人提出问题和要求，而讯问人员不作回应，则话轮不能正常转换，讯问也同样无法进行下去。因此，应答能够使讯问双方的言语互动继续正常进行，在讯问活动中起着承上启下的作用。

二、犯罪嫌疑人可能提出的问题

（一）探测讯问人员掌握证据和了解案情的底细

这是犯罪嫌疑人在实施试探摸底的反讯问伎俩，往往采取反诘发难的方法，向讯问人员索要证据。比如，有的犯罪嫌疑人直接反问："你们凭什么抓我？说我有罪，证据在哪里？"；有的则会假装对某些情节回忆不上来，要求讯问人员提示一下，借此摸底；等等。

（二）探询犯罪嫌疑人自己不知道的案件情况

这样做的目的在于，根据这一情况来推测自己的责任、思考并确定应采取的防御对策。有的犯罪嫌疑人虽然实施了犯罪行为，但由于种种原因，对自己行为造成的危害后果并不完全清楚。所以被捕归案之后，急于了解有关方面的详细情况，以期"准确"地进行利害权衡，确定自己的应讯对策。

（三）探测将对自己做何种处理

在讯问的中后期，犯罪嫌疑人的主要罪行已经暴露，基本证据已被侦查机关掌握，作出部分供认、受到刑事处罚已不可避免。但最终将受到何种处理，犯罪嫌疑人心中无数，担心受到重罚，前途无望，因而在讯问中急于探询摸底，以决定是彻底坦白交代还是有所保留作最后顽抗。

（四）提出某种要求

讯问的后期，犯罪嫌疑人感到大势已去，不可逆转，为了求得心理上一定程度的平衡，或争取尽可能有利的结局，往往要求讯问人员给予某种处罚的保证或许诺，或要求会见家属，或提出某种生活上的要求等，以作为彻底交代问题的条件。

对于上述问题，如果讯问人员应答得体、巧妙，就能强化犯罪嫌疑人的供认心理，挫败其反讯问伎俩，推动讯问顺利进行；反之，则容易被犯罪嫌疑人抓住把柄，或摸清侦查机关底细后有针对性地制定、实施反讯问对策，影响讯问的进程。

### 三、应答方式

讯问中，讯问人员应当根据犯罪嫌疑人提问或提出要求的不同内容及动机，采用不同的方式应答。

（一）正面直接应答

正面直接应答，是指针对犯罪嫌疑人所提问题或要求，直截了当地进行解释、说明、允诺或驳斥、否定、拒绝。对犯罪嫌疑人提出的合理要求，可以正面直接应许、承诺；因对法律的无知、误解而提出的疑问，应正面解释、说明；而对其以问拒答的对抗行为应进行义正词严的反击、批驳；对其无理要求则明确给以否定、拒绝。正面直接应答，要求在言语表达上干净利索，针对性强，语气肯定，批驳时要态度严肃，坚决有力，让犯罪嫌疑人没有回旋余地。

（二）侧面间接应答

对犯罪嫌疑人提出的一些不便、不宜直接应答的问题，可采用双关、多义、比拟、暗示等手法，从侧面间接地回答。从侧面间接应答所传递的信息中，犯罪嫌疑人也能分析、推导出某种结论，但由于讯问人员在此过程中并未直接展现证据，犯罪嫌疑人得出的结论往往具有一定的或然性，因而回旋余地较大，较为主动。这种应答在表达上要求既委婉又有力，不拖泥带水。

（三）模棱两可应答

讯问中，有时对犯罪嫌疑人提出的问题很难作出肯定或否定的回答，这时可用模棱两可的语言应答，既不明确表示肯定，也不明确表示否定，让犯罪嫌疑人可以作多种理解。模棱两可应答实际上是对问题的回避，但因与问题中的疑问焦点存在关联性，能够在一定程度上满足言语互动的合作性原则要求，既有利于保证讯问的正常进程，又不致给犯罪嫌疑人的应讯心理造成负面影响。比如，犯有重罪的嫌疑人在交罪前常常会问讯问人员："我交代了会不会判死刑？"这个问题很难直接回答，但又不能不答。讯问人员此时就可以模棱两可地回答："你的问题怎样处理，一方面取决于你的犯罪事实，同时也在一定程度上决定于你的认罪态度。只要你彻底坦白交代自己的罪行，人民法院一定会依据法律和政策，作出合情合理合法的判决。"这样的应答十分灵活、得体，既与量刑有关，又没有直接告知是否会被判处死刑，回答得留有余地，很有分寸，同时也让犯罪嫌疑人看到了求生的一线希望。

（四）顺势反问应答

有时针对犯罪嫌疑人的提问也可以就题反问，把问题又推回给犯罪嫌疑人，使其无法从讯问人员这里摸到底细，也使讯问人员的批驳教育更加有力，这叫做对问题的回问，是一种变被动为主动的应答策略。顺势反问应答的关键在于，要准确找出犯罪嫌疑人提问中显现或隐含的错误论断，并将其作为反问施压的焦点。

（五）顺水推舟应答

讯问人员可借用犯罪嫌疑人所提出的问题或要求，在内容上作延展应答，以充分揭示其提问或要求的荒谬。讯问中，犯罪嫌疑人提出问题或要求，往往是以某一论断的成立为前提。因此，讯问人员可以顺水推舟，对该论断予以认可，并在此基础上进一步与犯罪嫌疑人进行交流、探讨，最终必然得出一个明显与事实不符的结论，或使前提论断成立的条件被彻底否定，从而将犯罪嫌疑人实施狡辩的实质揭穿。

（六）质疑抑制应答

质疑抑制应答，是指运用反诘问话对犯罪嫌疑人提出问题或要求的动机、目的进行质疑，以制止其假供的应答方式。有些犯罪嫌疑人作了假供后又要让讯问人员对其供述表态，而讯问人员一时又难以明辨供词真假，此时运用这一应答方式，既可以避免暴露侦查机关掌握案情和证据的不足，又能表明态度，给犯罪嫌疑人施加适当的心理压力，较好地体现讯问意图。

上述各种应答方式可根据具体情况灵活选用。但不论采用哪种方式应答，都必须把握两点，一是不能让犯罪嫌疑人摸到底细，二是能促使犯罪嫌疑人心理向如实供述的方向转化。这是应答的两条基本原则。

## 第五节　论说技巧

一、论说的概念和作用

在讯问中，除了提问和应答，还需要另一种言语活动形式，即论说。论说，是指论证某个观点，说明某个道理，以转变犯罪嫌疑人的态度、观念和情感，使讯问能够顺利进行并促使犯罪嫌疑人如实供述的讯问言语形式。提问和应答主要是针对犯罪事实，着眼于追清案情。而论说主要针对思想、态度、情感，着眼于转变心理。论说在讯问中的作用主要体现在以下方面：

(一) 晓之以理功能

犯罪嫌疑人之所以实施犯罪行为并在讯问中拒不如实供述，一个重要的原因就是其认识与观念出现了严重的偏差，不能正确评判自己行为的性质和后果。讯问人员在讯问中通过论说，可以向犯罪嫌疑人阐明某些道理，引导对方理性思考并改变某些既有的错误观点，形成有利于讯问活动顺利进行的正确认识，进而促其如实供述。比如，通过论说可以纠正一些犯罪嫌疑人认为自己的犯罪是"事出有因""情有可原"等错误观点，使其真正认识到自己行为的非正义性和危害性，进而产生悔罪心理，自愿供述案件事实。

(二) 动之以情功能

情感是人的态度的重要组成部分。态度是一种心理倾向，可以促使人们趋于完成某种行为或放弃某种行为。而这种完成或放弃，都要受主体情感的影响。讯问人员在讯问中，可以通过论说促使犯罪嫌疑人产生和保持有利于如实供述的情感，或者是转变、消除不利于如实供述的情感，借以获得真实可靠的供词。

一般来讲，讯问人员在进攻受阻或犯罪嫌疑人就某一问题纠缠不休时，可以利用论说这一言语形式，避实就虚，及时调整目标，变换言语内容，消除犯罪嫌疑人供认心理障碍，为继续追讯创造条件。因此，论说是一种攻防兼备的经常性的言语行为。

论说的语言形式主要是运用陈述句，也辅之以感叹、反问、设问、疑问等句式。

## 二、论说方式

(一) 宣讲式

宣讲式，是指讯问人员针对犯罪嫌疑人的某一错误思想、认识，通过宣示、讲解、阐释，论证一定的道理或观点，进行正面教育。恰当的宣讲有助于犯罪嫌疑人了解政策、法律的相关规定，并认知其合理性，同时明确社会生活中的一些常情常理，树立正确的世界观、人生观、价值观、道德观、利害观和前途观，从而使其端正认识，为供认罪行奠定良好的思想基础。正面宣讲态度要严肃，语言要恳切，分析问题要客观、全面，说理论法要充分、具体，讯问人员只有在论说中体现出真诚与严谨，才能切实感染犯罪嫌疑人、影响犯罪嫌疑人，促其放弃抗拒，走坦白从宽之路。

（二）批驳式

批驳式，是指讯问人员对犯罪嫌疑人的错误思想观点或无理狡辩，进行批判、驳斥和揭露，使其端正态度，转变认识。宣讲式是从正面论说，批驳式是从反面论说，作用的对象都是犯罪嫌疑人的认识。进行批驳式论说要言之有理，态度鲜明，用词准确，语气坚定；但也不要过分尖锐激烈，更不能讽刺挖苦，即使面对犯罪嫌疑人极其荒唐的言行，讯问人员也要控制批驳论说的刺激强度，以免激发其对立、抵触情绪。

（三）交谈式

为了缓解、消除犯罪嫌疑人的对立抵触情绪，实现心理接触和情感沟通，讯问人员可以同犯罪嫌疑人进行自由交谈，在自由交谈中表明、阐释自己的观点，进而引导犯罪嫌疑人确立正确的思想认识。热情诚恳的交谈可以缓解讯问的紧张气氛，削弱犯罪嫌疑人的戒备心理，调动其谈话的兴趣，为对其施加有效的心理影响创造良好的环境、条件。在交谈式论说中，讯问人员要选择犯罪嫌疑人关心的话题进行交谈。语气要平和，富于感染力，寓情于理，以情感人。要善于利用犯罪嫌疑人一些良好的情绪情感因素，激发他们尚未完全泯灭的良知，使其对罪行有所悔悟，改变抗拒抵赖的态度。同时还要善于倾听，善于分析理解犯罪嫌疑人的心理、兴趣和情感，对犯罪嫌疑人的言语表现出真诚的关切，使其对讯问人员产生信赖。

三、进行论说应注意的问题

（一）论说要有明确的针对性

无论采用哪种方式论说，都要针对犯罪嫌疑人的某一具体思想、观点、情绪，选定明确的契合讯问语境的论题。无目的的、空洞无物的说教不但不能发挥应有的作用，反而会使犯罪嫌疑人对讯问人员产生抵触、反感情绪，给讯问工作设置更多障碍。

（二）论说要有逻辑性

逻辑的力量体现在无穷的说服力。无论是正面论证，还是反面驳论，都要有极强的逻辑性。因此，论证要求用语准确，概念清晰，论据确实、充分，推理严密，判断得当。讯问人员在批驳犯罪嫌疑人的错误观点和无理狡辩时要一针见血，分析犯罪嫌疑人的言行实质要入木三分，阐释、论证自己的观点更应做到逻辑自洽、无懈可击。

### (三) 论说要赋予情感性

论说是影响犯罪嫌疑人心理的重要方法之一，这种影响包括理性影响和情感影响两种要素。理性影响是借助于证据、事实、逻辑性来实现的；情感影响则借助于信息传递时引起的情感体验和情绪反应。因此，论说言语要富含情感，富于情绪感染力、影响力，才能更有利于犯罪嫌疑人认同讯问人员所宣示的主张，增强论说的说服力。

### (四) 论说要符合法律和事实

在向犯罪嫌疑人作利害分析时，必须以事实为根据，以法律为准绳，根据《刑法》的立法精神、刑罚原则及具体规范，结合犯罪嫌疑人犯罪的具体事实、情节，进行实事求是、合情合理的分析、讲解。帮助犯罪嫌疑人树立正确的利害观，使其能够客观地权衡利害，并据此对自己的应讯行为作出正确选择。任何歪曲政策，曲解法律，随意许诺、欺骗、恐吓的论说行为，都只能适得其反。

**思考题：**

1. 什么是讯问言语？讯问言语在讯问中有何意义？
2. 讯问中如何选择、运用有声语言？
3. 讯问中提问的基本方式有哪些？怎样具体运用？
4. 什么是问题预设？讯问中怎样技巧地运用问题预设？
5. 技巧地应答在讯问中有何意义？常用的应答方式有哪些？怎样运用？
6. 讯问言语中的论说方式有哪些？论说应注意什么问题？

# 第七章 选择讯问突破口

选择讯问突破口往往是开展讯问工作、实施讯问对策的前提条件。因为绝大多数犯罪嫌疑人为了逃避或减轻罪责,到案之后一般不肯轻易交代犯罪事实,并采取种种策略对抗讯问。但犯罪嫌疑人由于被羁押审查,人身自由受到限制,在对侦查底细不了解的情况下,又难以与外界沟通联系,其心理必然处于失衡状态。并且,犯罪嫌疑人在实施犯罪的过程中,不可避免地会留下痕迹物证,加上共同犯罪的嫌疑人之间或多或少地存在着冲突与矛盾,使其对抗讯问的防御体系难免有薄弱之处。讯问人员一旦抓住这些薄弱环节或薄弱对象予以突破,就能为查清全部案件事实扫清障碍。

## 第一节 讯问突破口概述

### 一、讯问突破口的概念和特征

讯问突破口,是指对查清全案具有关键意义而又容易被攻破的薄弱环节或者薄弱对象,是实施讯问对策破解反讯问防御体系的着力点。其中,薄弱环节包括三个方面:一是犯罪嫌疑人多项犯罪中较易攻破的某一项犯罪事实;二是犯罪事实中比较容易突破的关键性情节(如相关的时间、地点、人物、作案手段、作案动机等);三是犯罪嫌疑人心理方面比较容易攻破的弱点。薄弱对象是指共同犯罪案件的共犯中,较为动摇脆弱,易于突破,又对全案有一定了解的犯罪嫌疑人。讯问突破口具有以下三个主要特征:

(一)客观性

讯问突破口并不是讯问人员随意设计的,而是客观存在于案件之中,不因任何人的主观意志而改变，具有相对的稳定性。因此，要求讯问人员熟悉、研究案情，正确认识、客观反映案情，并从中选择讯问突破口。客观性是对讯问突破口本质的界定。

（二）连环性

讯问突破口一旦被攻取，就会产生牵一发而动全局的效应，能够在犯罪嫌疑人心理上引起"连锁"反应，动摇其整个反讯问防御体系，导致其思想防线全面崩溃，进而放弃对抗行为，如实供述全部犯罪事实。连环性是对讯问突破口价值的规范。

（三）易攻性

讯问突破口应当是案件中容易被攻破的薄弱环节或者薄弱对象。之所以易攻，是因为犯罪嫌疑人对该环节疏于防范或无力防范，或者该对象的防范能力较差。易攻性是对讯问突破口现实可行的要求。

### 二、选择讯问突破口的意义

选准讯问突破口是顺利开展讯问工作、实施讯问对策的前提。讯问突破口选得准，能迅速攻破犯罪嫌疑人的思想防线，打乱其反讯问计划，取得势如破竹的效果。反之，不仅会使讯问无法深入，出现旷日持久的被动局面，还会暴露讯问人员的讯问对策，强化犯罪嫌疑人对抗讯问的信心，增加以后讯问的困难。因此，准确选择讯问突破口，对于迅速查明案情、证实和揭露犯罪具有十分重要的意义。

（一）有利于迅速突破犯罪嫌疑人拒供的心理防线

通过对案件事实薄弱环节和薄弱对象的突破，能够动摇犯罪嫌疑人反讯问的信心和意志，摧垮其心理防线，促其尽快交代犯罪事实。

（二）有利于加快讯问进度，提高办案效率

讯问突破口选准了，往往能迅速突破犯罪嫌疑人拒供的心理防线，在较短的时间内获得真实、全面的供词，从而加速讯问进程，取得事半功倍的效果。

（三）有利于继续全面深入追讯案件事实

案件事实薄弱环节或薄弱对象一旦被突破，就能在一些关键、要害的情节上获得犯罪嫌疑人的真实供述，其拒供心理防线也将因此被打开缺口，这些对于乘胜推进、继续全面深入追讯所有案件事实极为有利。

应当指出的是，讯问突破口的选择，不仅仅存在于讯问的开始，而需贯穿于讯问的各个阶段。同时，讯问突破口的选择，不是一种纯粹的技巧，而是原则性、灵活性相结合的体现，讯问人员在选择时既要有较大的突破把握，又要预期突破后能顺利追讯全案事实。这里的原则性是指，应根据讯问情势全面考虑，以获胜把握最大为原则；灵活性是指，要因案、因人而异，不能千篇一律。

## 第二节　选择讯问突破口的途径

### 一、从犯罪事实和情节上选择讯问突破口

讯问对象的具体情况各有不同，有的犯罪嫌疑人有多项犯罪事实，有的犯罪嫌疑人只有一项犯罪事实。然而，每一项犯罪事实都是由犯罪的时间、地点、手段、经过、后果、动机、目的等若干因素构成。在这些犯罪事实和情节当中，因暴露程度不同，犯罪嫌疑人思想防守的严密程度不同，攻破的难易程度也各异。为了迅速查清全案犯罪事实，讯问人员应当认真熟悉、研究案件情况，权衡利弊，在犯罪嫌疑人犯罪事实和情节中选择讯问突破口。

（一）证据比较确实、充分的犯罪事实和情节

在犯罪嫌疑人多项罪行中，应从讯问人员掌握证据比较确实、充分的一项罪行入手，但要考虑罪行的大小及其对犯罪嫌疑人心理刺激的强弱。比如，即使讯问人员就某项重要罪行掌握着确实、充分的证据，但如果犯罪嫌疑人在此罪行上畏罪绝望情绪严重，估计很难突破，也不宜将其选为讯问突破口。在选定某项罪行后，又应从讯问人员掌握证据最确实、最充分的情节入手。

（二）与主要犯罪事实有关联的事实和情节

有些事实和情节虽非主要犯罪事实及情节本身，但因与案件核心问题有着极强的关联性，一旦被查明，将直接导致全案面临被彻底揭露的威胁。因此，针对这些事实和情节展开讯问，能够在心理上强烈地震撼犯罪嫌疑人。如犯罪嫌疑人为达到某一犯罪目的而采取的手段，犯罪嫌疑人与被害人之间未公开的尖锐矛盾所引发的犯罪动机，与犯罪事实组成要素相关的问题，等等。

（三）较为公开暴露的犯罪事实和情节

在犯罪嫌疑人到案接受讯问之前，有的犯罪事实和情节原本就有所暴露，如他人经常见到或知情者较多的事实和情节，有证人或者同案人在场的事实和情节等。犯罪嫌疑人对这些犯罪事实和情节进行设防，原本就没有太大把握，一旦讯问人员在讯问中对此穷追猛打，犯罪嫌疑人可能很快就会从思想上缴械投降。

（四）犯罪嫌疑人尚未察觉到的为掩盖罪行而在口供中出现的矛盾

犯罪嫌疑人为了掩盖罪行，往往要在讯问中编造一些假口供，而这些假口供难免会出现这样或那样的矛盾，其中既包括假口供与侦查机关掌握的案件事实之间的矛盾，也包括虚假供述中呈现出的逻辑错误。讯问人员在讯问中以此为突破口，向犯罪嫌疑人揭示这些矛盾，会使犯罪嫌疑人对自己反讯问对策的周密性产生怀疑，从而动摇其对抗讯问的信心。

（五）犯罪嫌疑人最担心的事实和情节

犯罪嫌疑人受趋利避害心理的影响，最担心自己的犯罪事实和情节被讯问人员所掌握，尤其是那些对定罪量刑至关重要的事实和情节，因而在讯问中会采取多种方法摸底试探。讯问人员可根据已经掌握的案件情况，剖析犯罪嫌疑人摸底试探的实质内容，把犯罪嫌疑人最担心的事实和情节作为讯问突破口，以震慑犯罪嫌疑人，摧毁其对抗意志。

（六）犯罪嫌疑人错误估计的事实和情节

犯罪嫌疑人对某些事实和情节估计错误，将导致其防御的方向、策略出现偏差，一旦讯问人员就此展开追讯，极易形成突破。如犯罪嫌疑人认为无直接联系、其实却与犯罪事实有密切内在联系的事实和情节，犯罪嫌疑人认为同案犯不会供认的事实和情节，犯罪嫌疑人认为知情人不会举报的事实和情节，犯罪嫌疑人认为无法查到的物证、无法获取的证人证言等。犯罪嫌疑人对这些事实和情节通常不加防范或疏于防范，必然易于突破。

（七）原本只有犯罪嫌疑人知道的特殊犯罪情节

犯罪嫌疑人实施犯罪的过程中，有些特殊的犯罪情节只有其本人知道，或只有共同犯罪的嫌疑人之间知道。对这些特殊犯罪情节的掩饰，犯罪嫌疑人有着十足的把握，其侥幸心理也往往是在此因素的支撑下形成的。因此，讯问人员如果能够掌握这些特殊的犯罪情节并将它作为讯问突破口，就会对犯罪嫌疑人的心理产生强烈震撼，起到牵一发而动全局的效果。

（八）可以减轻罪责的犯罪动机

犯罪嫌疑人实施犯罪的动机多种多样，一般来讲有"恶性"和"良性"之分。所谓"良性"的犯罪动机，是指可以减轻犯罪嫌疑人罪责的犯罪动机，也往往是犯罪嫌疑人认为自己实施犯罪"确有苦衷""实属无奈"的直接原因。讯问中，讯问人员把减轻罪责的犯罪动机作为突破口，既可以让犯罪嫌疑人感受到讯问人员对他的理解和同情，又能消除其畏罪心理，进而促其交代犯罪事实。

## 二、从犯罪嫌疑人心理上选择讯问突破口

犯罪嫌疑人被拘捕之后，围绕着罪行的暴露程度和将来会受到何种处罚等基本问题，其心理活动表现得异常复杂。有的畏罪，有的侥幸，有的对立，有的绝望，有的忏悔，有的动摇，等等。摸准犯罪嫌疑人的心理状态，采取有针对性的讯问对策，常常能够迅速促成其应讯心理的良性转化，一举突破全案。

### （一）犯罪嫌疑人赖以抗拒的精神支柱或主要的心理障碍

犯罪嫌疑人赖以抗拒的精神支柱，是指支配着犯罪嫌疑人拒不交代罪行的精神依托。如有的犯罪嫌疑人始终坚持错误的思想信念，顽固不化，拒不与讯问人员合作；有的认为有"靠山""后台"的庇护，即使犯有罪行也不会被追责等，这种心理具有整体性和系统性的特点，始终支配着犯罪嫌疑人的思想和行为。犯罪嫌疑人赖以抗拒的主要心理障碍，是指在讯问中，由于主客观的原因，时而出现的影响犯罪嫌疑人如实供述的消极心理状态，如畏罪、侥幸、悔恨、绝望、求生等，它具有局部性和分散性的特点，只在某一方面或某个问题上影响犯罪嫌疑人的供述。上述精神支柱和心理障碍是犯罪嫌疑人拒不供述的根本原因，如果找准其中的弱点实施突破，将直接威胁犯罪嫌疑人的整个反讯问防御体系。

### （二）能激发犯罪嫌疑人心理向良性转变的事实和道理

其中包括，能激发犯罪嫌疑人重拾良知的事实和道理，能激发犯罪嫌疑人从被害人或自己亲人的痛苦处境中产生忏悔的事实和道理，能激发犯罪嫌疑人对犯罪集团或同案犯心生怨恨和对犯罪组织产生离心力的事实和道理，等等。这些事实和道理能够使犯罪嫌疑人正确认识自己的犯罪行为，从而产生认罪、悔罪的思想动机。

### （三）犯罪嫌疑人的心理弱点

有的犯罪嫌疑人心理素质差，临场慌乱，缺乏耐力；有的犯罪嫌疑人感情脆弱，易受他人情绪、情感的影响；等等。讯问人员选择犯罪嫌疑人的这些心理弱点实施突破，往往能有效地干扰犯罪嫌疑人的对抗心理，使其反讯问的防御体系丧失必要的心理支撑。

## 三、从犯罪嫌疑人自身情况上选择讯问突破口

虽然由于个性差异，犯罪嫌疑人的自身情况各不相同，但这其中或多或少地存在有可供利用实施讯问突破的弱点。要想转变犯罪嫌疑人对抗讯问的消极态度，使其最大程度地与讯问人员合作，可以从犯罪嫌疑人的自身情况中找出薄弱点进行突破，摧垮对方的思想防线，促其坦白罪行。

## （一）前科劣迹

从犯罪的角度分析，犯罪嫌疑人的前科劣迹大多与现行案件存在一定的逻辑联系，犯罪嫌疑人通常也明白这一道理，因而担心自己的前科劣迹被揭露出来。并且，犯罪嫌疑人出于对他人否定性评价的本能排斥，往往也会极力掩饰自己的不良行为。讯问人员如能将犯罪嫌疑人的前科劣迹作为突破口，往往会使对方顾此失彼，暴露案件事实的真相。如果讯问人员同时又掌握犯罪嫌疑人在本案中的一些证据，那么在揭露其前科劣迹的基础上，联系现行案件进行讯问，还很有可能促使犯罪嫌疑人为掩盖现行案件情况，情急之下供出本案以外的犯罪事实，从而扩大讯问战果。

## （二）内心隐痛

由于受社会地位、恋爱、婚姻、家庭、工作、社会交往等诸多导致犯罪的因素影响，有的犯罪嫌疑人内心存在难以言说的隐痛。这些难言之隐是对方的敏感之处，讯问人员可以把它作为讯问突破口，从两种不同途径进行突破：一是讯问时对犯罪嫌疑人采取激将法，在适当时机触及他的隐痛，使其在愤怒的情况下吐露真情；二是讯问人员在讯问时委婉、含蓄地提及犯罪嫌疑人的隐痛，并由此实事求是地对其罪行进行客观评价，对其现实处境表示同情、理解，从而感化犯罪嫌疑人，促其如实供述犯罪事实。

## （三）家庭

家庭是以血缘和婚姻关系为基础的一种社会生活组织形式，对大多数人来说具有很强的凝聚力，犯罪嫌疑人也不例外。在讯问中，有的犯罪嫌疑人认可侦查机关的侦查结果和掌握的证据材料，内心也承认自己有罪，但由于担心交代了犯罪事实会受到处罚，连累自己的家庭，所以仍然不与讯问人员合作。对于这些犯罪嫌疑人，可以将其家庭作为讯问突破口。在家庭方面能够打开缺口的情形通常有：一是家庭美满，犯罪嫌疑人感到家庭温暖，非常留恋家人；二是犯罪嫌疑人是家庭中的主要成员，如果自己受处罚，很可能导致家庭破裂；三是家中有极其重要的事情需要犯罪嫌疑人亲自处理。这样的家庭情况对犯罪嫌疑人坦白交代犯罪事实无疑是一种障碍。基于此，讯问人员可以抓住犯罪嫌疑人家庭观念重这个突破口，采取说服教育的方法，既要打消犯罪嫌疑人担心连累家庭的顾虑，又要让其认清只有坦白认罪才能更好地保全家庭的道理，以促使其尽快交代犯罪事实。

## （四）事业

有些犯罪嫌疑人在犯罪前有远大的理想，本想成就一番事业，或者已经事业有成。但由于涉嫌犯罪，即将面临严厉的刑事处罚，不由得感到理想破灭，前途渺茫，从而产生严重的消极悲观情绪。对于这样的犯罪嫌疑人，可以把他原来的事业选为讯问突破口。讯问时，在对犯罪事实进行彻底揭露打消犯罪嫌疑人幻想的基础上，对他原来的理想、追求及所成就的事业给予肯定、赞赏，同时进行耐心的说服教育，引起他的回忆和悔恨，唤起他对未来的希望、憧憬，进而选择认罪伏法，争取早日回归社会，继续追逐事业和理想。

## （五）特定的日期

讯问人员可以根据案件的具体情况，选择犯罪嫌疑人或其配偶、父母、子女的生日，重要节假日，采取强制措施的日期，敦促犯罪嫌疑人自首的截止时间，以及对犯罪嫌疑人具有特殊意义的其他特定日期，作为讯问突破口。因为犯罪嫌疑人对这些日期或刻骨铭心或过于忧伤或十分关注，围绕这些特定的日期进行讯问，可使犯罪嫌疑人对抗讯问的注意分散，心理防线有所松动，突破的可能性较大。

## （六）生活规律、习惯、嗜好

有些犯罪嫌疑人在长期的生活、工作中，形成了一定的生活规律、习惯、嗜好。这些生活规律、习惯、嗜好对犯罪嫌疑人的行为和心理往往具有较强的影响力，以之为突破口，常能取得不错的讯问效果。因此，讯问人员既可以将这些个人习性、特点作为讯问谈话的切入点，从而调动起犯罪嫌疑人与讯问人员交流、沟通的兴趣，增进双方的心理接触，也可以在适当的时候满足犯罪嫌疑人的相关需求，以感化犯罪嫌疑人，动摇其对抗讯问的意志，进而在案件审理上寻求突破。

**四、从共同犯罪嫌疑人中选择讯问突破口**

从侦查业务的角度分类，共同犯罪嫌疑人包括首犯、主犯、骨干、从犯、胁从犯、教唆犯等。讯问共同犯罪的嫌疑人，力量不能平均使用，应从中选择某一个犯罪嫌疑人为突破口，先行突破，然后再各个击破。一般来讲，在共同犯罪的嫌疑人中，应把最脆弱而又知情较多的骨干或从犯作为讯问突破口。其条件是：讯问人员掌握证据较为确实、充分；对全案案情、首犯、主犯情况或某一项重大犯罪事实了解较多；与首犯、主犯或其他共犯关系不够融洽，甚至有矛盾冲突；思想中毒不深、易动摇、感情脆弱，或者是有悔改和立功赎罪愿望；缺乏犯罪经验或反讯问经验。

在共同犯罪嫌疑人中选择讯问突破口，应当结合同犯罪作斗争的全局、犯罪嫌疑人自身情况及全案可能出现的处理结果进行考虑。如果骨干成员或从犯不具备作为突破口的条件，而侦查机关对首犯、主犯掌握有较确实、充分的证据，或者首犯、主犯有心理弱点，也可以把首犯、主犯作为讯问突破口，达到"擒贼先擒王"的目的。另外，被选作讯问突破口的骨干或从犯在检举揭发、立功赎罪、从宽处理等方面都应当获得优先的条件，这样才能达到分化瓦解、各个击破的目的。

## 第三节 选择讯问突破口的方法

### 一、确定讯问的主要问题

为了避免选择讯问突破口的方向发生偏差，讯问人员应当根据前期侦查掌握的情况，提出尚未弄清或尚未全部弄清的问题，分清轻重缓急，确定必须通过讯问才能解决的主要问题。在确定讯问的主要问题时，有两点应引起特别注意：一是存在现实危险性的问题，应首先讯问。如枪支、弹药等罪证急需缴获的；同案的犯罪嫌疑人在逃并有继续犯罪可能的；等等。二是根据案件的性质，确定应先行解决的问题。如对流窜犯罪案件应在问清现案的基础上，重点查明犯罪嫌疑人的真实身份，以便追清其全部罪行。

### 二、精心选择讯问突破口

选择讯问突破口是否准确、适当，直接影响到讯问的效果和进程。就一个案件而言，无论是犯罪嫌疑人的犯罪事实、情节，还是犯罪嫌疑人的心理状态、个性特点和自身情况，可供选择的讯问突破口可能会不止一个，讯问人员应根据讯问突破口的条件，结合解决案件主要问题的实际需要，精心选择讯问突破口。

（一）全面熟悉、研究案情，列出可供选择的讯问突破口

讯问人员要全面了解侦查破案的过程和认定犯罪嫌疑人的根据，研究犯罪嫌疑人的心理状态、个性特征以及自身情况，然后进行全面综合分析，排列出案件中哪些薄弱环节、薄弱对象可以作为讯问突破口。这一步是基础，必须列举全面。

**（二）对列出的讯问突破口进行可行性研究**

讯问人员应结合案件情况，对照讯问突破口的条件，深入研究所列的每个讯问突破口，然后进行对比、筛选，将获胜把握最大、最接近讯问目标的突破口确定下来。

**（三）准备备用讯问突破口及配套的突破方案**

由于犯罪嫌疑人大多会施展一定的反讯问伎俩，加之讯问人员选择的讯问突破口往往是根据对案件情况的分析判断即行确定下来的，而在讯问过程中又经常会出现一些事先无法预料的复杂情况，所以通过既定的讯问突破口，有时难以达到预期目的。因此，为避免出现讯问僵局，讯问人员必须围绕讯问的主要问题，准备几个备用的讯问突破口和与之配套的突破方案，使侦查机关的讯问压力能够始终施加于犯罪嫌疑人防守的薄弱之处，最大限度地保证讯问目的的实现。

### 三、校正讯问突破口

讯问人员确定的讯问突破口，具有相对的稳定性，一般不应轻易变动。但是，在围绕讯问突破口进行讯问突破时，可能会因为种种原因没有达到预期目的。遇此情况，需要及时调整、校正讯问突破口。校正时，讯问人员应认真总结讯问失败的原因，吸取教训。一般可从以下几个方面分析：一是选择的讯问突破口是否符合条件；二是运用的讯问谋略和方法是否正确；三是讯问人员的能力是否适应。如果分析发现是当初选择的讯问突破口有误，或多次调整、校正讯问突破口后，讯问仍然无法取得进展，则应适时停止讯问，重新分析案情和犯罪嫌疑人的有关情况，再次选择讯问突破口进行讯问，直到查明案件全部事实真相为止。

**思考题：**

1. 什么是讯问突破口？讯问突破口有何特征？
2. 选择讯问突破口有何意义？
3. 讯问突破口应具备哪些条件？
4. 如何选择讯问突破口？

# 第八章 讯问策略

## 第一节 讯问策略概述

**一、讯问策略的概念**

在人类社会生活的各个领域,凡是带有对抗性或者竞争性的活动,都存在着策略问题。只有善于运用策略,才能在对抗与竞争中胜出。讯问是追究与反追究的斗争,充满了矛盾和冲突,是一项对抗性很强的活动,讯问人员必须认真研究、正确运用讯问策略。

所谓讯问策略,是指讯问的计策和谋略,是根据讯问目标和态势决定的战略构思,是为实现讯问目标,根据现有问题和将来可能出现的问题所制定的解决方案集合。讯问策略的内容,应当包括讯问方向,讯问内容,使用证据的方式、方法,运用策略的方法、时机、手段,以及讯问时讯问人员所持的态度和言行举止等。讯问策略对全案讯问计划有决定性的指导作用,讯问中所采取的步骤、方式、方法及其运用时机,均受讯问策略的指导、制约,目的是使讯问付出最少的人力、时间和物质消耗,迅速突破犯罪嫌疑人的供述障碍,取得真实口供,并获得最佳的讯问效果。

**二、讯问策略的特征**

(一) 全局性

策略是全案讯问的指导思想和原则,以查清全部案件事实并获得最优审理效果为目的。它力求统筹兼顾,但又不着眼于一时一事的得失,而以最佳的终局效益为目标。

(二) 合法性

讯问是侦查机关的执法行为,讯问策略必然受国家法律所制约。讯问策略的制定与实施，必须符合法律规定的原则和要求，任何逾越法律规制的讯问策略都会导致讯问活动丧失正确的方向。

（三）计谋性

讯问活动从某种意义上说就是用计施谋，计谋性是讯问策略的灵魂。讯问策略能够成功运用的基础在于：一是建立在犯罪嫌疑人趋利避害心理的基础上；二是建立在犯罪嫌疑人认识偏差、行动失误的基础上；三是建立在犯罪嫌疑人心理相容规律的基础上。任何一项讯问策略都必须要能充分调动犯罪嫌疑人合意性和合理性的心理因素，使其按照讯问人员引导的方向，逐步就范。讯问策略的计谋性就体现在审时度势地设计在前述基础上的奇谋方略。

（四）针对性

讯问策略有着具体的作用指向，即讯问策略必须根据犯罪嫌疑人的具体情况、具体案情，并考虑讯问时间、地点、条件等相关因素的影响来制定；要坚持有的放矢的原则，绝不允许不分具体情况、不加分析地去主观想象或者套用固定的模式；在讯问过程中，必须遵循"敌变我变"的原则，敏锐观察，快速应变，针对讯问情势的具体情况，机动、灵活地选用讯问策略。

（五）综合性

讯问策略作为讯问活动的指导思想，必须通过多种讯问方法的具体运用，系统地对犯罪嫌疑人施加影响，才能实现多方面的策略意图，单纯运用一种讯问方法是无法达成讯问策略目标的。因此，讯问策略是各种讯问方法最佳综合运用的体现。

### 三、讯问策略的作用

在讯问活动中，讯问人员与犯罪嫌疑人正面交锋，直接对抗，而且这一交锋、对抗的结果将直接关系到能否对应当负刑事责任的犯罪嫌疑人进行刑事处罚，如果没有"棋高一着"的讯问策略，是很难让犯罪嫌疑人认罪伏法的。为此，正确制定和运用讯问策略，对于征服犯罪嫌疑人，及时有效地获取真实供述和辩解，具有十分重要的意义。具体来讲，讯问策略的作用有以下几方面：

（一）可以制约、指导并优化讯问方法和讯问辅助措施的运用

讯问策略作为对讯问活动的"战略部署"，可以制约、指导讯问方法（如使用证据、利用矛盾、说服教育等）和配合讯问的相应措施（如查证、社会规劝、监管、耳目探测等配合讯问的手段），使这些讯问方法和辅助措施能够互相配合，协调一致，发挥出良好的整体效应。

### (二) 可以调动犯罪嫌疑人交代罪行的积极性

通过运用讯问策略，可以引导犯罪嫌疑人重新对应讯形势进行分析、评判，并得出与我方策略意图相符的结论。促使其在"两利相权取其重，两害相比趋其轻"的心理规律作用下，在利与害的权衡中，选择走坦白认罪、争取从宽处理的道路。

### (三) 可以驾驭犯罪嫌疑人，掌握讯问的主动权

讯问人员制定的讯问策略，是建立在已经掌握的案件事实、证据、犯罪嫌疑人心理状态和个性特点基础之上的，具有极强的针对性。讯问时，讯问人员按照讯问策略的步骤逐步推进，就能驾驭犯罪嫌疑人，对其施加有效的心理影响，从而掌握讯问主动权，促使犯罪嫌疑人在讯问策略的影响下，主动地交代犯罪事实。

## 第二节　讯问策略的制定

### 一、制定讯问策略的原则

讯问策略是在刑事政策、法律指导下，为实现一定的讯问目的，以证据和案情为基础，通过充分研究讯问活动各方的力量、态势后，优选制定出的智谋型和措施型的对策。因此，讯问策略的制定，既要受刑事政策、法律的规制，又要充分体现讯问工作的目标要求。具体来说，讯问策略的制定必须遵循以下原则：

#### (一) 依法原则

讯问策略是讯问谋略思想的具体运用，必须打破常规的思维定式，是诡道思想的体现。但讯问毕竟是刑事诉讼活动的组成部分，是侦查机关的一种刑事执法行为，其策略的制定和运用必然要受法律的制约和社会主义道德规范的约束。一方面，讯问策略只能针对犯罪嫌疑人实施；另一方面，讯问人员制定和运用讯问策略必须符合国家法律和有关政策精神，同时不能超越社会公众认可的道德界限，注意规避讯问策略的计谋性可能带来的相关风险。

#### (二) 有据原则

讯问策略预期实现的目标，必须有一定的事实、证据为依据，绝不能凭空构想确定，更不能为达某种不良目的，设法逼使犯罪嫌疑人承担并不存在的罪名，或设法为犯罪嫌疑人开脱确实存在的罪责。离开案件事实和一定证据而制定的讯

问策略，必然使讯问陷入僵局，甚至会造成严重后果。

（三）有理原则

讯问策略必须符合公理与正义，并且能为犯罪嫌疑人所接受，具有合理性、合意性与可行性。比如对犯罪嫌疑人进行教育或批评时，要据理而行，坚持摆事实、讲道理，做到晓之以理、动之以情、以理服人；切忌逆情逆理，增加犯罪嫌疑人的反感和对立。讯问策略应当符合主客观条件，不能只专注于主观愿望、不考虑客观条件；既不能条件不成熟时就急躁盲动，也不能不思进取，对经过努力能够实现的目标也不予确立。

（四）有利原则

讯问策略实施的结果，从全局和长远的效益来看，必须对侦查机关达成讯问目的有利。尽管讯问人员可作某些暂时的、局部的让步与妥协，但这只是为了缓和讯问气氛，避免讯问僵局；从总体和全局衡量，仍然应该要有利于侦查机关查明案件全部事实真相，有利于讯问目的的全面实现。

（五）有节原则

制定的讯问策略必须有节操，不得损害侦查机关和讯问人员的形象。同时，对犯罪嫌疑人进行严厉批评或依法进行惩戒时，应当根据情况变化，适可而止、有所节制，避免形成严重对立的局面。

**二、制定讯问策略的依据**

讯问策略是对抗博弈的艺术，是智慧的体现。讯问人员必须坚持辩证唯物主义理论，从客观实际出发，正确估量讯问条件，依据案件的具体情况制定讯问策略。

（一）根据案件性质和犯罪动机制定讯问策略

案件性质不同，犯罪的动机不同，讯问中需要审理的问题和追讯的目标要求也不相同。犯罪嫌疑人出于不同的动机所实施的犯罪，由于其性质和严重程度常常不一样，所应受到的刑罚也有区别，而且不同的犯罪动机意味着犯罪嫌疑人的主观恶性程度存在差异，所以他们往往会有不同的应讯态度，选择不同的应讯行为。因此，讯问中对犯罪事实和情节进行追讯，对犯罪嫌疑人施加心理影响，必然各有侧重。讯问人员应当根据不同的案件性质，根据犯罪嫌疑人不同的犯罪动机和主观恶性程度，选择不同的讯问策略。

（二）根据犯罪嫌疑人的个体特点制定讯问策略

犯罪嫌疑人的个体特点包括性别、年龄、文化程度、职业、社会经验、犯罪经历、犯罪原因、个性心理特征等。由于犯罪嫌疑人性别、年龄和文化程度的差异，他们对法律、政策教育的接受程度不同，对犯罪性质及危害程度的认识也不一样。犯罪嫌疑人的社会经验是否丰富，犯罪经历是长是短、是简单是复杂，其人是偶犯还是惯犯，会导致他们对抗讯问的顽固程度不同，在羁押下的心理状态和个性心理特点也有差异，对供述犯罪事实的态度也大相径庭。讯问人员必须根据犯罪嫌疑人的不同个体特点，采取相应的讯问策略。

（三）根据共同犯罪嫌疑人在案件中的地位制定讯问策略

犯罪嫌疑人在共同犯罪案件中的地位不同，在实施犯罪行为时所起的作用不同，导致他们的罪责大小不等，抗拒讯问的顽固程度也会因此有差别。并且，共同犯罪案件中的犯罪嫌疑人由于相互之间利益关系密切，往往存在各种矛盾和冲突。讯问中应当区别对待，根据犯罪嫌疑人在案件中不同的地位、在犯罪活动中不同的作用，选择最为适用的讯问策略。

（四）根据犯罪嫌疑人对待讯问的态度制定讯问策略

不同的犯罪嫌疑人在讯问中表现出的态度各不相同。有的气焰嚣张，以攻为守；有的软磨硬泡，狡猾抵赖；有的"鸣冤叫屈"，以假乱真；有的故作镇静，企图蒙混过关；有的无理狡辩，拒不吐露实情；等等。随着讯问的深入，犯罪嫌疑人的态度也会有所变化，有的会认罪伏法，愿意如实供述；有的则避重就轻，节节败退；有的时好时坏，反复无常；等等。讯问人员应当区别对待，因人施策，针对犯罪嫌疑人的不同态度，采取不同的讯问策略，促其端正态度，如实供述犯罪事实。

（五）根据掌握证据的数量与质量制定讯问策略

证据是开展讯问工作最坚实的依据，讯问人员所掌握的证据材料，其数量的多少和质量的高低，对选择采用何种讯问策略有直接影响。讯问人员根据掌握证据的数量、质量，可以确定是否出示证据，如何运用证据，运用证据时其他讯问措施如何配合等事宜。只有根据掌握证据的数量与质量，选择相应的讯问策略，才能显示出策略的威力。

## 三、做好目标分析

讯问策略预期实现的目标必须具体、明确。

（一）分清目标主次，明确先后顺序

讯问工作要实现的目标包括总体性目标、阶段性目标、局部性目标、适应性目标四类。

1. 总体性目标。即讯问策略实施的最终目的。通常要求犯罪嫌疑人对全部案件事实作出如实供述，交代出赃款、赃物和罪证的下落或去向，交代清余罪和所知的其他犯罪线索，并认罪伏法。由于案件情况不同，实现总体性目标的侧重点也有差异，应当从案件实际出发，提出有针对性的要求。

2. 阶段性目标。在讯问的不同阶段，有不同的策略目标。总体性目标是全面的、最高的要求，通常不可能一步到位。成功的讯问策略，应当合理地划分出若干个阶段性目标，根据案情的缓急轻重、难易程度及犯罪嫌疑人的心理状态等，依次制定出各个阶段需要讯问突破或查明的案件事实。

3. 局部性目标。任何一个案件都是由若干事实和情节所组成，实现每一阶段的目标都需要突破或查明一些较为重大的事实和情节，从而构成每一阶段所需要攻下的局部性目标，即取得犯罪嫌疑人对构成这些局部性目标的事实、情节的如实供述，或实现一定的心理转化。

4. 适应性目标。就是适应当时条件的折衷性、过渡性讯问目标。犯罪嫌疑人从拒供到认罪，通常要经历一个艰难曲折的过程，一些重大的局部性目标的实现，往往需要经历一定的适应性目标。例如，让沉默不语的犯罪嫌疑人能够先开口说话，愿意与讯问人员进行言语交流，再适时将与案情有关的话题引入双方的言语互动，促使犯罪嫌疑人逐渐传递出侦查机关需要了解的案件信息；让矢口否认犯罪的犯罪嫌疑人先含糊地承认做了错事，再到笼统、抽象地承认犯罪，最后明确、具体地供认所犯的严重罪行；让犯罪嫌疑人先供认犯罪经过，再供认犯罪动机和目的等。成功的讯问策略，应恰当地规划出有关的步骤、方法、措施等，以便能顺利地完成这种过渡性质的适应性目标，进而实现局部性目标和阶段性目标。

对阶段性目标、局部性目标、适应性目标能否处理得当，关键在于对各个目标能否明确主次、分清缓急。应当做到：①局部性目标服从总体性目标，次要目标服从主要目标；②保证重点，带动一般，在抓紧突破重点问题时，乘势扩大战果，带动解决其他有关问题；③注意多目标之间的交叉效应，早期实现的目标应为后期目标清除障碍，后期实现的目标应能巩固和扩大前期目标取得的成果；④讯问中注意发现新的讯问目标，把握战机，及时扩大战果。

(二) 做好目标分解，力求化整为零、化难为易

对一些较为重大、一时难以实现的目标，可采取灵活变通的办法：①化整为零，把重大目标分解为若干零散的小目标，逐步予以解决；②化难为易，先易后

难。比如，对避重就轻的犯罪嫌疑人，本着积小胜为大胜的宗旨，先让对方交代一般性情节，乃至一般的违法犯罪行为，逐步推进，迂回围歼，创造适当条件后，再突破重大目标。

**四、对实施讯问策略的主客观条件进行准确、透彻的分析**

"知己知彼，百战不殆"，这句军事格言完全适用于唇枪舌剑的讯问工作。知彼，就是要正确分析、掌握实施讯问策略的客观条件；知己，就是要正确认识讯问工作的主观条件。

（一）充分、及时掌握各方信息

针对某一具体的犯罪嫌疑人，需要运用什么样的讯问策略才是最适当、最有效的，必须通过对有关信息的分析、研判才能予以确定。因此，讯问人员应当抓住一切可能的机会，通过公开的手段或秘密的渠道，广泛搜集与案件审理有关的各种情报信息，以减少、消除讯问策略选择运用中所面临的一系列不确定性。

（二）正确估量各方态势

讯问人员应对己方、被讯问方和第三方（包括证人、被害人、其他可能对案件审理产生影响的人）当前的状态和可能采取的行动趋势有一个正确的估量。制定讯问策略时，应根据各方态势，考虑如何最大限度地发挥积极因素，克服消极因素，变消极因素为积极因素等。这是构思讯问策略的核心内容。

随着社会的发展，人、财、物都处于一种较高程度的流动状态，与案件审理有关的各方面情况也因此经常发生变化。讯问人员在构思讯问策略时，必须针对各方不断变化的形势，掌握变化趋势和规律，准确地判断各方当前态势，使讯问策略的制定能够适应形势的变化。另外，对各种演变还要预作准备，预作布置，使讯问工作始终处于主动、有利的地位。

**五、全盘考量进行周密设计**

（一）千方百计调动各种积极因素

唯物辩证法认为，外因是变化的条件，内因是变化的根据，外因通过内因而起作用。讯问策略的运用是否成功，关键在能否调动犯罪嫌疑人积极的心理因素。为此，制定讯问策略一方面必须考虑犯罪嫌疑人内在的需要倾向，使讯问策略的运用能够激发犯罪嫌疑人求生的欲望、获得从宽处理的欲望以及对家庭、亲友的责任感，充分调动其内在的积极因素，尽力排除各种消极心理因素，这是提高策略成功率的可靠基础。另一方面，在讯问策略中还应设计通过第三方因素促进犯罪嫌疑人如实供述的计谋，尽量发挥外因的推动作用，包括做好同案犯的分化瓦解工作，组织好社会力量规劝工作，协调监管人员在对犯罪嫌疑人进行日常生活管理的过程中做好配合讯问的工作等，使犯罪嫌疑人在各种外力的影响下，走上坦白交代、认罪悔改之路。

（二）多方寻找和利用犯罪嫌疑人的弱点和矛盾

犯罪嫌疑人的心理、性格等方面具有的弱点，共同犯罪嫌疑人之间存在的利害冲突，以及犯罪嫌疑人供词与证据之间的矛盾、前后供词之间的矛盾等，均可作为制定讯问策略的切入点，使讯问策略能够精准定位并有效作用于讯问活动的"靶向目标"，推动犯罪嫌疑人的思想和态度向良性转化。

（三）拟定多种方案，相互比对，择优实施

有比较才有鉴别。某种讯问方案是否最有利于讯问目的的实现，只有在与其他讯问方案进行比较后才能得出结论。讯问人员应当拟定出多种讯问方案，使每种讯问方案互为参照物，通过认真的对比分析，选择出最优方案以及最佳的方案组合在讯问中予以实施。

**六、注意信息反馈，不断校正和完善讯问策略**

讯问人员应当密切关注策略实施的效果，通过对犯罪嫌疑人的正面观察及监管配合等渠道，及时发现策略方案欠周详、欠妥善之处，并及时进行补充修订。另外，讯问的情势也是不断变化的，一旦讯问策略不再与之相适应，讯问人员就必须根据变化的情况，对讯问策略作相应调整，以使讯问策略适应发展变化后的新情况。

## 第三节　常见的讯问策略

在长期的讯问实践中，讯问人员创造、总结出许多颇具实效的讯问策略，主要可归纳为以下几大类：

**一、攻心为上的策略**

（一）攻心为上策略的概念和意义

攻心为上策略，是指讯问人员根据案件情况，针对犯罪嫌疑人的个性特征和心理状态，在思想、政策、法律、形势与前途等方面对犯罪嫌疑人展开教育，从心理上征服犯罪嫌疑人，促其彻底交代罪行的讯问策略。

攻心为上是在古代军事战争中即已采用的一种对抗谋略，将这一军事策略运用于讯问中，无疑是迅速完成讯问任务的上策。从讯问的实践看，绝大多数犯罪嫌疑人进入讯问后，总是竭尽全力施展各种伎俩，以掩盖犯罪事实，减轻或者推脱罪责。犯罪嫌疑人在讯问中的种种反讯问表现表明，一方面，讯问与反讯问的斗争异常尖锐复杂，赢得讯问胜利并不是一件容易的事情。如果案件中的每一事实、每一情节都要经过反复斗争，才能迫使犯罪嫌疑人作出交代，则势必导致讯问工作陷入旷日持久的局面，耗费大量的人力物力，这是讯问人员需要尽力避免的情形。另一方面，犯罪嫌疑人的反讯问行为受其犯罪心理和种种思想顾虑支配，只要我们摸准犯罪嫌疑人赖以抗拒的精神支柱和阻碍犯罪嫌疑人如实供述的心理障碍，并针对这些关键问题予以瓦解突破，就可以产生牵一发而动全局的效应，避免逐事逐项艰难地追讯，从而大大加快讯问进程，更为高效地取得讯问成功。因此，攻心确为讯问犯罪嫌疑人的上策，并且也有利于犯罪嫌疑人的思想改造。攻心为上是讯问中最基本、最重要的讯问策略。

（二）攻心为上策略的运用条件

讯问是一场关系到犯罪嫌疑人前途、命运的斗争。在这样一场特殊的斗争中，犯罪嫌疑人往往会表现出不同寻常的坚持与敏感，要达到攻心的目的，实现讯问的策略目标，讯问人员必须审时度势，宽严相济，既不能从头到尾只有和气的规劝，也不能一味施加压力。在运用攻心为上策略时，必须同时具备以下两个条件：①必须有"罪责"这个压力条件，即必须使犯罪嫌疑人感到自己的行为触犯了刑法，给国家和人民利益造成了危害，应当受到相应的刑事处罚，如果抗拒还将受到严惩。②必须具备"出路"这个条件，即要使犯罪嫌疑人感到如实交代罪行是他开始新生活的第一步，也是唯一的出路，其交代得越彻底，前途就越光明，同时使犯罪嫌疑人能够真切感受到政府和讯问人员挽救他的诚意。

上述两个条件是攻心策略的前提和基础，是取得攻心胜利的基本保证。

（三）攻心的种类

根据攻心内容的不同，攻心为上策略可以分为三种：政治攻心，思想攻心，政策法律攻心。

1. 政治攻心。某些犯罪嫌疑人之所以实施犯罪行为，根本原因就在于其政治观点、政治立场与政府、人民严重对立，这一政治上的敌对，必然导致其在接受讯问的过程中极力对抗、拒不供述。对这类犯罪嫌疑人，能否通过政治攻心挫败其狂妄嚣张气焰，转化其敌视对抗心理，成为讯问工作成败的关键。

政治攻心的主要方法有：①揭黑幕，即揭露犯罪组织内部人员的丑陋关系和丑陋行为，揭发其打着"为国为民"的幌子，实则受名利和权势欲望的驱使从事损害国家人民利益的勾当的真面目。②揭矛盾，加剧其内部争斗。③巧用证据，使其对罪恶活动的本质无法抵赖。④促分化，对不同态度、不同地位、不同涉案程度的犯罪嫌疑人区别对待。⑤做好形势教育，以社会发展的现实成果和历史趋势，批驳其错误认识，阐明我方政治观点和政治立场的正确性、正义性。

某些思想反动、缺乏罪责感的犯罪嫌疑人，在接受讯问时还常常故意与讯问人员争论，以制造僵局，这对于讯问工作的开展极为不利。对此，在采取政治攻心策略时，应注意以下几点：①讯问前应当有所准备，一旦出现此类征兆，讯问人员要及时抢得主动权，竭力避免与其就某一观点作无谓纠缠，形成讯问僵局。对犯罪嫌疑人的教育要恰如其分、得当适度，发问言词要严密谨慎，使犯罪嫌疑人无可乘之机。②要及时识破犯罪嫌疑人制造纷争的伎俩，迅速戳穿和反击，不使其得逞。③在方法上要以柔克刚，沉着冷静，在动之以情、晓之以理上下功夫，切忌一遇挑衅就着急气恼、情绪失控。④要分析犯罪嫌疑人对抗心理形成的原因，有针对性地进行正面教育，抓住其弱点，做好思想疏导工作。

2. 思想攻心。思想攻心是缓解和消除犯罪嫌疑人对抗心理的基本策略，适当、有效地运用这一策略，对于促使犯罪嫌疑人坦白交代罪行有着极为重要的意义。对抗心理是犯罪嫌疑人在讯问过程中比较普遍存在的一种供述心理障碍，但不同犯罪嫌疑人对抗心理的强弱程度不同，持续时间不一，其内心动因和表现形式也不相同。因此，采取思想攻心时，应当根据具体案件中犯罪嫌疑人的个体情况，区别对待。具体而言，思想攻心可以分为情攻心、理攻心和势攻心：

情攻心，是指对犯罪嫌疑人的情感进行调动和感化，使其向有利于如实供述的方面转化。情感是人类行动的起因和重要动力源泉。讯问实践表明，对犯罪嫌疑人施用情感刺激与感化的谋略方法，能够较为有效地转变其态度，促其如实供述罪行。这种情感感化有三种形式：①教育感化。即通过深入的情感交流进行思想教育，以矫正犯罪嫌疑人病态的情感体验，纠正其不为社会道德认可的情感追求，激发、唤起其尚存的善良情感和内心良知。②态度感化。即讯问人员以真诚的态度对待犯罪嫌疑人，尊重其人格，使其感受到讯问人员帮助、挽救他的诚意，以取得其信任。③生活感化。即讯问人员在积极追讯的同时，真诚地从生活上关心犯罪嫌疑人，在法律和政策允许的范围内，尽量满足犯罪嫌疑人在生活上的一些基本要求，使其感觉到讯问人员对自己的关心是真诚而实际的。这三种感化在讯问中应当相互结合使用，以教育感化为主，同时辅以态度感化和生活感化。

理攻心，是指运用科学知识和全社会公认的道理，对犯罪嫌疑人进行宣讲、论说，以矫正其价值取向，提高其思想认识，促其如实供述罪行。在进行理攻心时，一方面要对犯罪嫌疑人阐明犯罪与证据的客观联系，即犯罪行为必然会留下痕迹物证和心理印迹，形成证据；如果有人为掩盖罪行而伪造或者毁灭证据，往往又会形成新的证据。这些都是不以犯罪分子和办案人员的主观意志为转移的客观事实，而且刑事技术的发展又使这些证据能够被侦查机关发现和利用，据以查明相关的案件事实。另一方面，要揭露和批驳犯罪嫌疑人违背公理和正义的思想、行为；运用雄辩的事实和道理，向犯罪嫌疑人陈明利害，指明前途和出路；引导犯罪嫌疑人服从真理和正义，弃恶从善，重新做人。

势攻心，是指通过营造某种情景，渲染某种气氛，形成对我有利的局势、声势，或运用当前的形势，向犯罪嫌疑人施加强大的心理压力，促使犯罪嫌疑人转变思想态度，作出如实供述。包括：局势攻心，即强化讯问力量，组成强大的讯问阵势，适当加大讯问频率，斗志旺盛地显示出必胜的信心和决心，使犯罪嫌疑人处于无法招架的局势；声势攻心，即造成破案声势，使犯罪嫌疑人感到同案犯纷纷落网并已在先坦白检举，自己处于四面楚歌的境地，继续顽抗已毫无意义；形势攻心，即以犯罪嫌疑人能耳闻目睹的事例说明当前社会发展的大好形势，感染犯罪嫌疑人，以侦查机关打击犯罪的大好形势和专项斗争的显赫战果，震慑犯罪嫌疑人，促使其决心与犯罪营垒决裂，改邪归正。

3. 政策法律攻心。"惩办与宽大相结合""坦白从宽，抗拒从严""宽严相济"等，是我国重要的刑事政策。多年的实践证明，在讯问工作中坚持运用刑事政策教育犯罪嫌疑人，对于分化瓦解犯罪营垒，矫正犯罪嫌疑人的拒供心理，及时获取如实供述和证据线索，查明案件事实真相，具有十分重要的意义。政策攻心的关键是政策依法兑现问题。如果坦白不从宽、抗拒不从严，不能根据具体案情做到严中有宽、宽以济严或宽中有严、严以济宽，犯罪嫌疑人就会把上述政策看成骗取其认罪供述的诱饵，充满反感与不屑。作为侦查机关，在办案过程中，应当将犯罪嫌疑人"坦白"或者"抗拒"的态度、行为体现在讯问笔录或者其他诉讼文书之中，以作为审判机关量刑之参考。

《刑法》《刑事诉讼法》及有关的司法解释是司法机关办理刑事案件的法律依据，其中规定的一些制度和原则，是讯问中攻心的锐利武器，讯问人员应当灵活运用。比如：《刑事诉讼法》第 55 条规定："……只有被告人供述，没有其他证据的，不能认定被告人有罪和处以刑罚；没有被告人供述，证据确实、充分的，可以认定被告人有罪和处以刑罚……"对那些自认为不供述就不能定其罪的犯罪嫌疑人的讯问，可以以此规定进行攻心；《刑事诉讼法》第160条第2款规定："犯罪嫌疑人不讲真实姓名、住址，身份不明的，应当对其身份进行调查，侦查羁押期限自查清其身份之日起计算，但是不得停止对其犯罪行为的侦查取证……"这一规定无疑是讯问拒不交代真实身份的流窜犯时最佳的攻心武器。根据《刑法》第67条规定的自首制度和第68条规定的立功制度，自首和立功的犯罪分子可以获得从轻、减轻处罚，甚至可以免除处罚。对于具有坦白情节的，《刑事诉讼法》第15条规定了"认罪认罚从宽"制度，而且在《最高人民法院关于常见犯罪的量刑指导意见》中，还明确了根据如实供述罪行的阶段、程度及悔罪表现等情况，确定从宽的具体幅度。讯问中向犯罪嫌疑人宣讲上述规定，可以促使犯罪嫌疑人为获得从宽处理而如实供述罪行，同时也有利于深挖犯罪。

(四) 攻心的时机

攻心为上策略并不是任何时候都能收到良好的讯问效果，其实施的关键在于选准攻心的时机。一般而言，攻心的有效时机包括：在我方追讯下，犯罪嫌疑人的对抗意志发生了动摇，但尚存能蒙混过关的侥幸心理的时候；犯罪嫌疑人的伪供不能自圆其说的时候；犯罪嫌疑人的反讯问伎俩被戳穿的时候；使用证据击中犯罪嫌疑人防御体系要害的时候；犯罪嫌疑人承受的心理压力极大，想放弃抵抗但又顾虑重重，正犹豫不决的时候；在我方追讯下，犯罪嫌疑人感到罪恶深重而准备以死抗拒、最后一搏的时候；等等。讯问人员只有抓准了时机，攻心才会取得成效。切忌每次讯问时，都对犯罪嫌疑人泛泛地教育、告诫一番，这不仅毫无效果，反而会使犯罪嫌疑人以为我方尚未掌握其犯罪证据，只能进行苍白的说教和威胁，从而助长其对抗讯问的嚣张气焰。

二、震慑占先的策略

(一) 震慑占先策略的概念和意义

震慑占先策略，是指讯问人员在讯问中发出能够产生强烈效应的信息，使犯罪嫌疑人感到对手强大、实力雄厚，自己难以抗衡，对抗意志被削弱，讯问人员顺势在讯问对抗中占得先机、取得主动，迫使犯罪嫌疑人不得不如实交代。这种强烈效应的信息包括：侦查机关对查明案件事实真相的办案决心；触及案件关键问题的画龙点睛的语言；严肃有力的利害权衡与前途出路教育；某个确凿有力的证据；等等。

在讯问对抗中，谁取得了主动权，谁就能有效地引导讯问发展的方向，掌控讯问发展的进程。如果犯罪嫌疑人在接受讯问的过程中反而占得先机，取得了主动，则会严重阻碍讯问工作的顺利进行，并极大地损害侦查机关的执法形象，破坏讯问工作的严肃性和权威性。一般来讲，由于讯问人员与犯罪嫌疑人在法律地位上的差异，讯问人员取得讯问的主动权是相对容易的。但是，仅仅通过前期的侦查工作，侦查机关往往还不能收集、取得充分确凿的案件证据，再加上有的犯罪嫌疑人心存侥幸，深信自己的反侦查能力和反讯问能力，或者自恃"关系网""保护伞"对自己的庇护，在讯问中的对抗意志极强，使得有时对讯问主动权的争夺十分激烈，并成为决定讯问成败的关键。而采取种种策略手段对犯罪嫌疑人进行心理震慑，则是削弱其对抗意志、取得讯问主动权的有效途径。

(二) 震慑占先策略的适用范围

讯问人员由于同犯罪嫌疑人在法律地位上存在本质差异而往往具有一定的优势心理，并且，讯问人员的工作以国家强制力为后盾，拥有更多的对抗资源，因此，在许多案件的审理过程中，讯问人员一开始就掌握了讯问的主动权。在此情形下，就不宜使用震慑占先策略，尤其是对畏罪心理、悲观心理较重的犯罪嫌疑人以及自首的犯罪嫌疑人，如果进行心理震慑，不仅得不到好的效果，反而会增加其本已过重的心理压力，或者造成其心理上的排斥与反感，给讯问工作的开展带来不利影响。因此，只有面对侥幸心理较重，对抗意志较强，积极与讯问人员争夺讯问主动权的犯罪嫌疑人时，或者讯问人员发现主动权有可能易手的情况下，才适宜运用震慑占先策略，而且讯问时还应将这一策略作为首选。

(三) 震慑占先策略的种类

1. 敲山震虎。对一些气焰嚣张的犯罪嫌疑人，讯问人员可以深入地分析他最敏感、最担心的问题是什么，进而针锋相对，采取迎头痛击的策略行动，作义正词严的警告或有力的揭露、批驳，还可画龙点睛地表示已掌握确凿的证据，使色厉内荏的犯罪嫌疑人受到震慑，不得不重新对双方的力量进行评估，对抗拒的后果进行预测，进而转变接受讯问的态度。

2. 先发制人。在讯问一开始，讯问人员可以首先发动进攻，争取旗开得胜，在关键问题上突破犯罪嫌疑人的防线；继而陆续开展攻势，使犯罪嫌疑人处于疲于应付的局面，使我方始终处于主动、有利的态势，这无疑是上乘之策。当然，在案情不明朗、证据欠充分的情况下，或者是在犯罪嫌疑人编造成套谎言但有把握予以戳穿的情况下，也可先让犯罪嫌疑人充分表演，促其暴露，讯问人员之后选准薄弱环节,在适当时机发起反击,这种后发制人的策略同样有效。

3. 攻其无备。在讯问对抗中,讯问人员可以利用犯罪嫌疑人的思维空隙,乘其对某一问题没有防备,来不及周密构思狡辩方案的有利时机,突然集中火力进行追讯,使犯罪嫌疑人的心理失去平衡,在心慌意乱中错误频现,从而被我方进一步抓住弱点、彻底击败。虽然这一策略适用于讯问的各个阶段和各个环节,但必须注意充分发挥其在讯问初期的运用效果。因为此时犯罪嫌疑人刚被羁押,环境发生了急剧变化,思想处于惊慌不安的混乱状态,并且对自己犯罪事实的暴露情况和侦查机关掌握证据的底细知之甚少,还难以建立起稳固而周密的防御体系,一旦讯问人员进行突击讯问,容易突破缺口,促使其供述部分犯罪事实,从而取得主动权,为查清全案打下基础。攻其不备的具体做法是:对一些较为重大或关键性的问题,或作连珠炮式的提问;或尖锐地揭露矛盾,批驳伪供;或出示有力证据,使犯罪嫌疑人措手不及,不得不作出如实供述。

4. 引而不发。在讯问过程中,讯问人员可以显示出胸有成竹、证据在手、胜券在握的态势,时而作出指向明确的有力提问,时而用含蓄语、双关语作画龙点睛的提问,而并不具体出示证据,使犯罪嫌疑人意识到侦查机关很可能已经查明了案件事实,掌握有证据,但又无法判断具体情况,心里更加惶恐不安,只好如实交代。需要注意的是,运用这一策略提问时,问题的预设必须真实,要建立在一定证据或正确判断的基础上,使这些提问所传递的信息能够切实产生强烈效应,取得震慑效果。

**三、制造错觉的策略**

(一) 制造错觉策略的概念

制造错觉策略,是指通过传递某种信息,使犯罪嫌疑人对讯问的战略意图、进攻目标、证据底细等产生错误的判断,因而在防守重点、防守方向上作出失误的决定,甚至在错误判断的影响下,放弃对追讯的抵抗,讯问人员正好乘机攻下一些关键、要害问题,为查破全案奠定坚实的基础。在讯问过程中,讯问人员主要是通过设置某种讯问环境、营造某种讯问气氛或是利用模糊性言语、神态、表情以及某种活动的暗示,向犯罪嫌疑人传递使其产生错误判断的信息。

心理学认为,错觉是人对客观事物主观歪曲的、不正确的知觉。错觉是由生理和心理的原因引起的,人的感觉器官、传入神经、大脑皮下和皮层中枢共同组成的分析器内部的相互作用,感知的可选择性,当前知觉与过去经验之间的矛盾或者思维推理上的错误等因素,都是产生错觉的原因。在讯问过程中,犯罪嫌疑人由于与外部环境的联系被中断，加之受审时情绪紧张恐惧，往往导致其对讯问人员发出的信息甚为敏感。在这种情况下，讯问人员经过巧妙安排，可以使犯罪嫌疑人产生错觉，对讯问的形势、讯问人员掌握证据的情况作出错误的判断，从而在趋利避害心理作用下，对自己的罪行作出如实供述。由此可见，在讯问过程中正确运用制造错觉策略，将极大地促进讯问目的的实现。

（二）制造错觉策略的适用范围及错觉的种类

1. 制造错觉策略的适用范围。制造错觉策略一般是在讯问人员掌握证据不够充足，犯罪嫌疑人侥幸心理严重，不见证据不交罪的情况下运用。在这种情况下，讯问人员必须有意识地促使犯罪嫌疑人产生某些错觉心理，破坏犯罪嫌疑人原有的心理平衡，才能较为有效地改变其对抗讯问的消极倾向，促其形成供述动机。

2. 讯问中犯罪嫌疑人错觉的种类。犯罪嫌疑人在讯问过程中产生的错觉可以分为三种：

（1）对讯问人员追讯意图的错觉。例如，讯问人员需要追讯的目标本是 A 罪行，但由于运用了制造错觉策略，使犯罪嫌疑人对讯问人员的追讯意图产生错觉，以为讯问人员追讯的是 B 罪行，从而对 B 罪行作出如实供述，或者竭力对 B 罪行进行掩盖，结果疏忽了对 A 罪行的防范，不经意间暴露出 A 罪行的某些事实和情节，给讯问人员突破 A 罪行提供了有利的条件。

（2）对讯问人员掌握证据情况的错觉。在讯问人员掌握的证据材料并不充足，或者某些重要罪证未被掌握的情况下，通过运用制造错觉策略，使犯罪嫌疑人产生讯问人员已掌握犯罪证据的错觉，从而侥幸心理被瓦解，只得如实供罪。

（3）对同案犯罪嫌疑人供认状况的错觉。虽然同案的其他犯罪嫌疑人尚未作出交代，但讯问人员巧施制造错觉策略，使犯罪嫌疑人形成同案犯已供并出卖自己的错觉，因而不再心存侥幸，并在报复心理的支配下，积极交代罪行，检举揭发同案犯。

（三）制造错觉的方式

1. 虚实并用，以虚求实。在讯问过程中，讯问人员可以选择一些与犯罪嫌疑人犯罪有关联的人、事、物等信息，采用旁敲侧击的方法，或明示或暗示地传递给犯罪嫌疑人，使犯罪嫌疑人感觉到讯问人员已经掌握自己的犯罪情况，因而不得不供。这里的关键是，虚要有其形，貌似真；实要匿其势，不能让犯罪嫌疑人摸清底细。因此，讯问前，讯问人员一定要设法多掌握一些确实可信的材料，包括案件的间接信息或者案件中确实的细节信息等，使讯问中无论是虚显还是实示均能游刃有余，对犯罪嫌疑人施加足够的心理压力。

2. 运用模糊性语言提问。在讯问过程中，犯罪嫌疑人对讯问人员的问话、态度、行为举止等都极为警觉注意，试图从中探知侦查底细。同时，为了逃避或者减轻罪责，他们又总是希望或者不希望某种结果发生。讯问人员可以针对犯罪嫌疑人的这一特殊心理状态，以模糊性语言提问，使犯罪嫌疑人在自己心理定向的影响下，不自觉地作出错误的理解和判断，从而强化他们罪行已经暴露的意识，促其如实供述。

3. 通过暗示给犯罪嫌疑人造成某种错觉。这是用含蓄、间接的方式传递某种信息，使犯罪嫌疑人对此产生多极的联想反应，得出讯问人员期望的结论，从而影响其心理状态，使其接受一定的信念，并按一定的方式行动。犯罪嫌疑人在心理失衡、情绪过度紧张的情况下，更容易接受暗示。暗示既可以由讯问人员以言语、举止等进行，也可以通过设置特定的讯问情境来实施。

（四）制造错觉的具体策略

1. 声东击西。讯问中，率先佯攻某一侧面制造假象，吸引犯罪嫌疑人对此集中注意力防守，然后对犯罪嫌疑人放松戒备的另一侧面突然进攻，使其猝不及防，从而趁机攻取既定的讯问目标。声东击西的运作要领是：一要示假而隐真。选择适当目标进行佯攻，并深追细问，充分吸引犯罪嫌疑人的防守注意力，而对真正进攻的目标严密隐蔽。二要乘虚而入。当犯罪嫌疑人疲于应付佯攻，思想迷惘混乱时，讯问人员应迅速改变追讯方向，乘隙对原定的进攻目标实施猛攻，使犯罪嫌疑人顾此失彼而不得不如实招供。

2. 攻城打援。在讯问工作中，为了攻下某一目标，可先行进攻犯罪嫌疑人会极力辩解的另一目标，在其急于编造、罗列事实和理由的狡辩中，必会暴露出案件的某些真实情况，或产生某些矛盾，这些情况与矛盾能成为进攻原定目标的有力依托，并可助力最终攻克原定目标。这种攻其必救的讯问策略，能把犯罪嫌疑人引入对实施围歼更为有利的境地，切实让讯问人员掌握讯问主动权，加大获胜把握。

3. 移花接木。讯问人员设法使犯罪嫌疑人对讯问方掌握证据的来源和底细作出错误的判断。对于讯问方从甲处获得的证据，让其误以为是从乙处获得；对一些讯问方尚未掌握的证据，让其误以为已被掌握。因而无法正确把握防守的重点和方向，做出失误的行动，导致防线崩溃，最终不得不如实交代。犯罪嫌疑人的犯罪行为发生在社会上，其活动信息和犯罪证据可能从多种渠道为侦查机关所掌握，这些渠道包括：现场勘查；知情群众检举；被害人告发；同案犯交代；外线侦查发现；秘密力量报告；等等。证据来源不同，对犯罪嫌疑人心理的威慑力大不相同。比如，同案犯交代，威慑力大于群众检举；知情多的亲信同案交代，威慑力又大于一般同案犯的交代；等等。让犯罪嫌疑人产生错误的判断，认为证据是从对自己威慑较大的方面获得的，将大大提高讯问效果，有利于突破一些重大的关键性问题。运用移花接木策略应当注意的是：所揭露的案件事实必须真实可靠；只能用适当的方法，使犯罪嫌疑人自己产生错误的判断，不能指鹿为马地歪曲事实；不能明确表明证据材料的来源。

（五）运用制造错觉策略应注意的问题

1. 制造错觉策略的运用，应当建立在讯问人员对案情和犯罪嫌疑人心理状态正确分析，并且掌握一定数量的可靠证据的基础之上，不得罔顾具体案情，脱离实际情况，以主观猜测和假设去制造错觉，或以虚构捏造的事实去暗示犯罪嫌疑人。否则，极易使犯罪嫌疑人摸透讯问意图，强化拒供心理，或者演变为指名指事问供、引供，进而导致冤假错案。

2. 制造错觉策略的运用，应当在掌握犯罪嫌疑人的个性心理特征和应讯心理状态的基础上，有目的、有步骤地进行。只有因案、因人施计，对症下药，制造错觉策略才能取得成效。

**四、迂回围歼的策略**

（一）迂回围歼策略的概念

迂回围歼策略，是指在讯问中有意识地绕过案件的实质性问题，先从与案件有关联的其他事实情节入手，通过查明这些事实情节以扫清外围，创造条件，当讯问人员最后就案件实质问题发问时，犯罪嫌疑人已无狡辩余地，不得不如实供述。

犯罪嫌疑人受趋利避害本质心理的驱使，在接受讯问的过程中，往往会竭力掩盖自己的犯罪事实，讯问人员如果直接进攻就会使其集中精力、穷尽各种狡辩理由进行防御，从而难以取胜。因此在讯问初期，讯问人员可以围绕要解决的案件核心问题，从侧面提出一些具体问题。这些具体问题表面上看与案件核心无关，但实际上却有着密切的内在联系，而犯罪嫌疑人无法明了讯问人员的真实意图和进攻路线，感受不到威胁，警惕性较弱，回答问题时会不经意地暴露出与核心问题有关的细节。一般来讲，细节问题不易作假，即使作假，也往往会出现各种各样的矛盾，最后不能自圆其说。讯问人员把每个细节问题讯问清楚，逐步缩小包围圈，一旦时机成熟，就连续出击，集中力量突破核心问题，使犯罪嫌疑人既无法回避已承认的事实、又掩盖不住核心情节，最后不得不交代罪行。

(二) 迂回围歼策略的适用范围

1. 讯问人员对犯罪嫌疑人的犯罪事实了解掌握不多，或者所获证据的证明力不强，或者案件材料的可靠性尚有疑问的案件。在对这些案件进行审理的过程中，为避免因侦查机关工作暂时存在不足可能导致的被动局面，讯问人员应当采取迂回围歼策略，由浅入深，由表及里，把犯罪嫌疑人可能狡辩的退路堵死，最终将犯罪嫌疑人置于进退两难的境地，从而突破口供，取得讯问的成功。

2. 虽然讯问人员已掌握确实、充分的证据，但不易正面突破的案件。不易正面突破是指：犯罪嫌疑人已经知道讯问人员掌握了证据，但拒不供述；犯罪嫌疑人非常狡猾，具有反讯问经验，竭力回避要害问题；犯罪嫌疑人畏罪心理严重，不易正面突破。在该等情况下，要取得良好的讯问效果往往需要采取迂回围歼策略：①有利于麻痹犯罪嫌疑人，转移犯罪嫌疑人的注意力，使其放松警惕，按讯问人员的提问如实回答；②有利于减轻犯罪嫌疑人的思想压力，使其放下包袱，循序渐进地交代犯罪事实；③有利于避免讯问中的直接对抗，不致形成僵持局面。

(三) 运用迂回围歼策略的步骤

在讯问实践中，运用迂回围歼策略的通常做法是分步骤依次进行：

第一步，扫清外围，将与案件有关的周围情况问清。即把要追讯的问题范围放大，从间接关系或者次要问题入手进行讯问。只有先把与案件性质或者主要罪行有关的外围问题弄清楚，迂回围歼策略的运用才能取得应有的效果。

第二步，触及关键，将与罪行有关的主要问题问清。即在扫清外围的基础上，逐步缩小包围圈，围绕与罪行有直接关联的问题进行追讯。

第三步，包抄攻坚，直捣核心。即在关联问题均已问清，犯罪嫌疑人可能狡辩的退路均被堵死之后，讯问人员选准有利时机，集中火力追讯案件的核心问题，必要时可采取利用矛盾、使用证据等方法，迫使犯罪嫌疑人彻底交代犯罪事实。

(四) 运用迂回围歼策略应注意的问题

迂回围歼策略能否运用成功，取决于三项条件：①能否切实隐蔽讯问的真实意图和目标；②能否削弱、消除犯罪嫌疑人的戒备和警觉，使其认为所提问题仅仅是无关全案大局的细枝末节，可以如实回答；③能否把握有利时机，适时实施突破。因此，运用迂回围歼策略必须注意以下问题：

1. 运用迂回围歼策略时，讯问人员的提问应具备中立性、针对性和连贯性三个特征。所谓中立性，是指讯问人员的提问从表面上看与案件没有关系或者关联性非常有限，即提问内容不涉及案件的实质，对犯罪嫌疑人不构成直接的威胁，因而不容易引起犯罪嫌疑人警觉，能够使其放松戒备。所谓针对性，是指讯问人员的每一个提问都要有内在的图谋，要善于根据案情巧妙地引入与之有关但又不着痕迹的话题。迂回讯问不是漫无边际的随意闲谈，表面上的中立性是为了缓和气氛，减轻犯罪嫌疑人的心理压力，松弛其戒备，而实际上的针对性则是为了使犯罪嫌疑人在不经意间最终落入讯问人员的圈套。只有表面的中立性而没有内在的针对性，不是真正的迂回围歼，也不可能取得讯问的实效。所谓连贯性，是指讯问人员的每一套提问都应当逻辑严密，层次分明，次序得当。前面的问题为后面的问题作准备，追讯外围问题为追讯核心问题作铺垫，这样一层层地逐渐将犯罪嫌疑人可能进行狡辩的退路堵死。只有讯问人员的提问同时具备中立性、针对性和连贯性这三个特征，迂回围歼策略的运用才能取得效果。

2. 讯问人员在运用迂回围歼策略时，应当明确迂回仅仅是手段，突破案情才是目的。因此，讯问人员在讯问中应当因人而异，审时度势，当迂则迂，当破则破。在穷尽各种其他可能性后，讯问人员应当抓住有利时机发起攻击，直捣案件核心，对全案实施突破，不要总是停留在迂回阶段不敢突破。当迂不迂，势必盲动；当破不破，势必被动。

**五、离间瓦解的策略**

（一）离间瓦解策略的概念

离间瓦解策略，是指在讯问过程中，讯问人员针对犯罪嫌疑人与同案犯、犯罪嫌疑人与其他涉案人员之间的关系，采用"合者使离，亲者使疏"的斗争技巧，促其分化瓦解，互不信任，从而在趋利避害心理的支配下，交代共同犯罪罪行及所知犯罪线索。

离间瓦解策略的运用，关键在于找准矛盾，焦点在于巧妙利用犯罪嫌疑人趋利避害的心理。只要把握住这两点，就能有效地瓦解共同犯罪嫌疑人之间、犯罪嫌疑人与其他涉案人员之间订立的攻守同盟，使他们为了自己的利益而积极主动地交代罪行及所知的犯罪线索，讯问人员得以顺利查清案件的全部事实。

(二) 离间瓦解策略的适用范围

1. 主要适用于共同犯罪案件。在共同犯罪案件中，犯罪嫌疑人为了实现非法目的而纠合在一起，他们往往都是一些极端自私、极端利己的人，分辨是非、权衡利害的标准只有自己的得失。尽管在犯罪的时候，他们因相同的目的结为盟友，看似共担风险，但本质上是互相利用，貌合神离，不可避免地会产生各种矛盾。进入讯问阶段后，他们一方面同病相怜，为掩盖罪行而坚守因共同利益需要所达成的攻守同盟；另一方面，随着讯问的深入，当他们感到个人利益与同案犯利益不能兼顾时，便会采取保护自己、抛弃同案犯的行动，以换取个人的从宽处理。因此，只要是二人以上参加的犯罪活动，一般都具有实施离间瓦解策略的条件。

2. 在非共同犯罪案件中，犯罪嫌疑人为逃避或减轻罪责，与其他涉案人员之间也有可能订立攻守同盟。这一情况虽然给讯问人员查明案件事实设置了一定的障碍，但其他涉案人员如果坚守攻守同盟必然给自己带来重大的法律风险，因此与犯罪嫌疑人之间不可避免地存在利益冲突，这又为讯问人员运用离间瓦解策略提供了条件。

(三) 离间瓦解的技巧

犯罪嫌疑人被抓获隔离后，大多在趋利避害心理的支配下，权衡着交代还是不交代及如何交代的问题。犯罪嫌疑人按照自己的思路算计着，但其行为选择的结果最终又要受制于同案犯或其他涉案人员的行为选择。由于此时他们并无任何交流、沟通的机会，彼此无法对他人的行为选择作出确然性的判断，因此，犯罪嫌疑人难免会陷入左右为难、进退维谷的窘境。讯问中的离间瓦解策略正是建立在犯罪嫌疑人这一系列的矛盾心理之上，通过"离间"，引导其对同案犯或其他涉案人员的行为选择作出当然的判断，而这一判断必然促使犯罪嫌疑人自己选择如实供述。讯问实践中常用的"离间"技巧可概括为"明间"与"暗间"两大类：

1. "明间"。"明间"，即讯问人员在讯问中，运用离间意图明确的言语揭露矛盾或说服教育，必要时配合使用证据，令犯罪嫌疑人产生同案犯或其他涉案人员已经交代问题的认识。这类技巧，一般用于案情简单、证据确实、共同犯罪嫌疑人之间存有矛盾、犯罪嫌疑人易被说服的情况。主要方法如下：

(1) 运用证据促动。即选用有较强证明力的证据，揭露其认为只有自己与同案犯或其他涉案人员才知道的某一犯罪或某一情节，打破其坚守攻守同盟的心理。如责令声称已彻底交代的犯罪嫌疑人供述某次隐罪、指出其具体的作案手段等。运用此法时，所用证据尤其是犯罪嫌疑人同案犯的供述，必须事先查证属实，以免因不准确、不真实而弄巧成拙。

（2）利用矛盾促动。即列举犯罪嫌疑人与同案犯之间在被抓获前后实际存在或可能具有的思想、行为或利益上的冲突及口供的不一致，以动摇彼此的信任。如列举他们之间的观点分歧、分赃不均、利己害人、推卸罪责等事实，以分化瓦解他们。该法的实质是发现和利用矛盾。为此，应做好审前准备，找出他们之间可被利用的冲突，并结合有关证据，确定判断口供真伪的基点。

（3）晓以事理促动。即揭示犯罪嫌疑人与同案犯或其他涉案人员之间互信互义的虚伪和攻守同盟之脆弱，说明交代与揭发对于犯罪嫌疑人争取最佳处理结果的必要性。说理必须针对犯罪嫌疑人的思想症结，其内容与方式应当契合犯罪嫌疑人的文化程度与过往经历。

（4）运用相关案例侧击促动。即在教育犯罪嫌疑人的过程中，选讲"共同犯罪，罪责相近，但态度不同，处理各异"的实例，以起到激发和告诫的作用。所选案例，最好在成员状况、案件性质、犯罪后果等方面或其中的某一方面与犯罪嫌疑人有相似之处。同时，应正反结合，既树立交代从宽的榜样，又有抗拒从严的典型。

（5）有意强调隐瞒后果促动。即指出犯罪嫌疑人如果不主动配合，讲出实情，就会失去从宽机会，受到从重处罚的可能性。当然，这种"强调"并非肆意夸大，必须受"以事实为根据，以法律为准绳"这一法律原则的规制，并以促使犯罪嫌疑人产生怨恨同案犯的心理为目的。

（6）贬彼褒此促动。即通过否定犯罪嫌疑人的同案犯，肯定、鼓励、激发该犯罪嫌疑人，促使其交代。如可借犯罪嫌疑人犯罪前较好的工作或生活表现，犯罪中可以理解的特殊原因，或犯罪后较好的应讯态度，说明其具备相较于其他犯罪嫌疑人更有利的从宽条件，激励其为争取从宽处罚而交代。

（7）借彼激此促动。即用同案犯的较好表现，激发所审犯罪嫌疑人。如渲染其同案犯交代罪行的主动性、彻底性和争取从宽的决心，巧妙地将竞争机制引入到讯问中，促使受审犯罪嫌疑人为避免落后、争取主动而积极交代。运用该法时，应注意结合具体案情向受审犯罪嫌疑人渲染其同案犯表现，以增强可信度。

（8）以静制动促动。即在一段时间内，停止讯问态度顽固的犯罪嫌疑人，而频繁提讯其他同案犯，促其产生同案犯正在交代的疑惑，待其感到焦虑不安时，再突然讯问。当然，在"冷置"阶段，也要有意识地向犯罪嫌疑人传递讯问人员正在其他方面加紧讯问攻势并卓有成效的信息。同时，再度续审时，还应及时结合其他方法，加重其猜疑心理，进而促其交代。

以上"明间"法的优点在于运用方便，作用直接。但也应注意：①"明间"言语明确但非轻率，简单但要有力、有理、有利，能使犯罪嫌疑人感受到"同案犯或其他涉案人员的威胁"；②"明间"方法虽直接但非随意，应适时、适度，宜于促使犯罪嫌疑人作出如实供述的选择。

2. "暗间"。"暗间"，即讯问人员在讯问中，不直接表明"离间"的意图，而借用含蓄的言语、有关的物品、象征性的动作等予以暗示，向犯罪嫌疑人传达具有引导作用的隐含信息，以产生"离间"效果。这类技巧一般用于案情复杂、犯罪嫌疑人狡猾或证据较少的情况。

（1）笔录暗示法。即有针对性地向犯罪嫌疑人出示其同案犯口供的一部分，促其产生全部情况均已暴露的错觉。运用此法应注意：一是要巧选出示内容；二是不能把笔录交给犯罪嫌疑人自行阅看，应由讯问人员手持笔录展示，以免情况过多暴露。

（2）言语暗示法。即在讯问中含蓄运用与案情密切相关的语言，使犯罪嫌疑人产生同案犯已供的意识。这里所用的语言，可以是只有同案犯才知的某句话或某个语言片断，也可是某个犯罪情节。进行言语暗示，应当精选具有一定含蓄性和模糊性的关键词语，并且表达的语气要肯定。

（3）物品暗示法。即在讯问中适时使用某一物证或与案件有关的物品向犯罪嫌疑人示意，使其认为同案犯已供。出示有关物品应结合其他方法，巧妙地进行铺垫，并把握好时机，以增强该等物品与犯罪嫌疑人同案犯已交代罪行之间的关联性。

（4）动作暗示法。即用身体动作形象地表示出某个与犯罪有关的物品，或动态地"再现"犯罪过程的某一情节，而这样的物品或情节在犯罪嫌疑人看来，原本只有同案犯或其他涉案人员知情。此法运用前，讯问人员须先用有声语言引起犯罪嫌疑人注意。其动作所表现的物品或情节，无论是已经查证的实物或案情，还是仅仅根据同案犯供述、其他涉案人员证词或勘查、鉴定所作的分析推断，都应关键、可靠，且形象易懂。

（5）纸条暗示法。即迫使犯罪嫌疑人给同案犯写纸条，使同案犯通过对纸条信息的理解形成该犯罪嫌疑人已供的误解。纸条的内容可以是"×××，我已经向政府说了实话，你也把实话说了吧"或"我已经把你的事都告诉了政府，你赶快争取从宽吧"，等等。这种方法，一般在犯罪嫌疑人表示已经交代或愿意交代而内心并无实供之意时使用，如该犯罪嫌疑人犹豫或坚持不写纸条，说明其有隐罪，可以符合情理地继续追讯；如写了纸条，又可以据此离间其同案犯。

（6）见面暗示法。即有意为犯罪嫌疑人创造见到同案犯的机会，并借此促其生疑。如讯问人员在约定时间将犯罪嫌疑人从监室提出讯问，让其见到刚从讯问室出来而神情轻松甚至得意的同案犯（可通过讯问中的谈话内容调控该同案犯之情绪），犯罪嫌疑人因此怀疑同案犯已作出供述并获得了从宽处理的承诺。待犯罪嫌疑人受审时，再进一步用轻松、自信的言语渲染这种气氛。此法与其他方法结合运用更易奏效。

"暗间"法的长处是能够以虚求实、以少获多，故运用时须做到：①所传达的信息含蓄但不隐讳，能使犯罪嫌疑人领悟、接受；②传达的方式巧妙而不直露，点而不透，促而不急，在给犯罪嫌疑人施加必要压力的同时又留下坦白机会，随其自便，以隐己露彼。

（四）运用离间瓦解策略应注意的问题

1. 离间要以事实为根据。共同犯罪嫌疑人之间、犯罪嫌疑人与其他涉案人员之间的矛盾是客观存在的，讯问人员不能凭空捏造，不能无的放矢，不能搞变相的引供、诱供。

2. 离间瓦解要防止犯罪嫌疑人互相推诿、嫁祸于人，或自感无望、消极对抗。

3. 在离间犯罪嫌疑人与其同案犯或其他涉案人员之间的关系、瓦解其攻守同盟时，注意不要出现言语失误，避免出现讽刺挖苦的语言。

六、将计就计的策略

（一）将计就计策略的概念

将计就计策略，是指在讯问过程中，讯问人员明知犯罪嫌疑人在施展反讯问伎俩，却并不立即制止，而是假装中计，让其进一步表演、暴露，待时机成熟时，再一举戳穿，发起进攻，促使犯罪嫌疑人如实供述。

由于将计就计策略的运用，讯问人员在讯问时并不急于批驳犯罪嫌疑人的谎供、伪供，因而常能麻痹犯罪嫌疑人，使其产生讯问人员已经中计的错觉，从而有利于松弛犯罪嫌疑人的戒备心理，使讯问人员能够以此为契机，采取其他讯问对策突破犯罪嫌疑人的口供。同时，由于讯问人员表面上顺应和迎合犯罪嫌疑人的狡辩，犯罪嫌疑人为进一步强化对讯问人员的误导，往往又会在有意无意中说出一些其原本不想暴露的问题，从而有利于深挖犯罪。

(二) 将计就计策略的适用范围

由于将计就计策略是将犯罪嫌疑人施展的反讯问计策作为讯问人员施计的前提和基础，所以，将计就计策略只能对那些在讯问过程中施展反讯问伎俩的犯罪嫌疑人适用，而不能针对其他犯罪嫌疑人。例如，危害国家安全的间谍人员大多受过专门的反讯问训练；累犯、惯犯在长期的犯罪经历中以及在多次与侦查机关交往对抗的过程中，积累了丰富的反讯问经验。他们在讯问过程中，受侥幸、对立等拒供心理支配，往往会施展反讯问伎俩，对讯问人员施计用策。讯问人员即可在此基础上将计就计，促使犯罪嫌疑人充分暴露，最后作茧自缚，被迫如实交代。

(三) 将计就计策略的运用方法

如前所述，将计就计策略的运用前提是犯罪嫌疑人在讯问过程中对讯问人员施计，为此，讯问人员在运用该讯问策略时，必须创造一个宽松、和缓的讯问环境和讯问气氛，使犯罪嫌疑人敢于施展反讯问伎俩。在讯问时，讯问人员首先应充分识破和了解犯罪嫌疑人反讯问的计谋、行为，有针对性地谋划"计中计"；其次要假装中计，对犯罪嫌疑人的谎言、狡辩故作不知，有时甚至还要顺水推舟地附和几句，佯装上当受骗，误入对方圈套；再次要促其暴露，使犯罪嫌疑人放肆地表演，等他们谎话讲尽、矛盾充分暴露时，再堵塞退路，防止其事后以口误为由进行推卸；最后要有力反击，戳穿谎言，揭露事实真相，使犯罪嫌疑人切实认错，进而乘胜追击，突破犯罪嫌疑人编造谎言所掩盖的重大问题。

(四) 运用将计就计策略应注意的问题

1. 讯问前，讯问人员应当对犯罪嫌疑人的基本情况作深入了解，分析、判断其能否成为将计就计讯问策略的适用对象。

2. 在讯问过程中，讯问人员要善于发现犯罪嫌疑人的反讯问伎俩。当发现犯罪嫌疑人在施展计谋时，讯问人员应善于自我控制，暂不戳穿和批驳，设法让犯罪嫌疑人充分表演，以创造条件，使将计就计策略能够成功实施。

以上所述是一些常用的、重要的讯问策略，而各类讯问策略并不是相互割裂的。在讯问过程中，讯问人员应当根据案件和犯罪嫌疑人的不同情况、不同特点，选择最为恰当的讯问策略或讯问策略组合，灵活运用，以期取得最佳的讯问效果。

## 第四节　讯问的辩证施策

不同类型的讯问策略有不同的效能，单纯运用一种策略往往只能在某一方面、从某一角度对犯罪嫌疑人的应讯心理施加影响，通常还难以使其彻底屈服、全面招供。讯问人员必须综合不同的讯问策略，辩证地加以运用，使不同策略的效能互补，产生"一加一大于二"的叠加效应，才能更有效地打破犯罪嫌疑人对抗讯问的思想防线，取得最佳的讯问效果。

### 一、攻心夺气与攻城兵战相结合

攻心夺气，是指开展心理攻势，打击犯罪嫌疑人对抗讯问的嚣张气焰，摧垮犯罪嫌疑人拒不供述的心理防线，使其转变应讯态度认罪伏法。攻心夺气是以解决阻碍犯罪嫌疑人如实供述的心理症结和思想顾虑为核心，从而打开讯问局面的斗争策略。

攻城兵战，是指对犯罪嫌疑人坚守而拒不如实供述的重要案件事实，采用短兵相接的强攻直接实施突破，为全盘获胜扫清主要障碍的正面进攻策略。在讯问实践中，通常采用批驳伪供、揭露矛盾、使用证据等针锋相对的做法实施攻城。

攻心夺气与攻城兵战相结合，符合辩证唯物主义对立统一规律。内因是事物发展变化的根本原因，外因通过内因而起作用。通过攻心夺气，解决了犯罪嫌疑人思想变化的内因，再施以攻城兵战的外因，加速犯罪嫌疑人应讯心理的良性转变，其拒供防线更容易被摧毁。

讯问实践证明，成功的攻心，能有效地摧毁犯罪嫌疑人拒供的精神支柱，使其真诚悔悟，决心痛改前非。在此情况下，讯问人员往往无须出示证据，就能获得犯罪嫌疑人对重大问题的认罪供述，乃至主动彻底地交清罪行。而单纯依靠使用证据，还难以从思想上真正降服犯罪嫌疑人，往往只能获得"挤牙膏"式的进展，甚至可能出现犯罪嫌疑人在证据面前仍矢口抵赖的局面。

不过，基于讯问双方的目的关系从总体上来讲是冲突的，单纯依靠攻心有时还难以促使犯罪嫌疑人根本转变思想，如果没有一定的外在压力，让犯罪嫌疑人感受到我方确有充分的证据材料为后盾，他们仍然会心存侥幸，坚守最后一道拒供防线。因此，实现讯问目的绝不能只是寄希望于攻心劝降，攻城的作用绝对不能忽视。

攻心夺气与攻城兵战相结合，要求讯问人员确立"攻心为上，攻城为辅"的策略思想，既要强化攻心夺气，建立获胜的思想基础，又应当在适当时机，在关键问题上，巧妙地使用证据，利用矛盾，造成兵临城下之势，通过多方施压突破犯罪嫌疑人固守的防线，促其彻底交代犯罪事实。

## 二、常规推进与出奇制胜相结合

常规推进，是指用通常的步骤、程序或者按照犯罪嫌疑人思想发生、发展、变化的规律，循序渐进地讯问犯罪嫌疑人。出奇制胜，是指在讯问的适当时机，在关键问题上对犯罪嫌疑人进行出其不意的奇袭式提问。在讯问中既要做好正面的常规推进，保证讯问的系统性和必要的进度，又要在适当的时机对关键问题采取"攻其无备，出其不意"的奇袭式进攻，以犯罪嫌疑人意料之外的迅猛攻势加快讯问进程，两者妥善地结合，才能取得良好的功效。

讯问是一种斗智斗勇的对抗博弈活动，如果讯问的策略、方法千篇一律，既简单化，又模式化，提出第一个问题时犯罪嫌疑人就知道紧接着的追问内容，那么就难以收到好的讯问效果。因此，讯问人员在根据讯问目标逐步推进的过程中，必须善于捕捉犯罪嫌疑人的思维空隙，在其意想不到的地方和时机发起攻击，使其心理失去平衡，在心慌意乱的情况下作出错误判断，从而被我方挫败。这一策略在突破讯问僵局、打乱犯罪嫌疑人的反讯问防御体系等方面均有着非常重要的作用。

不过，对犯罪嫌疑人出其不意的攻击也应控制在一定范围之内，讯问中不能盲目追求出奇制胜。例如，经常忽东忽西地提问，问得离奇唐突，缺乏基本的逻辑关联，使犯罪嫌疑人对提问内容既无必要的思想准备，又缺乏系统连贯的思考，其供词就必然支离破碎，不尽不实。并且，这种做法往往会使犯罪嫌疑人认为讯问人员在有意为难他，从而导致对立情绪加剧。可见，不必要的问题也用奇袭方式提出，结果必然适得其反。当然，对已经编造好成套谎言的犯罪嫌疑人，按常规渐进提问，只能获得一遍又一遍的重复谎言，应当采用以奇为主的讯问策略，或用奇兵突袭，或用诱敌深入、适时围歼等策略，并结合运用跳跃提问等方法，有效地戳穿其谎言。

常规推进与出奇制胜相结合，一方面要求讯问人员对讯问方法作全盘考虑，安排较多的循序渐进的常规讯问，系统又有条理地向犯罪嫌疑人提出问题，让其思考后作出详细的供述。在入情入理、盘根究底的讯问下，犯罪嫌疑人供词中的矛盾和破绽能较为充分地暴露。另一方面，又要在关键问题上，选择适当时机，奇袭式地向犯罪嫌疑人提问，使其防不胜防，从而突破关键性问题，为进一步深入进行常规讯问消除障碍。

### 三、隐蔽有方与暴露得法相结合

隐蔽有方，是指讯问人员对讯问的战略意图、所掌握证据材料的来源和底细等力求隐蔽，使犯罪嫌疑人无从准确制订反讯问的攻防策略。暴露得法，是指讯问人员巧妙地向犯罪嫌疑人传递一定的信息，使犯罪嫌疑人感到案件事实真相已为讯问人员所了解，侦查机关已经掌握了证据，继续隐瞒和抵赖将是徒劳。

隐蔽和暴露是讯问中一对既对立又统一的矛盾。如果讯问人员对已经掌握的案件信息没有适当的暴露，事事守口如瓶，犯罪嫌疑人就无法从中分析、确认自己反讯问的基础和条件已经丧失，其侥幸和对抗的心理将受不到任何冲击，当然不会如实供述。如果讯问人员暴露过度，其讯问意图、证据来源及底细将因此被犯罪嫌疑人充分了解，这又会为犯罪嫌疑人构建反讯问防御体系提供可靠的依据，从而助长其狡辩、抵赖心理，对讯问工作的开展产生很大的阻碍。

如何将隐蔽有方与暴露得法有机地结合起来，实现应有的策略效用？一方面，讯问人员应当做到谋不外泄，情不外露。讯问人员对掌握的案件事实和证据、对案情的分析判断、讯问计划、讯问策略和方法以及配合讯问的相关手段等，力求隐蔽；对自己的性格、气质、情绪、情感、讯问特点和风格也力求隐蔽。需要注意的是，隐蔽有方并非单纯的消极掩藏。在讯问中开展猛烈的攻势，会使犯罪嫌疑人心慌意乱，疲于招架，处于紧张的思想斗争状态，无暇窥测、刺探我方虚实，甚至无暇从我方发出的信息中分析我方的意图和底细。这种进攻型的讯问，在促使犯罪嫌疑人于激烈的思想斗争中仓皇失态，情不自禁地流露出真情的同时，也能有效地隐蔽我方。另一方面，讯问人员应当做到审时度势，暴露得法。讯问人员应当利用犯罪嫌疑人希望了解自己应讯形势的心理需要，根据具体的讯问情势，适时运用富有技巧性的提问和采取使用证据、利用矛盾、说服教育等方法，向犯罪嫌疑人传递某些可以对其施加积极心理影响的信息，使其在分析、判断应讯形势的过程中，能够意识到讯问人员确已了解案件事实，并获取了有关证据，但又无法窥探到讯问人员掌握证据的全部底细，只好如实交代犯罪事实，争取宽大处理。

另外，隐蔽有方与暴露得法相结合，还要求讯问人员掌握"虚者实之，实者虚之，实者实之，以实为主"的策略技巧。因为虚实颠倒能使犯罪嫌疑人对我方情况产生错误的判断，导致其防御方向和防御施策失误。而"实者实之，以实为主"，则是因为虚实颠倒虽然能在开始时迷惑犯罪嫌疑人，但稍后可能会被其识破，并按虚实颠倒作判断，这样就起不到迷惑的作用。既有虚实颠倒，又有实者实之，才能更有效地误导对方。并且，讯问工作还担负着教育感化犯罪嫌疑人的任务，讯问人员必须"以实为主"，使犯罪嫌疑人对自己产生信任感，使其相信讯问人员进行教育挽救的诚意，从而在讯问工作中争取良好的综合效益。应当注意的是，虚实颠倒只是在战略意图态势上迷惑犯罪嫌疑人，不是伪造情况、捏造证据，绝不能因迷惑犯罪嫌疑人而违背依法、有据、有理的策略原则。

### 四、应张则张与应弛则弛相结合

从被讯问的犯罪嫌疑人方面分析，如果其内心没有一定的心理压力，尚未认识到拒供将给自己带来极为不利的后果，一般是不会如实供述的，尤其是那些罪行严重，犯罪性质、情节恶劣的犯罪嫌疑人，更不会轻易交代。一旦犯罪嫌疑人在讯问攻势的压迫下不得不交代出案件的某个重大问题，其压力也会随之缓解，心理上获得新的平衡。但随着讯问人员进一步提出新的问题，犯罪嫌疑人的心理又会出现新的压力，以此周而复始地变化，直至交代全部案件事实。讯问人员应当掌握和运用这个规律，促其加速演进。

讯问工作中，应该采用"张"的策略而加大压力的情况通常为：对那些有罪而拒不认罪的犯罪嫌疑人，应当指出其罪行的严重性，说明抗拒讯问可能被从重处罚的严重后果；对那些心存侥幸、妄图蒙混过关的犯罪嫌疑人，应加大其谎言被识破的压力，使其对自己的欺骗伎俩丧失信心；对那些罪行极其严重，可能被判极刑的犯罪嫌疑人，也要施加压力，达到"置之死地而后生"的效果，使其感到一线生机的可贵，从而彻底坦白，检举立功，争取从宽处理。

应当采用"弛"的策略而减缓压力的情况通常为：一些畏罪心理过重的犯罪嫌疑人；一些自认为毫无出路，以死相抗的犯罪嫌疑人；一些由于心理压力过重而对前途悲观绝望的犯罪嫌疑人；等等。对这些犯罪嫌疑人应通过客观、详尽地阐明有关法律规定和政策精神，指明出路，唤起其重获新生的欲望，并采取教育疏导等方法，缓解其心理压力，令其放下思想包袱，以积极的态度面对讯问。

就同一犯罪嫌疑人来说，对其讯问的全过程，也应当有张有弛，刚柔相济。应根据讯问各阶段的目的与要求，以及犯罪嫌疑人当时的表现与心理状态，恰当地做到应张则张，应弛则弛，既不能自始至终一味施加压力，没有疏导教育或鼓励，使其因持续紧张而产生排斥；也不能只作苍白无力的规劝、谈心，使犯罪嫌疑人因缺乏必要的压力而处于轻松的状态。

讯问局面的紧张或松弛，通常因讯问节奏、讯问气氛、讯问内容等的变化而变化。讯问节奏是指讯问的频率与缓急的安排；讯问气氛受提问内容的尖锐程度、讯问人员的态度以及讯问环境等因素的影响。其中尤其以讯问内容的影响最为深入、持久。讯问既可以运用以张为主的攻势凌厉的讯问方式；也可以运用以弛为主的讯问方式，通过和缓的疏导与感化，有效地解决犯罪嫌疑人的拒供心理障碍；还可以运用以柔克刚的策略，通过耐心的启发教育和思想工作，把态度顽固的犯罪嫌疑人转化过来。讯问人员必须根据不同的对象、不同的条件，侧重不同地运用刚柔相济和一张一弛的策略，才能收到最佳的讯问效果。

应张则张与应弛则弛相结合，应做到以张为主，以弛为辅，张弛结合，适时适度。增加或者减轻压力要适可而止，张的时候要同时指明出路，弛的时候也要以表明利害关系作后盾。既不能张得过度，也不能弛得太过。张得过度容易形成情绪上的对立，造成僵局；弛得太过容易造成讯问人员底气不足的表象，使犯罪嫌疑人在讯问对抗中获得某些心理优势，而不利于其认罪供述。讯问人员应当根据犯罪嫌疑人应讯心理的变化状况，张弛策略交替使用，直到促其如实供述犯罪事实为止。

思考题：

1. 如何理解讯问策略的意义？讯问策略具有哪些特征？
2. 制定讯问策略的依据是什么？应遵循哪些原则？
3. 简述讯问的辩证施策。
4. 什么是攻心为上的策略？讯问中强调攻心有何意义？攻心的条件是什么？如何运用攻心为上的策略？如何把握攻心时机？
5. 简述震慑占先的讯问策略。
6. 什么是迂回围歼的策略？该策略主要适用于哪些情况？如何运用迂回围歼的策略？运用迂回围歼策略应注意哪些问题？
7. 制造错觉有哪些具体策略？可采取哪些方式制造错觉？
8. 离间瓦解的技巧有哪些？运用离间瓦解的讯问策略应注意哪些问题？
9. 什么是将计就计的讯问策略？如何运用将计就计的讯问策略？

# 第九章 讯问方法

## 第一节 讯问方法的概念和特征

### 一、讯问方法的概念

讯问方法,是指讯问人员为了达成一定的讯问目标,根据讯问策略的部署、指导,针对犯罪嫌疑人在讯问中出现的不同情况所采取的具体战术手段与行为方式。它直接作用于犯罪嫌疑人的心理,促使犯罪嫌疑人接受讯问策略施加的影响,如实供述和辩解。因此,讯问方法是讯问对策体系中的重要组成部分。

### 二、讯问方法的特征

(一)战术性

讯问同军事斗争一样,其对策也有战略和战术之分。讯问策略具有战略性质,它要对一个案件的讯问活动进行总体筹划,是讯问对策的宏观架构;讯问方法具有战术性质,它要在讯问策略的制约、指导下,解决讯问活动中出现的具体问题,是讯问对策的细化方案。因此,讯问策略和讯问方法的关系反映了讯问全部和局部、总体目标和具体目标之间的关系。讯问策略制约、指导讯问方法,讯问方法服从、服务于讯问策略,其有效性受到讯问策略合理性的直接影响。

(二)技巧性

讯问人员开展讯问活动的根本目的,就是要促使犯罪嫌疑人保质保量地提供案件信息。但犯罪嫌疑人出于自我保护的本能,在接受讯问的过程中,必然会极力掩盖案件事实真相,最大限度地控制自己在案件信息方面的贡献。因此,讯问方法作为实现讯问目的的具体战术手段,要促使原本与侦查机关处于冲突地位的犯罪嫌疑人屈服并合作,就必须高明灵巧、超乎寻常,体现出较强的技巧性。

### (三) 直接性

讯问方法是针对犯罪嫌疑人在讯问中出现的不同情况而对其实施的具体战术手段，它直接作用于犯罪嫌疑人的心理，加剧其内心的矛盾冲突，使其权衡利弊后改变应讯态度，做出交代犯罪事实或据理辩解的抉择。

### (四) 应变性

讯问策略具有相对的稳定性，在讯问实施过程中一般不会轻易改变。而讯问方法需要在讯问策略所规定的弹性空间内进行调整，要随着犯罪嫌疑人心理的变化、反讯问伎俩的变化以及案情的变化而不断进行适应性改变，以切合实时、具体的讯问情势。唯如此，讯问人员才能驾驭犯罪嫌疑人，平衡讯问局势，将讯问逐步引向深入，直至达到讯问目的。

## 第二节　说服教育

### 一、说服教育的概念和作用

说服教育，是指讯问人员在讯问中通过刑事政策、法律、前途、理想、形势、道德等教育，促使犯罪嫌疑人转变错误的思想认识和不良态度，正确权衡利害关系，进而如实供述和辩解的讯问方法。说服教育是被运用最为广泛的一种讯问方法，不仅适用于对每个犯罪嫌疑人的讯问，而且贯穿讯问活动的始终。说服教育主要解决犯罪嫌疑人的思想认识问题，它的作用有以下四个方面：

(一) 消除对立

犯罪和追究犯罪是矛盾的两个方面。受趋利避害心理的影响，绝大多数犯罪嫌疑人为了逃避或减轻罪责，在讯问过程中往往同讯问人员持对立态度，不交代或者不如实、不彻底交代犯罪事实。讯问人员通过耐心细致的说服教育，可以引导犯罪嫌疑人换位思考，使其理解讯问人员实施讯问所要实现的目的及要维护的利益，并认可讯问人员对自己真心实意的挽救、帮助，从而建立对讯问人员的信任感，消除犯罪嫌疑人的对立情绪，接受讯问人员履行职责的行为。

(二) 转变认识

受错误的世界观、人生观、价值观的影响，犯罪嫌疑人对法律规范、道德规范和行为规范的认识往往有别于常人，这不仅是犯罪嫌疑人形成和巩固犯罪心理的重要基础之一，也是犯罪嫌疑人在讯问中拒供的重要心理成因。如果这些错误的认识不转变，将直接影响讯问的进程和效果。而讯问人员通过耐心细致、合情合理的说服教育，可以逐步转变犯罪嫌疑人错误、扭曲的世界观、人生观、价值观，使其明辨是非，更新观念，认清前途和出路，削弱、消除其拒供的心理基础。

（三）晓以利害

讯问人员通过说服教育，可以使犯罪嫌疑人认识到自己的行为给国家、社会和他人造成了危害，因而具有可罚性，自己处在受法律追究的地位。在此基础上，通过对刑事政策、法律有关内容的准确阐述，并结合具体的案件情况进行分析、说明，可以使犯罪嫌疑人对自己应当承担的刑事责任、应讯行为与处理结果之间的关联性等形成客观的认识，从而促其明智地对利害得失进行考虑，为了获得从宽处理，选择彻底坦白交代犯罪事实。

（四）提高办案质量

成功的说服教育能使犯罪嫌疑人真诚悔悟，主动、详细、彻底地供述案情，积极检举揭发其他犯罪分子。这样的口供是出自内心认罪伏法的动因，所以较为稳定，极少出现翻供，这是其他讯问方法难以取得的效果。真实而稳定的口供对提高侦查办案质量十分有利。

二、说服教育的原则

（一）依法依理

说服教育必须遵守刑事政策、法律和社会公认的道德规范，不能用欺骗、威逼或其他非法手段进行说服教育。说服教育要言之有理，以理服人，要针对犯罪嫌疑人的思想认识和不良态度，分析开导，循循善诱，切忌强制压服。

（二）有的放矢

犯罪嫌疑人的身份、经历和性格各不相同，犯罪原因、案情轻重以及讯问人员掌握证据的确凿、充分程度各有差异，不同犯罪嫌疑人在讯问期间的思想表现也不一样。因此，说服教育一是要因人施教，针对不同的犯罪嫌疑人采取灵活有效的方法；二是要对症下药，通过对犯罪嫌疑人心理状况的分析，找准其拒供的思想症结，目标明确地开展说服教育。否则，不仅难以转变犯罪嫌疑人的思想认识，还会暴露我方的底细和意图，助长犯罪嫌疑人顽抗拒供的心理。

（三）分寸得当

说服教育不能言过其实，违背政策精神和法律规定，必须实事求是，从犯罪嫌疑人的犯罪事实和心理承受能力出发，以清除影响犯罪嫌疑人如实供述的思想障碍为目的，适时、适量、适度地进行说服教育。说服教育的内容、用语，必须准确恰当，讲究分寸，既不夸大也不缩小，更不能进行恐吓和无原则许诺。夸大会使犯罪嫌疑人产生怀疑与不信任，缩小则不易引起犯罪嫌疑人的重视，无法影响其既有认知，恐吓和无原则许诺则有损政策威信和法律的严肃性，容易使讯问工作偏离正确的轨道。

**（四）贯穿始终**

从本质上来讲，讯问目的是通过说服教育转变犯罪嫌疑人的思想认识和应讯态度，促其在讯问言语互动中与讯问人员进行合作而实现的。因此，对犯罪嫌疑人的说服教育不能有丝毫的松懈，在讯问的整个过程中，应当时刻保持说服教育、促成合作的强烈意识，无论犯罪嫌疑人采取何种态度应对讯问，都要从适当的角度、以适当的方式创造有利于说服教育的条件，一旦时机成熟，即应因人制宜、因势制宜地及时开展说服教育工作。

### 三、说服教育的时机

虽然说服教育应当贯穿讯问活动的始终，但在犯罪嫌疑人接受讯问人员观点的主客观条件尚不成熟的时候，一味地说服教育不仅无法转变犯罪嫌疑人错误的认识、态度，甚至会引起犯罪嫌疑人的反感、轻视。因此，讯问人员在讯问中必须时时观察、分析犯罪嫌疑人的应讯心理，把握恰当的时机进行说服教育，才能取得良好的效果。

**（一）犯罪嫌疑人思想有所动摇时**

讯问中，犯罪嫌疑人与讯问人员的价值取向原本是对立的，追求的目标往往背道而驰。如果讯问内容不能击中犯罪嫌疑人的思想要害，犯罪嫌疑人狡辩的后路没有被堵死，通过说服教育敦促其如实供述，必然是极其困难的。因此，讯问人员对犯罪嫌疑人进行说服教育之前要展开强大的心理攻势，使其切实感受到刑事处罚的现实威胁，怀疑自己对拒供行为后果所做出的利害判断，进而在思想上产生动摇，开始认真、客观地审视讯问人员说服教育内容的正确性。

讯问实践中，"坦白从宽，抗拒从严"的刑事政策和"认罪认罚从宽"的制度规定，是对犯罪嫌疑人进行说服教育最为有利的武器。但如果仅仅以此泛泛地告诫、劝导犯罪嫌疑人，也不会取得好的效果。就犯罪嫌疑人而言，只有在感到犯罪事实已经无法隐瞒的时候，他才会接受有关刑事政策，"认罪认罚从宽"才会成为他追求的目标。如果犯罪嫌疑人认为还有隐瞒的可能，即使他相信"坦白从宽，抗拒从严"能够兑现，也不会自觉供认犯罪事实。因为犯罪嫌疑人有一个趋利避害的共同心理：坦白交代了，即使能够得到宽大处理，总没有隐瞒过去使自己成为清白无辜好，这样既逃脱了法律制裁，又保全了自己的名誉。因此，讯问人员在对犯罪嫌疑人进行说服教育之前，要把精力放在有理有据、逻辑严密的讯问上，放在对犯罪嫌疑人口供矛盾的揭露追讯上，放在有技巧地使用证据揭穿犯罪嫌疑人的谎言上，直到犯罪嫌疑人理屈词穷，狡辩的基础彻底丧失。此时，犯罪嫌疑人在思想上和言行上必然发生动摇，对讯问人员为转变其错误认识所传递的信息才会有较强的易感性，进行说服教育也才能取得良好效果。

（二）犯罪嫌疑人主动要求交代罪行时

在讯问实践中，有的犯罪嫌疑人罪行较轻，愿意坦白交代，以争取从宽处理；有的犯罪嫌疑人虽然犯有严重罪行，但出于悔恨、自责或求生心理，想寻求心理上的救赎并争取从宽处理，在讯问中也主动要求交代犯罪事实。不过受趋利避害心理的影响，犯罪嫌疑人在这些情形下主动交代罪行，还是或多或少地存在着犹豫和观望。讯问人员应当及时通过说服教育强化其交罪心理，促使其如实、彻底地交代犯罪事实，真正符合从宽处理的条件。但要注意的是，有的犯罪嫌疑人主动要求交代犯罪事实并非出于悔过自新，而是摸底试探、避重就轻、骗取信任等心理的外在表现。如果发现这种情况，讯问人员应对犯罪嫌疑人严肃教训，让其端正态度、转变认识，以真诚坦白换取从宽处理。

**四、说服教育的方式**

（一）口头教育

口头教育，是指讯问人员根据犯罪嫌疑人的不同情况，选择不同的教育内容，以口头表达的形式对犯罪嫌疑人进行教育。这是说服教育的主要方式，特点是灵活机动、形式多样。有两种具体做法：一是正面宣讲与正面提问相结合，即讯问人员讲一段，然后向犯罪嫌疑人提出相关问题，让其回答，试探其反应和接受程度；二是正面宣讲与反问、批驳相结合，即通过反问、批驳，使正面宣讲的内容得到论证。口头教育能够奏效的前提是，讯问人员教育的内容要让犯罪嫌疑人理解并能接受。讯问人员在对犯罪嫌疑人进行口头教育时，应由浅入深、由近及远、形象具体，在犯罪嫌疑人感知的基础上逐渐加深认识。

（二）书面材料教育

书面材料教育，是指讯问人员有针对性地选用法律条文、文件、书籍、图片、报刊、案卷等对犯罪嫌疑人进行教育。这种方式由于图文并茂，有论证观点的确切依据，可以增强说服力和感染力，消除犯罪嫌疑人对讯问人员口头教育内容的怀疑，使说服教育的观点更具权威性。运用书面材料进行教育有两种具体做法：一是讯问人员结合教育的内容，及时出示、宣讲相应的法律条文、文件、书籍、报刊、案卷、图片资料、犯罪嫌疑人亲友规劝信件、在押犯现身说法的文章、有关领导的讲话稿等，或者让犯罪嫌疑人自行阅读这些书面材料；二是讯问结束时，指定有关书面材料，让犯罪嫌疑人带回监室学习，下次讯问让其谈感想或交流学习体会。

（三）电化教育

电化教育，是指讯问人员结合说服教育的内容，运用录音、录像、幻灯等电子化手段对犯罪嫌疑人进行教育。这种方式直观、生动、形象、感染力强。讯问中只要条件许可，应尽可能采用。

**五、说服教育的方法**

（一）疏导法

疏导法，是指讯问人员针对犯罪嫌疑人的错误认识进行说理疏导，指出其产生错误认识的原因，提出解决问题的方案。这种方法主要是通过逻辑说理，使犯罪嫌疑人意识到自己错误认识的荒谬与危害，深挖错误认识的思想根源，从而转变应讯态度。讯问人员在逻辑说理时，应尊重客观事实，就事论理，力戒空泛、简单；批驳犯罪嫌疑人的错误认识，应理直气壮、态度鲜明，以明确的论断和准确无误的思想诱导，矫正犯罪嫌疑人的错误认识，消除其误解和疑虑，启发、引导犯罪嫌疑人对应讯态度和应讯行为作出正确的选择。

（二）例证法

例证法，是指运用生动有力的事例对犯罪嫌疑人进行说服教育的方法。生动有力的事实和案例比概括的论证更具感染力和说服力，讯问人员在讯问过程中，应针对犯罪嫌疑人的思想实际和案情实际，列举一些犯罪嫌疑人易于相信和接受的事例，促使犯罪嫌疑人将自己的具体情况与其进行全面的比对、分析，从而自行得出何去何从的结论。讯问人员在举例说明时应尽量选择案情相似、犯罪嫌疑人态度相近的案例，数量也可以多一些，以增强说服的效力。通过举例，讯问人员也要表明自己的态度，加速犯罪嫌疑人的思想斗争，使其最终选择坦白从宽的道路。

（三）利害选择法

利害选择法是指，讯问人员对于犯罪嫌疑人所犯罪行可能受到轻重不同的两种处理的情况，在讯问中分析利害得失及其后果，促使犯罪嫌疑人选择如实供述犯罪事实、争取从宽处理的道路。这种方法是利用人们普遍存在的"两利相权取其重，两害相比趋其轻"的心理规律，通过向犯罪嫌疑人实事求是、恰如其分地分析坦白罪行、有立功表现和拒不交代罪行的利害得失及其后果，促使犯罪嫌疑人得出如实供述对自己更为有利的结论，并作出相应的应讯行为选择。在运用利害选择法时，应注意两个问题：①要认真分析案情和犯罪嫌疑人在讯问中的表现，确定可供利害选择的处理对象。②要客观、全面地剖析利害得失，把我国《刑法》《刑事诉讼法》及有关司法解释规定的从宽、从严处理的量刑原则和幅度讲解清楚，使教育更有说服力。同时态度要诚恳，要让犯罪嫌疑人感受到讯问人员帮助他的诚意，使其按讯问人员的引导客观权衡利害得失，最终选择如实供述犯罪事实，争取从宽处理。

（四）规劝法

规劝法是指，通过犯罪嫌疑人的亲属、朋友、所在单位负责人等对犯罪嫌疑人进行劝告、开导，促使其如实供述和辩解。规劝成功的关键是要选择适当的规劝人员，规劝人员应当符合三个条件：对犯罪嫌疑人犯罪持否定态度；被犯罪嫌疑人所尊敬、信赖，能够向犯罪嫌疑人施加影响；愿意协助侦查机关对犯罪嫌疑人进行规劝。运用规劝法，既可以由讯问人员向犯罪嫌疑人转告有关人员的规劝内容，播放其规劝的录音、录像，也可以让规劝人员直接与犯罪嫌疑人视频通话、通信。亲友的规劝表明，讯问人员说服教育的观点实际上是大家的共识，加之亲友与犯罪嫌疑人不存在利益冲突，往往还具有共同的利益诉求，因而相关的认识、观点更容易为犯罪嫌疑人所接受。并且，通过规劝可以使犯罪嫌疑人感到亲人没有疏远他，朋友没有鄙视他，单位没有冷落他，社会没有抛弃他，从而鼓起勇气面对现实，正确对待讯问。规劝后，讯问人员应及时对犯罪嫌疑人进行针对性地说服教育，敦促其如实、彻底地供述罪行。

**六、提高说服教育效果的技巧**

说服教育是转变犯罪嫌疑人的应讯态度，促其如实供述的重要途径。经过说服，犯罪嫌疑人的应讯态度是否改变以及改变的程度，主要取决于讯问人员（说服者）、犯罪嫌疑人（说服对象）、说服信息和说服情境这四个基本要素的具体情况。因此，要提高说服教育的效果，讯问人员必须关注下列因素，并把握其中所包含的特性。

（一）讯问人员的可信度

根据学习理论中的情感迁移规律，讯问人员可信度越高，犯罪嫌疑人越容易接受其提出的观点并因此改变应讯态度。但在双方立场完全对立的讯问情境中，讯问人员要使犯罪嫌疑人信赖自己，难度极大，必须在多个方面付出努力。

首先，讯问人员应当熟练掌握刑事法学和刑事侦查学的基本理论，了解犯罪学、犯罪心理学等与犯罪行为相关的理论与知识，使自己在讯问中的言语表达能够更具专业性、权威性，从而赢得犯罪嫌疑人的认可。

其次，讯问人员应当公正地对待犯罪嫌疑人，并且，向犯罪嫌疑人分析应讯选择或提出说服论点，在犯罪嫌疑人看来应当是出于对他的利益考虑，这样才有利于让犯罪嫌疑人认为讯问人员是值得信赖的。

再次，讯问人员可以视具体情况，认同犯罪嫌疑人的某些与犯罪行为相关的观念或自我辩解。例如，审理犯罪嫌疑人基于不堪忍受被害人的欺凌而杀人的案件，讯问人员可以对犯罪嫌疑人犯罪的原因表示理解，并且同情犯罪嫌疑人遭遇的不幸，仅仅指责其行为方式的错误，那么犯罪嫌疑人更能接受并容易对讯问人员产生信赖感。

最后，为了在犯罪嫌疑人面前树立可信的形象，讯问人员应当避免随意说出能够被犯罪嫌疑人识破的虚假信息，避免不可兑现的承诺。否则，只会降低讯问人员的可信度。

（二）犯罪嫌疑人对说服信息的关注度

讯问人员在说服过程中的言语内容能够被犯罪嫌疑人密切注意并仔细思考，是犯罪嫌疑人理解、接受说服论点的必要前提。因此，讯问人员传递的说服信息，必须能引起犯罪嫌疑人足够的关注。

首先，说服信息应当是犯罪嫌疑人有动机予以关注的。由于被羁押审查这一事实本身，意味着犯罪嫌疑人正面临刑事责任追究的重大威胁，如果讯问人员说服教育中包含有可能影响其是否有罪、量刑轻重以及回归社会的有关信息，必然会引起犯罪嫌疑人本能的关注。

其次，提问对应答具有自然的期待，问话一旦发出就会对问话对象产生一种压力，一种提供答案的压力。因此，在说服教育的过程中，讯问人员应当结合具体语境，有意识地使用提问的方式传达某些信息，促使犯罪嫌疑人对有关问题进行思考。例如，向犯罪嫌疑人提问"你希望获得立功的机会吗"，要比"你可以获得立功机会"这样的陈述方式表达更能引起犯罪嫌疑人的思考和关注。并且，这种提问方式，还可以加强随后的论证在说服效果上的优势。

最后，在某些情形下，讯问人员要想让犯罪嫌疑人关注"宽严相济"这类政策性信息和有关的出路，适度的恐惧唤醒是一个必要的前提。为此，讯问人员可以向犯罪嫌疑人强调其犯罪行为的社会危害性、需要承担的刑事责任，说明犯罪行为对其个人形象的破坏，等等。当然，讯问人员在此过程中必须把握一定的限度，因为过度的恐惧反而会让犯罪嫌疑人失去如实供述的勇气或者忽视、拒绝沟通本身。

（三）犯罪嫌疑人对说服信息的接受度

犯罪嫌疑人能否接受说服信息而改变应讯态度以及改变的程度，受说服信息本身的内容、犯罪嫌疑人的个性特点、说服论证的针对性等因素的影响。

首先，社会心理学研究表明，说服者试图传递的信息与说服对象既有立场之间的差距越大，个体接受说服信息而改变态度的压力就越大。讯问中，犯罪嫌疑人原有的立场与讯问人员希望他采取的立场之间是矛盾的对立面，因而从理论上来说，犯罪嫌疑人态度改变的可能性很小。为了克服这一障碍，讯问人员应当分析、探寻犯罪嫌疑人潜在的相近立场，如激情犯罪的嫌疑人，并不完全认同自身的犯罪行为，他们在犯罪结果发生之后，激愤的情绪减弱、消失，往往就会产生自我谴责的意识。在此情形下，基于对犯罪行为的否定进行说服教育，犯罪嫌疑人比较容易接受。另外，如果讯问双方之间的立场确实存在很大差异，那么讯问人员可以一方面向犯罪嫌疑人强调其犯罪行为的可谴责性，使其能够认识到自身的立场不会被社会所接受；另一方面通过强有力的论证，使其感到讯问人员的立场难以反驳。在此双重压力下，犯罪嫌疑人为了缓解因立场严重对立产生的焦虑，往往只能对讯问人员的说服信息作有利于自己的解释，从而使对立的立场渐趋中和。

其次，适度的恐惧唤醒能够引起犯罪嫌疑人对说服信息的关注，而其关注的一个重要动机就是避免受到恐惧性后果的影响，说服过程中除了传递恐惧信息，还必须提供降低恐惧的建议，才能被犯罪嫌疑人所接受。因此，讯问人员运用恐惧唤醒这一心理学手段时，应当根据案件的实际情况和政策、法律的规定，适时向犯罪嫌疑人指明出路，促其接受说服信息、转变应讯态度。

再次，根据社会心理学的观点，当说服对象意识到说服者正在试图影响自己时，会怀疑其动机，进而怀疑说服信息的可靠性，从而使说服信息的影响作用降低；反之，说服对象则不易产生抗拒反应，对说服信息的接受度便会随之增高。因此，讯问人员不能过早暴露说服意图，传递说服信息应当适度地进退结合，让犯罪嫌疑人感到只是在就某些立场观点进行沟通、探讨，以免触发其预警意识，对说服信息产生心理排斥。

最后，犯罪嫌疑人在许多方面的差异也影响说服的效果，必须根据其个性特点选用相应的说服方法。比如，对于自尊心较强的犯罪嫌疑人，讯问人员在传递说服观点时，应当通过间接暗示的方式使其自然领悟出预期的结论，并且认为改变应讯态度是自己主动的选择；对于认知能力较强的犯罪嫌疑人，讯问人员论证说服观点时，应当进行正反两方面的分析，引导犯罪嫌疑人自己做出正确的判断；对于认知能力较差的犯罪嫌疑人，讯问人员可以只从正面阐释、强调本方立场观点的理由，并替犯罪嫌疑人推断出结论让其接受；等等。

## 第三节 情感影响

情感影响，就是讯问人员在进行讯问的过程中，引导和发挥犯罪嫌疑人积极情感体验的作用，同时排除消极情感的不良影响，激发犯罪嫌疑人认罪认罚的动机，推动犯罪嫌疑人如实供述的讯问方法。情感具有强大的力量，可以影响人的思想、行为和态度。犯罪嫌疑人在讯问中的情感体验对其陈述案件真相有着十分重要的动机作用。良好的道德感和理智感，适当的紧张和焦虑等，都能促进犯罪嫌疑人供述动机的产生和强化，反之则会干扰讯问活动的顺利进行。

### 一、情感影响的作用

（一）消除对立

讯问双方的价值目标原本是冲突的，对立是犯罪嫌疑人在讯问中经常出现的一种情绪状态。这种情绪是导致犯罪嫌疑人在讯问中产生逆反效应的主要情感因素，他们往往因此抑制力减弱，行为暴躁，公开对抗；或者对讯问人员问话反应冷淡，漫不经心，使讯问陷入僵局。如果讯问人员能够对犯罪嫌疑人实施理智和友善的情感影响，将逐步转变其对讯问情境的不良感受，消除犯罪嫌疑人在不良情感支配下的对立情绪表现。

（二）恢复理智

理智是指一个人辨别是非和利害关系以及控制自己行为的能力。一些犯罪嫌疑人，尤其是激情犯罪的嫌疑人，之所以不顾后果实施犯罪行为，一个主要原因就是缺乏甚至丧失了理智，而这一心理状态往往会持续到讯问阶段，严重阻碍其如实供述。利用情感影响能够唤起犯罪嫌疑人尚未完全丧失的良知，使其重新确立是非、对错的评判标准和利害权衡的价值取向，正视所犯罪行和讯问情境，进而强化供述动机的形成。

（三）激发正义的道德感

错误的道德感是犯罪嫌疑人犯罪和拒供的精神支柱之一。犯罪嫌疑人评价个人思想、意图和行为所依据的道德标准大多是扭曲的，不符合社会公认的道德评价标准，在此基础上所产生的主观体验（道德感）也大多是歪曲的，严重的甚至不再具有常人所有的同情、怜悯、内疚等情感。实施情感影响则可以纠正犯罪嫌疑人扭曲的道德评价标准，激起他对不良行为的符合正义标准的道德感，进而客观地评判自己行为的性质和后果，形成罪责感和赎罪动机。

（四）纠正变态美感

美感是同道德感密切联系着的一种社会情感，它是按一定的标准评价事物自然特性和社会特性时所产生的内心体验。对一般人来讲，善良、公正、诚实、纯朴等品质和相应行为都是美的，能引起人们肯定和愉悦的情感体验。但对有的犯罪嫌疑人来讲，能够引起其愉悦情感体验的却是贪婪、欺骗、虚伪等常人厌恶、憎恨的不良品质和行为。这种美丑颠倒的变态美感是阻碍犯罪嫌疑人如实供述的重要心理因素之一。对犯罪嫌疑人实施情感影响的讯问方法，可以使他们的变态美感赖以产生的不良审美标准得以纠正，与社会公众趋同，促其明辨美丑，进而削弱他们如实供述的心理障碍程度。

## 二、情感影响的方法

（一）调控讯问节奏法

情绪情感是激励人的活动、提高人的活动效率的动力因素之一。犯罪嫌疑人在讯问中的情绪情感对其如实供述和辩解既可有促进作用，也可起干扰作用。适当的情绪兴奋，可增强犯罪嫌疑人的心理活动能力，促其如实供述罪行；适当的紧张和焦虑，能促使犯罪嫌疑人积极地思考、解决认识上的问题，为如实供述建立良好的思想基础；适当的悲伤，可促使犯罪嫌疑人产生恻隐之情、悔罪之心或良心的发现，进而产生以交代罪行、接受惩罚解除负罪感的思想动机。如果没有一点紧张、焦虑或者过度地紧张、焦虑，都会阻碍犯罪嫌疑人如实供述罪行的动机形成，不利于查明案件事实真相。调控讯问节奏的方法就是通过控制讯问的时间、频率、强度，缓解犯罪嫌疑人过度的紧张和焦虑，或者给毫无罪责感而在讯问中态度嚣张的犯罪嫌疑人施加压力，促其产生适度的紧张和焦虑，强化其供述动机。

## （二）激将法

激将法，是指用跟本意相反的言语刺激对方，使其决心去做原来不愿做或不敢做的事。从心理学的角度来讲，激将法运用了人们的心理代偿功能。每个人都有自尊心、荣誉感，但有时由于某种原因，自尊心受到了自我压抑，荣誉感受到损害，产生了自卑、气馁的情感。在此情形下，采取正面开导和说服的方法往往不能使之振奋，但如有意识地运用反面的刺激性语言，反而能使其自尊心从自我压抑中解脱出来，恢复荣誉感，由此期望通过某种言行回应"刺激"，以达到新的心理平衡。在讯问中运用激将法，就是依据犯罪嫌疑人的这种心理代偿功能，适时"激将"，使其情绪激动，超出意志控制，进而讲出案件实情。

常用的激将法有五种：一是直接激将。即直截了当地运用贬低、否定等刺激性语言，刺痛犯罪嫌疑人，使之情绪激动，进而为满足被讯问人员激发、强化的心理需要而如实供述罪行。二是间接激将。即有意识地褒扬他人，使犯罪嫌疑人心有不服，激发其压倒、超过他人的决心。三是对比激将。即褒扬犯罪嫌疑人令人称道的过去，并与现在的处境相对比，从而刺激其改变现状的决心。四是诱导激将。即通过否定或贬低犯罪嫌疑人，使其自尊心受到刺激，情绪出现起伏，再用诱导性的语言把犯罪嫌疑人的激情引到希望的方向。五是感情激将。即针对犯罪嫌疑人在某一方面给予深切的情感关注，有意识地将其激发，然后指出其现在的行为辜负了该感情。

采用激将法必须注意三个问题：一要了解情况，有的放矢。要了解犯罪嫌疑人过去及现在的情况、与同案犯之间的表现对比情况和个性特点等，分析、认定其思想、感情、性格、气质等方面是否具有被激将的主观因素，然后选准目标，有的放矢。二要选准时机。采用激将法的最好时机是选择犯罪嫌疑人思想有所动摇之时。如果出言过早，时机尚不成熟，刺激容易使犯罪嫌疑人更为消极；出言过迟，又容易错过良机，不能给犯罪嫌疑人以有效的心理刺激，达不到激发其供述动机的目的。三要把握分寸。采用激将法主要靠刺激性语言，平和而缺乏压迫感的话起不了作用。但言语过重，使犯罪嫌疑人感到人格受到污辱，又会令其产生强烈的对立情绪。因此，讯问人员在采用激将法时要十分注意言语的分寸，要带有感情色彩，褒贬并用，刚柔相济，把激将法与说服教育结合起来，促使犯罪嫌疑人如实交代犯罪事实。

## （三）激励法

如前所述，情绪情感具有两极性。在大多数犯罪嫌疑人身上，也存在着正反两方面的情感因素。即使那些坚持与侦查机关为敌，看似"不可救药""顽固不化"的犯罪嫌疑人，也往往存在着些许积极的情感因素。因此，讯问人员必须用一分为二的辩证观点来看待犯罪嫌疑人，全面、客观地了解、认知其具有的情绪情感，绝不能轻易地予以否定，丧失激发、利用其积极情感因素的信心。毕竟犯罪嫌疑人或多或少都存在一定的正确的是非、善恶、美丑观念，具有基本的尊严感、成就感和荣誉感。讯问人员要善于发现犯罪嫌疑人内心深处尚未完全泯灭的良知以及尚存的道德感、荣辱感，并因势利导加以肯定，褒扬其中的可贵之处，叹惜其目前的异向发展，使犯罪嫌疑人深感讯问人员并未彻底否定、放弃自己，自己仍然存在被社会认可的基础，在认罪伏法、悔过自新的前提下，通过艰辛的努力仍能重获光明前途，进而激发、培养积极的情感因素。这种经过激发、培养的积极情感常常是促使犯罪嫌疑人产生供述动机，进而交代犯罪事实的重要诱因。

（四）心理同情法

心理同情法，是指讯问人员对犯罪嫌疑人过去所受的委屈、遭遇表示同情和安慰，并对其犯罪的动机表示一定程度的理解，使犯罪嫌疑人认为讯问人员能够体谅其苦衷而愿意配合讯问、供述罪行。这种方法主要适用于那些因自己的犯罪行为而在相当程度上感受到精神痛苦、悔恨或内疚的犯罪嫌疑人，包括临时起意或基于义愤而犯罪的偶犯，因受委屈或遇困境而犯罪的人等。心理同情，实质上是向犯罪嫌疑人提出一个从道德或情理上为其犯罪行为开脱的理由，使其感到自己在道德上所应负的责任要小于案件事实本身表明的责任，在减轻或消除内心道义自责的情况下，犯罪嫌疑人的供述顾虑会减少，供述行为会相应地增加，从而有利于讯问人员接近并最终实现讯问目的。

运用心理同情法的途径：一是通过说明"任何人在相似的情况下都有可能实施同样的行为"来宽慰犯罪嫌疑人；二是通过降低对有关犯罪行为道德责任的评价来减轻犯罪嫌疑人的罪责感；三是为犯罪行为提供一种更容易在道德上被人接受和不太令人憎恶的原因、动机来减轻犯罪嫌疑人的罪责感；四是通过指责他人来表示对犯罪嫌疑人的同情；五是用适当的恭维之辞唤起犯罪嫌疑人的自尊；六是指出举报人或被害人言过其实和夸大事件本身性质及严重程度的可能性，让犯罪嫌疑人陈述事实真相。

运用心理同情法应注意的问题是：一要表现出诚恳的态度，抑制对犯罪嫌疑人的反感情绪；二要在采取心理同情法之前，有技巧地增强犯罪嫌疑人的罪责感；三要在犯罪嫌疑人供述罪行过程中仍然保持原有的同情态度，不可急躁，否则易使其改变供述罪行的意念；四是心理同情只能减轻犯罪嫌疑人头脑中道德感的严重性，不能明确表示或故意暗示其犯罪行为在法律意义上的严重程度较轻，依法会减轻或免除处罚；五是在犯罪嫌疑人供述罪行后应对其进行认罪伏法的教育。

### 三、情感影响应注意的问题

（一）尊重犯罪嫌疑人人格

为保证运用情感影响的方法取得成功，讯问人员必须时刻注意尊重犯罪嫌疑人的人格。在讯问时，讯问人员要语言文明，举止得体，尊重其应有的自尊心；不得歧视、侮辱、讽刺挖苦犯罪嫌疑人，更不能体罚刑讯；要严格执行法律关于保障犯罪嫌疑人诉讼权利的各项规定，使其认可自己获得了公正对待。只有这样才能逐步使犯罪嫌疑人形成对讯问人员的信赖和尊重，因而更容易接受讯问人员的情感影响。

（二）建立与犯罪嫌疑人的亲近关系

讯问人员建立起与犯罪嫌疑人的亲近关系，有助于提高情感影响方法实施的效果。讯问人员要对犯罪嫌疑人的某些思想、感情表示理解甚至给予同情，使其能够获得共情感受。要关心犯罪嫌疑人在被羁押期间的日常生活，满足其提出的合理要求，在法律和制度允许的范围内，尽量帮助他和他的家庭解决一些实际困难。由于犯罪嫌疑人在讯问期间的生活环境和心理状态具有一定的特殊性，所以对其进行生活感化应从细微处入手，从点滴做起。有时候一句关心的话，一点小小的照顾，就能使犯罪嫌疑人产生很大的心理震动，疏远的距离感顿时拉近。需要注意的是，建立与犯罪嫌疑人的亲近关系，一定要在法律、制度允许的范围内进行，不能为了获得好感，达到感化犯罪嫌疑人认罪的目的，而无原则地满足犯罪嫌疑人非法、无理的需求，或将满足其需要作为诱供的条件。

（三）与说服教育相结合

错误认识是犯罪嫌疑人消极情感产生的原因之一。讯问人员在说服教育中要明确地指出犯罪嫌疑人的错误认识，帮助分析原因，纠正其不良情感产生的认识基础，使其明辨是非、美丑、善恶，进一步巩固其已被激发的积极情感因素。情感影响与说服教育结合使用，寓情于教，从认识和情感两方面作用于犯罪嫌疑人，既纠正错误认识，又消除消极情绪，能够培养、强化其积极情感。

## 第四节 使用证据

证据是认定案件事实的依据,也是揭露、证实犯罪的事实基础。使用证据是促使犯罪嫌疑人如实供述的重要途径。

### 一、使用证据的概念和作用

使用证据,是指在讯问中讯问人员为了揭露犯罪嫌疑人的谎言和伪供,破除其侥幸心理,打开讯问的僵持局面,针对犯罪嫌疑人抗拒讯问的心理状态,有计划、有步骤地运用证据,促使其如实供述和辩解的讯问方法。

在讯问中使用证据的目的和作用,不仅是让犯罪嫌疑人承认证据所证明的问题,而且要通过证据的威慑作用,突破一点,打开局面,给犯罪嫌疑人心理上施加难以抗拒的压力,促使其如实、全面地供述和辩解。具体来讲,使用证据的作用主要表现在以下方面:

(一)突破缺口,打开讯问的僵持局面

在讯问双方僵持不下的情况下,通过使用证据,可以动摇犯罪嫌疑人抗拒讯问、逃避打击的信心,打破心理平衡,激发心理矛盾,促使犯罪嫌疑人承认证据所证明的案件事实,从而突破其拒供防线,为深入、全面追讯案件事实创造条件。

(二)消除犯罪嫌疑人如实供述的心理障碍

讯问中,影响犯罪嫌疑人如实供述的心理障碍有畏罪、侥幸、对立等。为了消除这些心理障碍,讯问人员可以使用证据影响犯罪嫌疑人的思想认识,使其认为侦查机关已经掌握证据,隐瞒、拒供对己不利,只有与讯问人员合作、坦白认罪才是最佳选择。

(三)打击犯罪嫌疑人的嚣张气焰,端正其应讯态度

犯罪嫌疑人被拘捕后,往往会用各种手法进行试探摸底,其中不乏假装鸣冤叫屈、"理直气壮"向讯问人员索取证据的人。对气焰嚣张的犯罪嫌疑人,讯问人员适时适度地出示证据,给犯罪嫌疑人迎头痛击,可以端正其应讯态度,使讯问工作顺利进行。对已作虚假供述的犯罪嫌疑人,通过使用证据,揭露和批驳其伪供,可以促使他们承认错误,纠正虚假供词。

（四）揭示案件事实的基准点，促使犯罪嫌疑人沿着正确的轨道供述

基准点，是指有充分、确凿证据证明的案件事实的核心和焦点，如案件中能被确认的犯罪时间、地点、手段、后果等事实和情节。通过使用证据，揭示案件事实的基准点，令犯罪嫌疑人予以确认，使犯罪嫌疑人对相关事实的供述不能与之矛盾，最终只得按照案件事实的真实情况——供述。

（五）听取辩解，检验证据

通过使用证据，认真听取犯罪嫌疑人对该证据所作的辩解，掌握证据与犯罪嫌疑人供述之间的矛盾，了解产生矛盾的原因，既可以考察犯罪嫌疑人的认罪态度，明确追讯的焦点，又可以发现证据本身的不实，为进一步核查证据、深入查证明确方向。

## 二、使用证据的原则

能否正确地使用证据，关系到讯问工作的成败。周密准备，时机、方法得当，使用点滴证据即攻下重大复杂案件的例子不在少数；而手中拥有充分、确凿的证据，却因使用不当，犯罪嫌疑人坚持狡辩抵赖，形成讯问僵局的情况也时有发生；更有因证据审查不细致、不认真，造成以假材料进行引供、逼供，最终酿成冤假错案的情况。因此，使用证据必须遵循一定的原则。

（一）必要原则

由于使用证据必将或多或少地暴露侦查机关掌握的证据底细，并产生暴露侦查工作秘密的风险，所以凡是能用其他方法促使犯罪嫌疑人如实交代罪行的，一般都不采取使用证据的方法。必要原则是讯问人员考量是否通过使用证据达成讯问目标时，必须予以充分关注的。并且，即使需要使用证据，也必须充分准备或等待成熟时机，绝不能匆忙地过早使用证据。

（二）真实原则

讯问人员所持有的证据，内容往往是真伪并存的，犯罪嫌疑人作为案件的当事人，对此通常具有较强的鉴别能力。真实原则是指，向犯罪嫌疑人出示的证据必须先经过甄别，判断为真以后才能提出，不宜使用尚未确定真伪的证据。讯问过程中，讯问人员与犯罪嫌疑人之间是一种互动关系，问与答的进行都影响着双方的心理和行为，只有使用内容真实的证据，才能对犯罪嫌疑人产生强大的事实和逻辑说服力，使其应讯心理向着如实供述的方向转化，讯问人员才能始终掌握讯问的主动权。

### (三) 经济原则

经济原则包括三方面的含义：①在讯问中运用单个证据时不要和盘托出，一次只用该证据内容的一部分或几个部分；②当有指向同一事实的多个证据可供选择使用，或者有证明全案事实的所有证据可以使用，都要尽量少地展示证据，如果用一个或几个证据能促使犯罪嫌疑人交代，决不在阶段性讯问中暴露所有证据；③运用证据的语言、方式要含蓄，少触及证据内容。强调经济原则是为了尽量少地暴露侦查底细，使犯罪嫌疑人无法有针对性地构筑反讯问的防御体系，并且有利于考察犯罪嫌疑人的认罪态度，审查其供述和辩解的真伪。

### (四) 递进原则

这是指证据运用的顺序上，先用证明力弱的，后用证明力强的；先用次要证据，后用重要、关键证据。对讯问人员而言，先用弱证据给犯罪嫌疑人一定的刺激和压力，可以试探其应讯态度，把强证据留在手中则有利于掌握讯问的主动权；对犯罪嫌疑人而言，证据由弱到强的逐步展示可以增强对其心理刺激的强度，使其顽抗、抵赖的心理压力持续增加，心理防线逐步崩溃。反之，对拒不认罪的犯罪嫌疑人，在证据使用上先紧后松往往只会增加讯问的难度。从心理上说，最强的刺激一旦被抵抗过去，次强刺激产生的效果只会更差；先用强证据如果没有解决问题，弱证据也浪费掉了，继续使用只会助长犯罪嫌疑人的顽抗气焰。

### (五) 保密原则

讯问中使用证据，要注意避免暴露秘密侦查手段并保护证人。那些通过秘密侦查手段获取的证据材料，讯问中不得直接使用。要注意选择适当的策略和方法，将这些证据材料转换为符合刑事诉讼法要求，可以公开使用的证据材料。根据《刑事诉讼法》的规定，侦查机关应当保障证人及其近亲属的安全。为防止证人及其近亲属受到打击报复，在讯问中使用证人提供的证言和证据时，一般不能暴露来源，凡是证人要求保守秘密的，一律不得公开证据由谁提供。在难以避免暴露证据来源时，应注意对证人及其近亲属的保护，或者采取转移证据来源的办法。

### (六) 合法原则

讯问中只能使用通过法定程序收集的证据，并且要坚持实事求是，忠实于事实真相，每个证据有多大的证明力，就确认它对案件事实有多大的证明作用与效力。讯问人员的主观认识，一定要如实地反映客观呈现在案的证据所证明的案件情况。使用证据不能断章取义,更不能无中生有地捏造证据材料。

### 三、使用证据的时机

时机,是指具有时间性的机会,是外界刺激物作用于有机体后所产生的反应与所采取的措施最佳的结合点。使用证据必须把握好时机,才能取得应有的效果。

#### (一)犯罪嫌疑人思想动摇时

在犯罪嫌疑人从不交代罪行到交代罪行的过程中,心理变化必然有一个动摇反复阶段。此阶段主要是由讯问人员晓以利害的启发诱导和从具体问题入手逻辑严密地追问,以及犯罪嫌疑人根据自己犯罪事实的暴露程度和罪行轻重权衡利弊这几方面,相互作用而引起的。在动摇反复阶段,犯罪嫌疑人的供认心理因素与拒供心理因素处于势均力敌的对抗状态,如果及时使用证据,可以强化其供认心理因素并使之在对抗中占据优势,从而推动犯罪嫌疑人的应讯心理发生良性转化。

#### (二)犯罪嫌疑人的犯罪行为有所败露,尚未作出周密防御时

犯罪嫌疑人刚被羁押审查的时候,已经能够意识到自己的犯罪行为可能已经败露。由于不了解侦查机关掌握案件事实的情况,加之环境、地位、周围气氛的突然改变,其情绪必然处于紧张、混乱状态,短时间内往往还难以制订出周密的防御计划。此时,讯问人员突然使用证据,会使其紧张情绪加剧,感到抵赖、蒙混过关的希望甚小,加之进行说服教育,一般能使犯罪嫌疑人交代罪行。

#### (三)犯罪嫌疑人口供自相矛盾,不能自圆其说时

口供自相矛盾,是犯罪嫌疑人为了避免被追究刑事责任,用谎言搪塞应付讯问,企图蒙混过关,但由于心情紊乱,加之讯问人员不断进行逻辑严密的追讯而造成的顾此失彼。此时,如果使用证据,既能揭穿假供,又能破除幻想,制止犯罪嫌疑人继续谎供,促使其正确对待讯问并如实供述和辩解。

#### (四)犯罪嫌疑人反讯问伎俩被识破,彷徨犹豫或软磨硬泡时

有的犯罪嫌疑人为了干扰、对抗讯问,在讯问中会施展其精心准备的反讯问伎俩。一旦这些伎俩被讯问人员识破、揭穿,犯罪嫌疑人往往会彷徨犹豫,思想动摇,或者软磨硬泡,以筹划新的反讯问计划。讯问人员应趁犯罪嫌疑人心神不定、新的反讯问伎俩尚未构思确定时使用证据,使其难以招架,进一步陷入被动,不得不如实供述。

（五）犯罪嫌疑人口供已有突破，但拒供心理仍然存在，企图就此止步时

有的犯罪嫌疑人迫于讯问压力，不得不交代部分案件事实。但出于趋利避害的本质心理，仍然希望将自己的刑事责任控制在最小程度，企图对其余案件事实继续进行隐瞒。此时使用证据，不仅可以巩固已经取得的突破口供的成果，而且能使犯罪嫌疑人感到讯问人员除了掌握其已供的罪行，对其尚未交代的罪行也了如指掌，从而促使其继续如实供述。

（六）犯罪嫌疑人翻供时

犯罪嫌疑人翻供，说明其应讯心理出现了反复，拒供心理因素又在一定程度上占据了上风。此时使用证据，可以使犯罪嫌疑人认识到自己的翻供缺乏依据，破除其给案件事实的最终认定设置障碍的幻想，促其正确对待讯问，不再欺骗讯问人员，从而消除干扰，确保讯问进程。

（七）犯罪嫌疑人顽固抵赖，气焰嚣张时

讯问中，有的犯罪嫌疑人在侥幸、对立等心理因素支配下，与讯问人员死顶硬抗，矢口否认犯罪，并反过来索要证据，质问讯问人员对其讯问的合法性。此时，为了扭转讯问情势，讯问人员可以使用确凿、有力的证据，击中犯罪嫌疑人的思想要害，将其嚣张气焰打压下去，促其转变态度，接受讯问。

在选择各种时机使用证据时应注意以下两个问题：

第一，要善于捕捉时机，敏捷地使用证据。时机出现的时间往往比较短暂，如果行动迟缓，就会错过机会，使掌握的证据在讯问中起不到应有的作用。但也不必因担心错过时机而将所有证据全部抛出，适度也是适时使用证据的必然内涵。对使用证据时机的把握，需要讯问人员把讯问环境、犯罪嫌疑人心理和对策内容等看成是一个综合的动态系统，寻求它们的最佳结合点。捕捉时机的方法，主要是通过察言观色，分析犯罪嫌疑人的言谈、表情、举止及有关的心理活动，看是否符合以上所列的时机条件。

第二，要设法创造时机，不能坐等时机出现。主动创造时机，是法定的办案时限、讯问人员承担的任务、案情发展的需要等提出的必然要求。创造时机，并不是单纯地为了使用证据而进行讯问，而是为了通过使用证据，彻底摧毁犯罪嫌疑人的防御体系，让他的思维和供述内容围绕着讯问人员的讯问意图展开。讯问人员必须根据案件的具体情况，有计划、有目的地创造使用证据的有利时机。

### 四、使用证据的方式

（一）口头宣示证据

用口头语言表述证据的内容和所证明的问题，是最普遍、最常见的使用证据的方式，如果运用得当就能充分发挥证据对犯罪嫌疑人心理的影响力，取得良好的效果。我国《刑事诉讼法》规定的八种证据都可以用口头宣示。口头宣示证据有以下优点：

1. 能将宣示的证据内容尽量压缩。通过口头宣示证据，可以只揭露出案件事实中一个简短的事实片断，甚至是只揭露出最关键、最要害的点滴事实，如犯罪时间、犯罪地点、同案犯姓名等，它能起到画龙点睛的效果。

2. 可以保护证据来源。口头宣示证据可以只涉及案件事实，不透露是从何得知，使犯罪嫌疑人摸不到证据底细，有利于讯问策略的运用。

3. 表达方式灵活多变。讯问人员既可以用有声语言直接宣讲，又可用无声语言示意表达；既可用语义明确的词语，又可用双关语或比喻、借代的词语，从不同侧面进行宣讲。这样既能使用证据体现讯问意图，又不致暴露证据来源。

4. 宣示证据的情况便于调节控制。口头宣示证据时，内容多少、程度深浅、频率和速度等，均可由讯问人员调节控制。

但是，口头宣示证据也存在一些不足之处，主要是真实感、可信度、威慑力差，往往给人一种"空口无凭"的感觉，犯罪嫌疑人不会轻易相信。

（二）宣读或出示书面证据

宣读或出示书面证据，即口头宣读或者当面出示书证，讯问笔录，亲笔供词，询问笔录，鉴定意见，勘验、检查笔录，搜查笔录，侦查实验笔录，辨认笔录等。宣读或出示书面证据有以下优点：

1. 可信度和效果较口头宣示证据强。宣读或出示书面证据，尤其是盖有公章或带有个人签名、捺指印或属于亲笔书写等法律手续完备的书面证据，因犯罪嫌疑人能够见到证据实物，其可信度、威慑力比口头宣示证据强。

2. 便于趁势揭示证词、供词的提供人，进行攻心和分化瓦解。宣读或出示书面证据常常连带出该书面证据的提供人。如果是知情人的证词，有利于对犯罪嫌疑人进行攻心；如果是同案犯的供词，有利于分化瓦解犯罪嫌疑人。

3. 便于控制，进退自如。讯问人员可根据讯问的需要决定宣读全部或部分书面证据的内容，在确保证据使用效果的同时，兼顾保护证据底细、控制讯问发展的方向和进程等其他需要。

但宣读或出示书面证据通常会连带暴露证据来源和底细。如宣读或出示证人证言、同案犯供词、辨认笔录等，常常会暴露出提供证据的人，不利于保护报案人、控告人、举报人、证人、被害人、同案犯等。并且，犯罪嫌疑人从证词、供词的内容中，能判断出提供证词、供词人的态度以及证据的真实性、详尽程度等。

（三）出示物证或物证照片

这是讯问中常用的一种使用证据的方式，其优点是：真实感与证明力都比较强，威慑力大；出示物证及其照片的方法可以灵活多样。但是，仅凭物证往往难以说明犯罪嫌疑人与案件的关系，犯罪嫌疑人仍有可能作各种推脱、狡辩。要彻底制服犯罪嫌疑人，常常还需要辅以鉴定意见、证人证言或其他证据材料，才能在物证—案件—犯罪嫌疑人三者之间形成有效连接。

（四）播放证词、供词录音

播放证人证言、被害人陈述、犯罪嫌疑人供述和辩解的录音，能用有声语言反映出案件事实、情节，具有以下优点：

1. 真实感强，可信度高。播放证词、供词录音，能保持本人的方言、口音，比口头宣示、宣读或出示证词、供词具有更高的可信度。

2. 声情并茂。证词、供词录音能反映提供人的态度和思想感情，如证人的慷慨陈词、被害人悲痛欲绝的哭诉或愤怒控诉、同案犯的沉痛忏悔等，能引发犯罪嫌疑人情感发生冲动性的剧变，使其失去自控进而交代罪行。

3. 便于调节控制。播放的证词、供词录音，一般是经过认真审查筛选的，播放哪些内容、播多播少、是否需要重播等，讯问人员可以调节控制。

播放证词、供词录音的不足之处主要是涉及的信息内容较多。提供证词、供词的人是谁，当时的情绪、情感如何，用词轻重，哪些内容的叙述有迟疑、生硬现象等，犯罪嫌疑人都能从中感知或分析出来。

（五）播放证据录像

讯问人员在讯问的适当时机，可播放现场勘查、外线跟踪、讯问犯罪嫌疑人等证据的录像。它除具备播放证词、供词录音的优点外，还能达到有声有形、动作连贯、声音与画面同步、有背景画面等优点。

播放证据录像的不足之处是涉及的信息内容广泛。犯罪嫌疑人可以从录像中分析出，该录像是在什么时间、在什么地点、处于什么情况下录制的，被摄像人情绪、态度如何，等等。因此，在播放证据录像前，应对其认真地审查判断，决定播放的内容，避免播放后产生负面影响。

（六）证人、被害人、同案犯当面指证

讯问人员在讯问的适当时机，可让证人、被害人、同案犯到讯问室面对面向犯罪嫌疑人指证，揭露其供述和辩解的虚假性。其优点如下：

1. 可信度大。证人、被害人、同案犯敢于当面向犯罪嫌疑人指证，这一行动本身就能在一定程度上说明其证言、陈述、供述的可靠性。

2. 对犯罪嫌疑人的心理刺激强烈。有些犯罪嫌疑人自认为作案诡秘，没有第三人看见或听见，或者被害人已死亡，或者事先已与同案犯订立了攻守同盟，所以侥幸心理相当严重。一旦证人、被害人、同案犯突然出现在他面前，并当场指证，犯罪嫌疑人将措手不及，难以招架，在极度震惊之余只好据实供述。

3. 便于对质。证人、被害人、同案犯当面向犯罪嫌疑人指证，如果犯罪嫌疑人仍不承认罪行，证人、被害人、同案犯则可以同犯罪嫌疑人对质，使案件事实更为清晰，任何抵赖和狡辩都会因此而进一步丧失基础。

证人、被害人、同案犯当面指证的不足之处是：证人、被害人、同案犯易改变态度。在指证时，证人、被害人可能因为犯罪嫌疑人的威胁担心打击报复，同案犯可能因为犯罪嫌疑人的示意重拾坚守攻守同盟的信心，而改变态度，导致指证失败；可能产生同案犯和犯罪嫌疑人串供的现象或者客观上产生串供的效果；相关言词证据的全貌将因此而暴露无遗。

讯问人员在选择证据使用方式的时候，不仅要分析、研究其不同的优缺点，还应结合掌握的证据情况，针对案件的不同性质及犯罪嫌疑人不同的心理状态，进行最终确定。需要指出的是，上述六种使用证据的方式，可以相互配合使用，以求达到获取犯罪嫌疑人真实口供的目的。

**五、使用证据的方法**

讯问中，使用证据的方法有多种，但不论采取哪一种方法，一要遵循使用证据的原则，二要选准使用证据的时机，三要选择使用证据的适当方式，四要研究使用证据的效果，五要力求较少暴露讯问人员掌握证据的底细。常见的使用证据方法有以下八种：

（一）直接使用证据法

直接使用证据，是指用口头直接表述证据，并对犯罪嫌疑人提出质问，或者当面出示书证、物证，播放证词、供词录音，播放证据录像等，令犯罪嫌疑人回答相关问题。直接使用证据法的特点是：对犯罪嫌疑人心理直接造成强烈刺激，威胁大，收效快。值得注意的问题是：①如果犯罪嫌疑人已经知道讯问人员掌握了他的证据，应当尽早直接使用。如果应当使用证据时却迟迟没有使用，不仅会给犯罪嫌疑人提供更多思考狡辩的机会，而且会使犯罪嫌疑人产生讯问人员对证据的可靠性尚有疑问、信心不足的错觉，从而增强抵赖的侥幸心理。②直接使用的证据应当绝对可靠，并能击中案情要害。因为直接使用证据是讯问人员同犯罪嫌疑人所作的正面交锋，如果不能准确而有力地击中案情要害，给犯罪嫌疑人留有狡辩余地，就会对讯问工作造成更多障碍，反而丧失了讯问的主动权。③讯问人员直接使用证据后，质问的语气要坚定，态度要坚决，要进一步在心理上给犯罪嫌疑人施压，促使其交代犯罪事实。

（二）间接使用证据法

间接使用证据，是指针对要揭露和追讯的犯罪事实，从侧面点出与犯罪有关的片断情节，或者出示与某项证据密切相关的物品，或者在犯罪嫌疑人视听范围内，让其看见同案犯或被害人，或者听见同案犯或被害人的声音，然后从侧面点出同案犯交代了罪行或被害人就案件情况作了陈述，使犯罪嫌疑人察觉到讯问人员已经掌握了他的犯罪事实，从而不得不如实交代。间接使用证据法是在掌握的证据较少，尤其是直接证据较少的情况下采用的。虽然没有直接使用证据那样威严有力，但如果把握好时机和使用方式，也会收到良好效果。优点是：①有利于掩护证据的来源，不暴露讯问人员掌握证据的底细。②有利于探明犯罪嫌疑人的态度。③有利于促使犯罪嫌疑人思想转变。④有利于核实证据的真伪。⑤有利于探挖犯罪，扩大战果。

（三）暗示使用证据法

暗示使用证据，是指不直接宣示具体的证据，也不说明证据的来源，而是用含蓄、间接的语言或者动作、表情等示意与证据相关联的内容和情节，使犯罪嫌疑人产生联想，意识到讯问人员掌握了犯罪事实进而交代罪行。具体方法有两种：一种是语言暗示使用证据。即用委婉含蓄、隐喻双关、反衬语（正话反说，反话正说）等语言，表明与证据相关联的内容和情节。另一种是动作、表情暗示使用证据。即把证据的一部分或者全部巧妙地置于犯罪嫌疑人的视听范围，但不说明证据的来源、名称和与犯罪的关系，而是只用坚定自信的神情或体态语暗示讯问人员掌握了犯罪嫌疑人的犯罪证据。暗示使用证据的特点是：引而不发，促使犯罪嫌疑人联想并产生错觉进而供述罪行。暗示使用证据法的优点是：①讯问人员能够掌握讯问主动权。讯问人员暗示使用证据后，可以试探犯罪嫌疑人交代罪行的态度。犯罪嫌疑人供述或辩解后能比较客观地与原已掌握的证据核对，如果原已掌握的证据不够确实、完整，也不致因使用而暴露，并有利于进一步核实、收集证据。②有利于促使犯罪嫌疑人思想转化。讯问人员掌握的证据不直接使用，而是用暗示的方法使犯罪嫌疑人有所意识，让他主动交代，这实际上也是在给犯罪嫌疑人从宽的机会，有利于他的思想转化。

（四）及时点滴使用证据法

在犯罪嫌疑人从思想上已有所松动，但尚未下定决心彻底交代罪行，表现为吞吞吐吐、欲言又止的情况下，讯问人员可及时地用点滴证据揭露、证实案件中的些许事实，促使犯罪嫌疑人如实、全面地交代罪行。在讯问中，有时案情已被突破，但犯罪嫌疑人仍抱有幻想，不愿全部交代罪行，常常表现为顾前思后，吞吞吐吐，刚交代出一点问题的线索或刚说出前半截话，又马上停止供述，想借此机会探查讯问人员掌握证据的虚实。在此情况下，讯问人员要根据已经掌握的相关证据，敏捷地把犯罪嫌疑人想说而又没有说出口的后半截话，甚至只言片语，准确地说出来，充分地显示讯问人员早有预见，证据在握。这样就可以破除犯罪嫌疑人最后的幻想，促使其全面、彻底地交代罪行。及时点滴使用证据法的特点是：快、精、准。所谓快，是在犯罪嫌疑人吞吞吐吐地讲出半截话时，乘其犹豫之际及时补充后半截话。所谓精，是指使用的证据要少而精炼有力，可以只是关键性的字、词、句。所谓准，是指使用的证据要准确无误，能够击中犯罪嫌疑人的思想要害。及时点滴使用证据法的优点是：①讯问人员能够更好地检验证据的真实性。②可以防止犯罪嫌疑人日后翻供。③讯问人员能够掌握讯问的主动权，控制犯罪嫌疑人的心理，相机讯问。

（五）连续使用证据法

连续使用证据，是指预先选好若干个相互联系的证据，在讯问中逐个连续使用，直到突破案情，促使犯罪嫌疑人如实交代全部罪行。具体方法有两种：一种是逐步推进使用证据。即使用一个证据，迫使犯罪嫌疑人交代一些罪行，当其交代罪行的动力减弱时，再使用另一个证据，迫使犯罪嫌疑人对罪行作出进一步交代，如此持续推进，直到犯罪嫌疑人交代出全部罪行。另一种是接连使用数个证据。即对那些顽固拒供的犯罪嫌疑人，一次接连使用数个证据，尽管其暂时可以否认第一个证据，但却难以对接踵而至的第二个、第三个证据作出符合情理和逻辑的否认，以此造成强大的追讯声势，迫使其在大量的证据面前低头认罪。连续使用证据法的特点是：集中使用证据，对犯罪嫌疑人实施"攻坚战"。连续使用证据法是在其他使用证据的方法不易奏效，讯问人员掌握证据比较确实、充分，而犯罪嫌疑人又比较顽固狡猾且拒不交代罪行的情况下采取的一种总攻性的使用证据方法，一般情况下不宜采用。如果需要连续使用证据，应注意两个问题：①先出示次要的证据，后出示重要的证据。②一般来讲，不连续使用一个来源的证据，而应穿插使用不同来源的证据。

（六）分解使用证据法

分解使用证据，是指把一份证据所证明的事实或情节，分解成多项提问内容，从多种角度分别提问。它的特点是：既对案件事实和情节有所指明，又不暴露证据底细，还能最大限度地发挥证据效用。分解使用证据法的优点，主要是有利于掩护证据的来源和数量，有利于深挖犯罪，扩大战果。

（七）包围使用证据法

包围使用证据，是指围绕要讯问的案件核心问题，先将周围有连锁关系的事实和情节讯问清楚，再使用证据突破核心问题。包围使用证据法的特点是：稳扎稳打，水到渠成。它适用于对付那些罪行严重、态度恶劣的犯罪嫌疑人，或者具有反讯问经验的犯罪嫌疑人。

（八）补充使用证据法

补充使用证据，是指在犯罪嫌疑人供出某一犯罪事实后，讯问人员及时出示原已掌握的该项犯罪事实的证据。它的特点是供证统一，相互印证。其作用有三点：①进一步破除犯罪嫌疑人的侥幸心理。通过补充使用证据可使犯罪嫌疑人认识到，讯问人员即使掌握着证据也往往不轻易出示，这应该是在考察自己的认罪态度，给自己留下坦白从宽的机会，从而为今后追讯其他问题打下良好的思想基础。②巩固已经作出的真实口供。通过补充使用证据使犯罪嫌疑人意识到，讯问人员已经掌握相关证据，不能对此翻供。③审查判断证据。对一些尚有疑问的证据，讯问人员不贸然使用，而是待犯罪嫌疑人供认了与证据相符的犯罪事实后，再使用该证据，这等于当堂审查判断证据。

### 六、使用证据应注意的问题

（一）使用证据要做好充分准备

在使用证据之前，讯问人员一要熟悉已经掌握的证据种类、来源和所证明的问题。二要反复研究核实所要使用的证据的可靠程度。如果证据的可靠性没有保障，宁肯不用，也不滥用。三要分析使用证据适宜的方式和方法。四要分析使用证据后可能出现的情况，并制定好相应的讯问对策。五要围绕准备使用的证据，

### (二) 使用证据要留有余地

凡是能用其他讯问方法促使犯罪嫌疑人交代罪行的,就不要轻易使用证据。不要一次把所掌握的证据都使用出去。即使在一个问题上掌握有若干证据,也要有选择地使用。如果使用证据的某一方面内容能够解决问题的,不要把完整的证据都使用出去。口头使用证据能解决问题的,不要使用证据实物。同时要防止犯罪嫌疑人诱使讯问人员使用证据并乘机毁坏证据。

### (三) 使用证据要与说服教育相结合

犯罪嫌疑人从拒不交代罪行到彻底交代罪行,要经过一个激烈的思想斗争过程,尤其是一些已处于严重对立状态的犯罪嫌疑人,思想转变的难度更大。因此,讯问人员在使用证据后应及时对犯罪嫌疑人进行说服教育,强化证据的威慑作用,同时给犯罪嫌疑人创造一个平复情绪、客观权衡的机会,让其在真正认识到拒供的不利后果后,主动选择如实供述。

### (四) 使用证据要做好详细笔录

使用证据时要详细做好讯问笔录,使其内容能够反映出:在什么情况下,采取了什么方式和方法,使用了什么证据,犯罪嫌疑人就相关问题如何回答或者不回答以及动作表情如何,等等。记明这些内容对于审查犯罪嫌疑人的供述和辩解,提出对犯罪嫌疑人的处理意见,总结使用证据的经验、教训都有十分重要的意义。

## 第五节 利用矛盾

### 一、利用矛盾的概念和作用

利用矛盾,是指在讯问过程中,讯问人员利用犯罪嫌疑人在口供中的矛盾,对虚假供述和辩解进行揭露,以促使犯罪嫌疑人端正应讯态度、如实交代犯罪事实的讯问方法。利用矛盾在讯问中的作用主要体现在以下方面。

#### (一) 为讯问找到突破口

犯罪嫌疑人的供词自相矛盾,或与其他证据出现了矛盾,表明犯罪嫌疑人存在谎供行为,且拒供的防线有漏洞。以此作为讯问重点,往往能实现突破,打开缺口,创造有利局面。

## （二）端正犯罪嫌疑人的态度

讯问中通过揭露犯罪嫌疑人供词自相矛盾之处，或揭露供词与其他证据之间的矛盾，能够使犯罪嫌疑人对自己的反讯问对策丧失信心，有效地端正其应讯态度，促其纠正伪供，如实供述。

## （三）发现讯问和调查的重点

案件中存在矛盾，就意味着有真伪问题需要解决，供词与有关证据需要复核。向犯罪嫌疑人揭示矛盾，仔细观察其反应并听取解释，可以为进一步调查和讯问明确重点和方向。

## （四）澄清事实，纠正错误

围绕供词呈现出的矛盾点展开讯问，听取犯罪嫌疑人的供述和辩解，实事求是地判明犯罪嫌疑人口供与其他证据的是非真伪，就能澄清案件事实。通过进一步查明导致差错和失误的原因，可以有力地推动讯问工作沿着正确的轨道发展。

## 二、发现矛盾

利用矛盾的前提是发现和掌握矛盾。只有及时发现矛盾，才能有效地揭露犯罪嫌疑人的狡辩和欺骗，排除疑点，为进一步深入追讯创造有利条件。

### （一）常见的矛盾

从犯罪嫌疑人在讯问阶段所处的法律地位及其心理活动规律不难看出，犯罪嫌疑人在讯问过程中，为了掩盖案件事实真相，以逃避或减轻罪责，往往不会如实回答讯问人员的提问，而是千方百计编造假口供欺骗讯问人员。这些假口供必然与有关的客观事实相违背，呈现出这样或那样的矛盾：

1. 犯罪嫌疑人前后口供之间的矛盾。这一矛盾的产生有三种原因：一是犯罪嫌疑人为了掩盖罪行，故意编造假口供却不能自圆其说，必然自相矛盾。二是有的犯罪嫌疑人在讯问人员多种讯问策略、方法的进攻下，被迫承认了犯罪。但事后受畏罪心理支配，害怕受到法律制裁又推翻原来口供，这样同一次讯问中或前后两次讯问的口供就出现了矛盾。三是有的犯罪嫌疑人由于记忆或其他生理原因，对同一犯罪事实的供述在时间、地点、手段、后果等细节问题上前后不一致，出现矛盾。

2. 同案犯口供之间的矛盾。共同犯罪的嫌疑人为了逃避法律制裁，不如实供述犯罪事实，相互推卸罪责，口供之间往往存在矛盾。

3. 犯罪嫌疑人口供与其他证据的矛盾。如果犯罪嫌疑人故意编造谎言，不如实供述犯罪事实，那么即使排除记忆和表述方面障碍的影响，其口供也常与其他各种证据有矛盾。

4. 犯罪嫌疑人口供与有关社会科学、自然科学的矛盾。大多数犯罪嫌疑人为了掩盖罪行故意编造假口供，而这些假口供常常与有关历史事实、自然条件、地理环境、方言土语、宗教信仰、风俗人情、生活习惯、法律和规章制度、科学常识等有矛盾。

（二）发现矛盾的方法

1. 阅卷法。讯问人员可以查阅讯问笔录和亲笔供词，把犯罪嫌疑人的口供与所掌握的其他证据以及其他有关的材料等相对照，从中发现矛盾。在共同犯罪案件中，讯问人员可以通过比对若干个同案犯罪嫌疑人的讯问笔录、亲笔供词发现矛盾。阅卷法是在犯罪嫌疑人不知晓的情况下进行的，不受讯问气氛的干扰，所以能够详细分析研究，发现价值较大的矛盾。但是，这种方法仅仅是从字面材料上去分析判断矛盾，存在一定的局限性，难免会出现分析不够准确的现象。为解决这一问题，必须用其他方法辅助分析判断。

2. 讯问法。这是指在面对面地讯问犯罪嫌疑人时发现矛盾。要求讯问人员必须事先全面熟悉案件情况及有关知识，能够及时甄别犯罪嫌疑人口供中的矛盾。

（1）纵横交错讯问。在讯问中，一旦案件被突破，对需要核查的案件事实和情节，要有计划地进行系统性的深追细问，以发现犯罪嫌疑人口供中的不实之词。一般来讲，如果犯罪嫌疑人存在谎供行为，那么对案件中的每个问题，只要能细致入微、合情合理地从事到人、从人到事、从因到果、从果到因地讯问，就可以发现其口供中的矛盾。编造假口供最怕寻根究底，详细讯问，按照不同的逻辑脉络讯问得越具体，矛盾就会暴露得越多、越明显。

（2）间隔重复讯问。对要核实的某一事实或情节，在讯问过后间隔一段时间，再重复讯问多次，以发现犯罪嫌疑人口供中的矛盾。犯罪嫌疑人编造的假口供的内容不是自己的亲身经历，在其头脑中留下的印象并不深刻，间隔一段时间以后再重复进行讯问，犯罪嫌疑人就同一事实或情节所作出的交代，就会出现不一致的内容，从而呈现出明显的矛盾。

（3）旁敲侧击讯问。对同一犯罪事实或情节，不从正面直接进行讯问，而是从不同角度、用不同的话题进行讯问。犯罪嫌疑人在编造假口供的过程中，有些问题考虑得并不周全，必然会在一些细枝末节上露出破绽。因此，从不同角度用不同的话题进行讯问，就可以发现一些矛盾。

（4）化整为零讯问。对要核实的某一事实或情节，把它拆分成若干个具体问题，夹杂在其他事实和情节中进行讯问。这种方法主要是利用犯罪嫌疑人编造案件事实和情节时对一些具体细节容易疏忽的弱点，分散其注意力，造成犯罪嫌疑人思维上的混乱，进而暴露出矛盾。

（5）真假对照讯问。将一些有疑问的事实和情节与一些公开的、已证实的事实和情节联系起来讯问，促使真假事实和情节相对照，暴露出矛盾。

3. 查证法。这是指通过深入实际，查证犯罪嫌疑人的口供，收集有关证据、资料，调查了解与案件有关联的人，从中分析、发现犯罪嫌疑人口供中的矛盾。这种方法既可以单独作为一种发现矛盾的方法，又可以作为运用阅卷法、讯问法发现矛盾的补充。

4. 鉴定法。如果犯罪嫌疑人在讯问中的供述或辩解涉及一些比较复杂的科学技术问题，而讯问人员不具备相关的专门知识，就可以委托有关专家、技术人员进行科学技术鉴定，从中发现矛盾。

### 三、认真分析矛盾

通过各种方法发现矛盾，只是利用矛盾的起点。要利用矛盾推进讯问工作的深入开展，还必须认真分析矛盾，通过对矛盾的分析，评估其策略价值，进而确定哪些矛盾在讯问中可以利用。而分析矛盾的主要内容，就是要找出产生矛盾的原因。

产生矛盾的原因主要有以下几种情况：犯罪嫌疑人故意编造谎言造成矛盾；犯罪嫌疑人因记忆差错或表达错误，导致其口供与案件事实不符产生矛盾；讯问人员以非法手段获取的假口供与案件事实不符产生矛盾；讯问人员疏忽、失误，或鉴定人员判断不准，结论与案件事实不符产生矛盾；对事物的特殊性缺乏认识而产生矛盾。

对上述几种矛盾情况，在利用时要区别对待。只有在确认矛盾系因犯罪嫌疑人谎供所致，才能在实施讯问策略给犯罪嫌疑人施加心理压力时加以利用。如果不加分析地利用矛盾，就会授人以柄，使犯罪嫌疑人无理纠缠，或产生严重的对立情绪，或摸到我方的底细和意图，进而导致讯问陷入僵局。

### 四、利用矛盾

（一）针对矛盾形成的不同原因，确定利用的重点

1. 犯罪嫌疑人口供中的矛盾，大多数是因犯罪嫌疑人故意编造谎言而形成的。讯问人员要把它作为利用的重点，集中力量进行揭露追讯，直到犯罪嫌疑人

转变态度，如实交代罪行为止。

2. 少数矛盾是犯罪嫌疑人偶尔记错或说错所致。对于这类矛盾，讯问人员应启发引导犯罪嫌疑人分析矛盾产生的原因，使其在明确原因之后主动作出纠正，切不可以此为由批驳犯罪嫌疑人态度不端正，对其贬损、打压。否则，极易引起犯罪嫌疑人反感，产生对立情绪。

3. 极少数矛盾是犯罪嫌疑人口供真实，而讯问人员基准点定错出现的。如有的证人作伪证；有的证人动机正确而感知不准；有的属于现场勘查或鉴定疏忽、失误等。遇此情况，讯问人员要固定犯罪嫌疑人口供，重新核实基准点，纠正原来的疏忽和错误。

4. 个别情况从表面上看有矛盾，而实际上并没有矛盾。这是矛盾的普遍性和特殊性相互转化形成的。遇此情况，讯问人员应当认真分析、研究案件事实的特殊性，只要把具体情况调查了解清楚，所谓的"矛盾"就可迎刃而解。

（二）把握时机

对于犯罪嫌疑人口供中的矛盾，利用的时机一般有以下两种：

1. 矛盾刚暴露时。在犯罪嫌疑人刚开始说谎就出现矛盾时，讯问人员可以及时揭露、批驳，这不仅省力省时，也比较容易收到良好的效果。尤其是对说谎的初犯，及时揭露矛盾，可以使其供述伊始就不偏离案件事实。

2. 矛盾固定时。讯问中，当犯罪嫌疑人编造谎言时，讯问人员不流露出任何怀疑的言行，而是装着认真听、认真记，让他把假话讲完，在关键的问题上还要故作迎合地延展提问，让他把假话说得更明确、更具体，使其"作茧自缚"，然后再有计划地揭露、批驳、追讯，使其理屈词穷，陷于被动的处境，然后责令其交代罪行。此种时机揭露犯罪嫌疑人谎言非常有力，是利用犯罪嫌疑人口供中矛盾最好的时机。

（三）讲究方法

利用犯罪嫌疑人口供中的矛盾，常有以下四种方法：

1. 借题驳斥法。针对犯罪嫌疑人前后口供的矛盾，以其所讲的谎言去揭露另一个谎言，即所谓以其之矛攻其之盾。这种方法运用得好，会使犯罪嫌疑人哑口无言，彻底陷入尴尬和被动。

2. 事实驳斥法。用所掌握的客观事实揭示犯罪嫌疑人口供中存在的矛盾，责令犯罪嫌疑人作出解释或说明，进而驳斥其供述中的谎言。

3. 证据驳斥法。在确认口供中的矛盾系因犯罪嫌疑人谎供所致后，使用证据揭露和批驳其中的谎言，促使犯罪嫌疑人端正应讯态度。

4. 对质法。针对犯罪嫌疑人口供中的矛盾，必要时可让同案犯、证人、被害人等当面和犯罪嫌疑人质证，以证明其供述的虚假性。

（四）注意分寸，并同说服教育相结合

在揭露犯罪嫌疑人口供中的矛盾时，如果犯罪嫌疑人承认说谎，并表示愿意交代罪行，即可停止揭露，以维护犯罪嫌疑人的自尊，避免产生对立情绪。当然，如果犯罪嫌疑人承认说谎错误后出现反复，过段时间又开始以谎言应对讯问，则必须及时对犯罪嫌疑人供述中出现的矛盾彻底予以揭露，使其能够真正纠正错误。凡是认准了矛盾，而犯罪嫌疑人的态度又不端正时，就要毫不含糊地进行揭露批驳，直到犯罪嫌疑人转变态度，如实交代罪行。通过揭露矛盾，击中了犯罪嫌疑人的思想要害，犯罪嫌疑人无言以对、思想动摇时，要及时进行说服教育，给犯罪嫌疑人创造认错的气氛和条件，使其能够有适宜的心境交代罪行，避免出现对抗僵持的局面或发生反复。

**思考题：**

1. 试述讯问方法的概念和特征。
2. 说服教育的主要内容有哪些？
3. 情感影响有哪些方法？
4. 在讯问中使用证据有何作用？应遵守什么原则？使用证据的有利时机有哪些？
5. 讯问中使用证据的方式有哪些？各有什么优缺点？常用的使用证据方法有哪些？应如何掌握运用？
6. 如何利用犯罪嫌疑人在口供中的矛盾开展讯问活动？

# 第十章 讯问的辅助方法

讯问的策略、方法是攻克犯罪嫌疑人的有力武器,通过对讯问策略、方法的运用,往往能够突破案件,获取有价值的口供。但是,对一些较为复杂的案件,有时采取常用的策略、方法尚难以突破犯罪嫌疑人对抗讯问的防线并全面获取口供,此时有必要使用一些辅助方法来配合讯问基本对策的实施,以促使犯罪嫌疑人彻底交代罪行,实现讯问目的。常用的讯问辅助方法包括强制措施配合讯问、查证配合讯问、监管配合讯问、耳目配合讯问、犯罪心理测试技术配合讯问等。这几种辅助讯问方法,既有相互联系、相互渗透的一面,又有相互区别、各具特点的一面,但它们目标一致,都是为了辅助基本讯问对策的实施。

## 第一节 强制措施配合讯问

拘传、取保候审、监视居住、拘留、逮捕等强制措施的实施,是犯罪嫌疑人到案并接受讯问的基本条件,它能有效地控制犯罪嫌疑人,防止其逃避侦查、继续犯罪及某些意外事件发生,对讯问的顺利进行具有重要作用。而对犯罪嫌疑人来说,被采取强制措施,意味着其罪行已经败露,将要接受侦查机关讯问、受到刑事追究,这无疑会使犯罪嫌疑人的心理受到极大触动。在实际工作中,对犯罪嫌疑人采取哪一种强制措施,何时采取强制措施,主要根据侦查工作的进程和对犯罪嫌疑人适用的法定条件决定。同时还要考虑到,各种强制措施的严厉程度不同,运用的时机、地点和方式方法不同,对犯罪嫌疑人的心理触动也会有所不同。因此,讯问人员在运用强制措施时,除严格依法办事,还应根据讯问的需要，考虑多方面因素。

## 一、选择好实施强制措施的适当地点

（一）在犯罪嫌疑人的家中实施

在犯罪嫌疑人家中实施强制措施，分两种情况：一种是犯罪嫌疑人家属在场。此时，犯罪嫌疑人会因此感到颜面尽失并给家人心理造成严重的负面影响，进而产生对立情绪。并且，如果家属中有知情者，而讯问人员未对其采取措施，犯罪嫌疑人很可能寄希望于家属能帮助转移、毁灭证据或向同案犯通风报信，从而产生侥幸心理。另一种是犯罪嫌疑人家属不在现场，这种情况可能导致犯罪嫌疑人因孤立无援而产生无助感和孤独感。综上，在犯罪嫌疑人家中实施强制措施，最好选择家属不在场的情况。

（二）在犯罪嫌疑人的工作单位实施

在犯罪嫌疑人工作单位实施强制措施，应尽量避免在有较多犯罪嫌疑人同事在场的情况下宣布，以免其自尊受伤而产生抵触情绪。最好能够争取犯罪嫌疑人所在单位保卫部门或单位领导的配合，通过他们把犯罪嫌疑人调离人多的地方实施强制措施，使其对立心理降到最低程度。

（三）在公共场所实施

在公共场所对犯罪嫌疑人实施强制措施，首先应当考虑的是安全问题。犯罪嫌疑人既有可能利用人多的环境而逃跑，讯问人员也有可能在制服犯罪嫌疑人时伤及无辜。其次应综合考虑犯罪嫌疑人的心理状况。犯罪嫌疑人在众目睽睽之下被拘传或被拘捕，侥幸心理和嚣张气焰会遭受打击，但其抵触情绪也常常会因此产生。

（四）在偏僻无人的地方实施

在偏僻无人的地方实施强制措施，是比较理想的选择。犯罪嫌疑人会因为无计可施、无可奈何而产生无助感、孤独感，心理压力会增强，这对随后的讯问工作是有利的。

## 二、把握好实施强制措施的有利时机

强制措施实施的时机不同，对犯罪嫌疑人的心理冲击也不一样。因此，在何时采用强制措施，应考虑讯问的需要。

（一）在犯罪嫌疑人态度顽固、心存侥幸时采用

有的犯罪嫌疑人在接受初步调查阶段，心存侥幸，态度顽固，此时如能及时地向其宣布拘留等强制措施，可以打破其侥幸心理，矫正其恶劣态度。毕竟采取

强制措施需要满足一定的证据条件，这一行为本身就足以表明侦查机关认定其犯罪嫌疑并不缺乏依据。此外，一些自恃懂得一些法律知识的犯罪嫌疑人，被拘留后往往会认为侦查机关掌握证据并不充分，最多只能羁押他30天，只要拒不供认，坚持熬过这段时间，就能逃脱法网。侦查机关如能在拘留的法定时限届满前即宣布逮捕，可以有效地破除其侥幸心理，摧毁其抗拒意志。

（二）与采取其他侦查措施同时采用

在采取强制措施的同时，往往需要采取搜查、扣押等侦查手段。这些侦查手段在犯罪嫌疑人在场的情况下实施，会对其心理产生很大冲击，可以使其感受到侦查机关已经掌握了一定的证据，因而不得不在随后的讯问中如实交代。

（三）在情况紧急需迅速突破案情时采用

如遇爆炸、投毒等严重危害公共安全的案件，或绑架、系列杀人等危及有关人员生命安全的案件，根据侦查需要，为抓紧突破案情，可以采取比较严厉的强制措施；同时选择适当场所，立即展开突击讯问，或在押解途中进行简短的讯问，利用犯罪嫌疑人刚被拘捕思想极度混乱的有利时机，先发制人，迅速突破案情。

### 三、把握好强制措施的强度

不同强制措施的强制力度是不同的，对犯罪嫌疑人的心理影响也不一样。强制措施依照拘传、拘留和逮捕的顺序，严厉程度逐步升级，对犯罪嫌疑人的心理冲击也越来越大。因此，在运用过程中，除严格遵守法律规定外，还应注意根据不同情况采用不同的方式，以期达到最佳效果。

（一）逐步递进

一般来说，强制措施的强制力度不宜一步到位，应根据讯问的发展逐步升级，如从拘传到逮捕。这样一方面可以表明讯问人员是给犯罪嫌疑人坦白交代的机会；另一方面也可以体现给犯罪嫌疑人逐步施加心理压力的策略意图。同时还表明侦查机关对犯罪嫌疑人"反讯问表现"的回应态度，告诫其法律的严肃性，使其认识到与法律和侦查机关对抗将给自己带来不利后果，从而为后面的说服教育创造更多的话题。

（二）强度适中

具体采用何种强制措施，在严格依法办事的前提下，应当注意强制措施的强度与讯问人员所要体现的意图相一致。例如，在法定条件均具备的情况下，采用拘留还是取保候审，应考虑哪一种强度的强制措施更有利于促进犯罪嫌疑人的供认心理。如果根据案情和对犯罪嫌疑人个性特点的分析，需要一开始就形成一种有压力的讯问气氛，可以直接进行刑事拘留；如果犯罪嫌疑人在接受初步调查时能够如实反映案件情况，则可考虑采用取保候审。

（三）因案而异

案件的复杂程度和犯罪嫌疑人对待讯问的态度不同，查明案件事实真相所需花费时间的多少也常常有差异。而采用不同的强制措施、不同的强制措施组合，对犯罪嫌疑人的羁押时限是不同的。因此，在实际办案过程中，应充分考虑到案件的复杂程度和犯罪嫌疑人的应讯态度，以适当的方式采用强制措施，以期在法定的办案期限内审清、审结案件。

四、讲究实施强制措施的方式

在采取强制措施时，不同的方式往往有不同的效果，讯问人员应当考虑讯问的需要，注意把握方式的灵活性与针对性。

（一）公开与秘密

采取强制措施，既可以用公开的方式，也可以用秘密的方式。公开的方式是让他人知道侦查机关抓获了犯罪嫌疑人，而秘密的方式则是不让他人知道侦查机关的行动。采用哪种方式，应从有利于案件的继续侦查和讯问角度考虑。

（二）强硬与温和

强硬的方式用于让犯罪嫌疑人感受到侦查机关的强制力和法律的威严。实践中，强硬可以通过某些辅助手段来体现，如讯问人员严肃地宣布拘留、逮捕的同时，给犯罪嫌疑人戴上戒具。温和的方式一般用在需要缓和讯问气氛或讯问人员需要塑造一个可信赖的角色时。讯问人员可以通过运用平和的语言，态度诚恳地解释为什么采取强制措施，告知如何争取好的出路等来体现温和。

五、应当注意的问题

（一）严格依法，不得以强制措施作为惩罚手段

对犯罪嫌疑人实施强制措施，要严格依照法律的规定，对未达到实施强制措施条件的，应继续进行深入细致的调查取证工作，不能通过对犯罪嫌疑人采取强制措施进行讯问来查证案情。同时，也不得把强制措施作为一种惩罚的手段，不能仅因犯罪嫌疑人态度恶劣即对其关押惩罚，而不顾法律对实施强制措施的条件要求。

（二）不得变相关押或超期限讯问

实施强制措施应完备法律手续，对没有办理法律手续的犯罪嫌疑人不得进行

关押或限制其人身自由；对在强制措施法定期限内未能查明情况的，应依法办理延期手续或变更强制措施，不得超期限对犯罪嫌疑人进行羁押讯问。

（三）强制措施要与说服教育相结合

针对对强制措施有抵触心理的犯罪嫌疑人，应从法律角度向其讲解强制措施的目的、要求，说明法律规定的合理性、严肃性以及对其实施强制措施的正确性。同时，也要向犯罪嫌疑人讲解从轻、减轻处罚的法律规定，进行教育开导，使犯罪嫌疑人从心理上能够接受、顺从强制措施。把强制措施与说服教育结合起来，既要使犯罪嫌疑人意识到侦查机关对其实施强制措施是侦查办案合理合法的需要，也要使其意识到侦查机关已经掌握了证据材料，只有如实供述自己的问题，才能争取从宽处理。

## 第二节　查证配合讯问

调查取证是侦查机关了解案情、获取证据的重要措施，也是讯问中核实口供、补充收集证据、发现讯问线索的有效途径。在讯问阶段绝不能单纯地坐堂问供，尤其对于事先没有掌握能判断犯罪嫌疑人口供真伪的证据，对犯罪嫌疑人作出的供述和辩解有疑问，案件的事实情节还需要进一步查清的案件，必须重视讯问外的调查取证工作。

### 一、查证配合讯问的作用

（一）为讯问的顺利进行提供保障

由于犯罪嫌疑人在讯问中处于特殊的法律地位，无论其进行有罪供述，还是作无罪辩解，都存在失真的可能性。如果讯问人员根据已经掌握的案件证据对犯罪嫌疑人口供进行审查后仍有疑问，就必须展开相关的查证工作，以核实、认定犯罪嫌疑人口供的真伪。围绕犯罪嫌疑人口供展开查证工作，一方面可以使犯罪嫌疑人真实的辩解得以确认，从而甄别无辜，及时纠正错误，保障无罪的人不受刑事追究。另一方面还可以及时发现犯罪嫌疑人口供中存在的矛盾和不实，从而为讯问工作指明方向，为采取有针对性的讯问策略、方法提供依据，避免被犯罪嫌疑人的虚假口供误导。并且，利用查证所获取的确凿证据，可以有效地驳斥犯罪嫌疑人的抵赖，迫使犯罪嫌疑人丢掉幻想，转变态度，如实供述犯罪事实。

## (二) 为深挖犯罪创造条件

深挖犯罪是讯问工作的一项重要任务。讯问人员除了深入追讯，彻底查清现案以外，还应设法追查犯罪嫌疑人的余罪，挖掘其知晓的其他犯罪线索，以破获隐案和积案。但对于隐案涉及的犯罪事实，犯罪嫌疑人是否为积案、隐案的作案人或知情者等情况，讯问人员往往并未掌握相关的证据和线索，还不能确定接受讯问的犯罪嫌疑人是否有深挖的必要和可能，即使根据犯罪规律将其划定为深挖对象，开展深挖犯罪工作，也缺乏必要的依托。因此，讯问人员必须根据犯罪嫌疑人的具体情况，有针对性地进行深入细致的调查研究，广泛收集与犯罪嫌疑人有内在联系的各种犯罪信息，以发现涉及犯罪嫌疑人的新的犯罪事实和相关证据，为深挖犯罪创造有利的条件。否则，讯问人员深挖犯罪的努力显得苍白而乏力，最终将被犯罪嫌疑人认为是虚张声势，难以取得实效。

## 二、查证配合讯问的方法

讯问人员可以在初期侦查所掌握的案件事实、证据材料的基础上，注意从犯罪嫌疑人的供述中发现有关线索，进行查证。

### (一) 针对犯罪嫌疑人交代的事实收集证据

讯问中，犯罪嫌疑人可能会交代一些犯罪事实，承认某种犯罪行为。此时讯问人员要以这些犯罪行为为主线，收集证据，巩固犯罪嫌疑人的有罪供述，并为进一步深入讯问探明方向、创造条件。

### (二) 针对犯罪嫌疑人交代的情节收集证据

犯罪嫌疑人在交代罪行时涉及的一些情节，可能与案件和犯罪事实没有直接联系。但是，如果这些情节能够有助于认定犯罪嫌疑人口供的真伪，讯问人员必须通过调查取证及时进行核实。

### (三) 针对犯罪嫌疑人提供的线索收集证据

在讯问过程中，犯罪嫌疑人往往会提供一些案件的证据线索，这些线索就是收集证据的方向。讯问人员必须据此通过调查去寻找、取得有关证据，以完善案件的证据体系。

### (四) 针对犯罪嫌疑人的辩解收集证据

犯罪嫌疑人的辩解不仅有助于查明案件事实真相，保护犯罪嫌疑人的合法权益，还能证明犯罪嫌疑人的应讯态度。因此，讯问人员必须针对犯罪嫌疑人辩解时所涉及的事实和情节，深入、全面地开展查证工作，通过收集到的证据来核实犯罪嫌疑人辩解的真伪，从而为案件审理的下一步工作提供指向。

为了更好地配合讯问策略、方法的顺利实施，讯问人员根据案件的不同具体情况，既可以在讯问中随时查证，也可以讯问后再行查证，还可以带犯罪嫌疑人进行指认查证。

### 三、应当注意的问题

#### （一）重调查取证，反对单纯"坐堂问案"

侦查办案的全过程，实际上就是调查研究、收集证据的过程。但有的讯问人员片面强调讯问作为取证手段的重要性，忽视了其他的调查取证方法，搞单纯的"坐堂问案"，希望通过讯问解决案件中的一切问题。这种思想不仅有碍事实真相的查明，而且降低了案件审理工作的效率，往往还会导致讯问人员搞非法讯问，容易造成冤假错案。因此，讯问人员在侦查办案中，除应重视讯问犯罪嫌疑人的作用，还要重视其他调查取证方法的运用，要深入到社会上、群众中广泛开展调查取证工作，确保办案质量。

#### （二）及时配合、尽快查证

对讯问中获取的线索，要及时进行查证，以防贻误时机，造成证据在人为或自然因素作用下灭失而无法收集；查证后的信息也应及时反馈到讯问中去。讯问人员应当根据查证后得出的结论、判断，结合案件的具体情况，迅速调整或改变讯问的策略、方法，或进一步坚定原来的讯问策略、方法在讯问中的运用，使讯问对策能够因及时利用查证成果而更具针对性和适用性。

#### （三）讯问中要妥善运用查证获取的材料

讯问人员通过调查所获取的证据材料，往往可以在讯问中用以追讯犯罪嫌疑人，但在运用时应注意方式方法。对查证属实的材料，在讯问中可以根据需要正面、直接使用；对暂时无法查实的材料，应当有策略、技巧地使用；对没有经过查证属实的材料，不能用来对犯罪嫌疑人指名指事问供。

## 第三节 监管配合讯问

### 一、监管配合讯问的概念和作用

监管配合讯问，是指看守所的监管人员根据讯问工作的需要，对已被拘留、逮捕的犯罪嫌疑人，通过日常监管工作和运用其他方法了解他们的思想动态和现实表现，以及有针对性地做好思想转化工作，配合讯问人员获取犯罪嫌疑人真实供述和辩解的辅助讯问方法。一般来讲，犯罪嫌疑人在讯问人员面前，警觉性都很高，不会轻易暴露真实的思想情况。但是，犯罪嫌疑人在监管人员和其他在押犯面前，警觉性会有所降低，常常流露出一些比较真实的思想。因此，侦查部门应当同监管部门加强协作、紧密配合，相互交换犯罪嫌疑人在讯问室和看守所里的情况，这对于采取相应的讯问对策、及时查明案情，具有十分重要的意义。监管配合讯问的作用主要体现在以下方面：

（一）有利于研究制定讯问对策

讯问对策必须根据已经掌握的犯罪嫌疑人的犯罪事实和证据，建立在对其心理状态和个性特点了解的基础之上。看守所羁押监管是对被拘留、逮捕的犯罪嫌疑人的心理状态、个性特点进行了解的一条重要渠道。讯问人员和监管人员适时相互通报犯罪嫌疑人在讯问中和监室内的有关情况，可以使双方及时掌握犯罪嫌疑人的思想动态和行为表现。尤其是犯罪嫌疑人在监室内，由于警觉性较之在讯问室内有所放松，与同监其他在押犯闲谈和发泄中，常会流露出畏罪、侥幸、对立、悔恨、悲观等思想情绪，甚至谈论一些与案情相关的内容。讯问人员掌握这些情况后，可以为研究制定讯问对策提供依据。

（二）有利于促使犯罪嫌疑人的思想向积极方面转化

在对某些犯罪嫌疑人的讯问中，由于讯问人员采取的讯问策略、方法击中了犯罪嫌疑人的思想要害，其畏罪、对立等消极情绪可能会增加。在此情况下，除讯问人员对犯罪嫌疑人进行说服教育外，监管人员由于同犯罪嫌疑人不存在直接的目标冲突，利用监管的有利条件及时对犯罪嫌疑人进行疏导、教育，并辅之以生活方面的关心，往往能够有效地减轻和消除犯罪嫌疑人的消极情绪，促其思想向积极方面转化。

（三）有利于讯问对策顺利实施

讯问人员根据讯问对策的需要，可以向监管人员通报案情和犯罪嫌疑人及同案犯的思想状况，提出配合讯问的要求。监管人员根据讯问人员提出的要求，应及时向讯问人员反映犯罪嫌疑人及同案犯在监室内的表现情况和了解到的有关案情。同时，监管人员应在提讯、押解、讯问室安排等方面为讯问人员提供便利条件，从而保证讯问对策的顺利实施。

二、监管配合讯问的要求

（一）严格依法

监管配合讯问，要求讯问人员和监管人员在配合的内容和方法上严格按照法律、法规、规章和司法解释的要求进行。就讯问人员而言，他所依据的法律、规章和司法解释是我国《刑事诉讼法》《公安机关办理刑事案件程序规定》《人民检察院刑事诉讼规则》等。就监管人员而言，他所依据的法律、法规、规章是我国《刑事诉讼法》《中华人民共和国看守所条例》《中华人民共和国看守所条例实施办法》（试行）等。讯问人员讯问犯罪嫌疑人和看守所羁押犯罪嫌疑人都要严格执法，要有明确的行为规范。只有依法进行配合，双方才能有统一的思想和行动，才能达到配合讯问、查明案情的目的。反之，则会各行其是，甚至违法乱纪，造成不良影响和损失。

（二）主动及时

监管配合讯问，要求讯问人员和监管人员发挥主观能动作用，及时做好各自的工作。犯罪嫌疑人的思想时刻都在发生变化，如果讯问人员不主动及时提出配合的要求、方法，一旦同监室的其他在押犯向其传授反讯问伎俩，势必会增加讯问的难度。如果监管人员不主动及时利用看守所自身的条件对犯罪嫌疑人进行教育，不主动及时地反映犯罪嫌疑人在看守所的表现和思想动态，势必延长查明案情的时间，甚至造成羁押期限届满仍无法定案的情况。因此，有关配合人员要按照各自职责，主动、有序地开展工作，避免盲目与随意。讯问人员和监管人员应分清轻重缓急，须紧急配合的事情，要突击办理；须重点配合的工作，要突出重点一抓到底。日常配合中，双方应将有关情况及时通报对方，适时协调处理，使配合工作既坚持常规事项，又保证实时重点。

（三）互相支持

监管配合讯问，要求讯问人员和监管人员在配合时要互相帮助，互相督促，协调一致。讯问人员和监管人员均隶属于侦查机关，证实犯罪、揭露犯罪、惩罚犯罪是他们共同的职责，双方只有互相支持的义务，没有相互刁难的权利。

（四）相互制约

监管配合讯问，要求讯问人员和监管人员按照分工各司其职，互相监督，避免违反政策、违反法律的事情发生，保证讯问工作能够圆满完成。相互制约，一方面能促使双方相互配合，按章办事；另一方面能够更好地发挥集体智慧，防止工作中因主观片面造成失误。相互制约是政策、法律、规章、制度的要求，双方必须在有关的规范性要求下进行配合，既不能迁就袒护、得过且过，也不能随心所欲、故意挑剔；不能只制约对方而不受对方制约，也不能只接受对方制约，放弃制约对方。总之，讯问人员和监管人员只有相互制约，才能完成监管配合讯问查明案情的任务。

### 三、监管配合讯问的方法

（一）日常配合讯问

日常配合讯问，是指看守所从收押犯罪嫌疑人开始直至侦查终结，采取管理、教育等一系列措施配合讯问。主要做法如下：

1. 严密监管，保证安全。这是日常配合讯问首先应当做好的工作。如果看守所监管工作没有做好，出现犯罪嫌疑人自杀、自残、逃跑等情况，讯问工作就无法进行。为了保证讯问工作顺利进行，讯问人员应将需要监管配合讯问的犯罪嫌疑人的情况告诉监管人员，让监管人员密切关注，落实保障安全的措施，严防犯罪嫌疑人自杀、自残、逃跑等，确保讯问人员可以随时提讯犯罪嫌疑人，使其正常接受讯问。

2. 组织学习，转变思想。这是日常配合讯问不可缺少的一项内容。犯罪嫌疑人在羁押期间的心理活动是相当复杂的，并随着客观环境的改变和案情的进展不断变化。对于犯罪嫌疑人的心理活动，讯问人员和监管人员是无法限制的，但可以通过组织学习监规、政策、法律、时事政治等内容，适当疏导、调控。组织犯罪嫌疑人学习，一方面从客观上限制了那些表现不好的在押犯之间相互交流对抗讯问伎俩，传授犯罪方法和策划逃跑、行凶的时间和条件；另一方面从主观上能够促使犯罪嫌疑人接受正面教育，唤起他们对重获新生的欲望和渴求，以便疏通思想，为顺利进行讯问创造条件。

3. 安排好生活、卫生，保障讯问。搞好犯罪嫌疑人的生活、卫生管理是看守所工作中不可忽视的一项内容。这项工作做得好坏，不仅关系到看守所的安全，也直接影响犯罪嫌疑人思想转化的效果和讯问的进展。看守所要对犯罪嫌疑人实行人道主义，在吃、穿、住、医疗卫生、作息时间等方面按照国家的有关政策和规定予以落实，使他们得到正常休息和足以维持身体健康的生活待遇以及相应的物质保证。在客观条件和政策制度允许的情况下，应尽可能把犯罪嫌疑人的日常生活、卫生安排得好一些。这样做，一方面可以使犯罪嫌疑人以良好的身体和心理状态正常地接受讯问；另一方面也可以感化犯罪嫌疑人，消除其对立情绪，为配合讯问创造条件。

4. 布置讯问场所，为讯问提供便利条件。根据我国《刑事诉讼法》第118条第2款、《公安机关办理刑事案件程序规定》第198条第2款，犯罪嫌疑人被送交看守所羁押以后，侦查人员对其进行讯问，应当在看守所讯问室进行。为此，看守所要加强基础设施建设，在条件允许的情况下，建立规范的多功能讯问室，并维持讯问室处于良好的备用状态，保证讯问随时使用。

（二）重点配合讯问

重点配合讯问，是指在讯问阶段，监管人员在正面教育犯罪嫌疑人的同时，利用看守所的秘密力量，获取讯问中需要的各种情况，从而配合讯问人员查明案情。主要做法如下：

1. 确定重点配合讯问的案件。应由讯问人员提出重点配合讯问的案件，说明要求配合的理由和可能，并报请侦查部门和看守所负责人批准。需要重点配合讯问的案件一般有两类：一是重大案件，如涉恐、涉黑案件，致死致伤多人的恶性案件，影响公众安全感的系列案件等。二是疑难案件，但并非所有疑难案件都需要重点配合，这里是指那些有证据证明犯罪事实存在，而犯罪嫌疑人拒不如实供述，证明其有罪的证据不充分，但又难以否定其犯罪嫌疑的案件。

2. 明确配合讯问的监管人员。重点配合讯问的案件确定后，侦查部门和看守所应根据案情、看守所管理办法和监管人员的能力，确定条件合适的监管人员配合讯问。

3. 介绍主要案情。配合讯问的监管人员确定后，讯问人员应向其介绍主要案情，让监管人员有目的地配合。实践证明，讯问人员在案情上不交底，监管人员就无从着手，抓不住重点，难以配合；全部交底，办案要求不允许，也没有必要。根据重点配合讯问案件的不同情况，讯问人员应介绍以下主要案情：①主要犯罪事实；②主要证据和嫌疑根据；③犯罪嫌疑人的心理状态、个性特点和弱点；④反讯问的主要手段；⑤疑难案件的难点及其形成的原因；⑥案件中需要介绍的其他特殊情况。

4. 提出观察、了解的重点。讯问人员应根据犯罪嫌疑人的思想动向和案情的需要，向监管人员提出观察、了解的重点，如饮食的增减、睡眠的长短、言语的多少、神色的异常、提讯后的反应等。

5. 研究配合讯问的方法。讯问人员和监管人员要根据配合讯问的目的、有利条件、时间要求、犯罪嫌疑人的个性特点和思想动向等情况，共同研究配合讯问的方法。常用方法如下：

（1）直接观察和监控观察相结合。讯问人员为了了解犯罪嫌疑人在监室内的表现，可以让监管人员通过监室门的观察窗或者进入监室直接观察，也可以通过监控系统进行观察。

（2）个别谈话和侧面了解相结合。根据讯问的需要，讯问人员可让监管人员采取找犯罪嫌疑人个别谈话和向同监室其他在押犯侧面了解的方法，查明犯罪嫌疑人的思想动向和拒供、伪供的原因等情况。

（3）正面教育引导和看守所秘密力量主动进攻相结合。对于拒供的犯罪嫌疑人，讯问人员和监管人员一方面可以采取说服教育、陈明利害等正面教育引导的方法敦促其坦白罪行；另一方面可以指挥看守所秘密力量"贴、靠"，主动发起进攻，动摇犯罪嫌疑人的拒供意志，促使其在讯问中主动交代犯罪事实。

（4）审管夹攻和政治攻势相结合。对于态度十分顽固、拒不认罪的重大案件或疑难案件中的犯罪嫌疑人，一方面，讯问人员可在讯问室加大讯问力度，采取多种讯问策略和方法对犯罪嫌疑人讯问施压；讯问后再由监管人员及时配合讯问人员做深入细致的工作，动员犯罪嫌疑人走坦白从宽的道路，主动交代犯罪事实。另一方面，讯问人员要配合看守所，适时开展政治攻势，号召犯罪嫌疑人放下思想包袱，主动交代犯罪事实和检举、揭发他人犯罪，争取从宽处理。这种内外夹攻和政治攻势相结合的监管配合讯问方法，常常能收到良好的讯问效果。

## 第四节 耳目配合讯问

耳目配合讯问，是指侦查部门在看守所在押犯中物建秘密力量，并由其领导和指挥，以配合讯问，同被拘留、逮捕的犯罪嫌疑人作斗争的一种秘密狱内侦查手段。它具有隐蔽性、复杂性的特点。

**一、耳目配合讯问的任务**

耳目配合讯问的根本任务就是推动讯问工作的顺利进行，获取犯罪嫌疑人的真实供述和辩解，这与其他的讯问辅助方法是一致的。但由于所采取的手段和方式具有一定的特殊性，它又有自身特定的具体任务，主要包括以下内容：一是了解工作对象的思想动向，尤其是对讯问的反应和将要采取的应讯态度及应对讯问的方法；二是了解工作对象所涉案件的事实真相，证据的下落，同案犯及其他犯罪嫌疑人的线索；三是用适当方式影响工作对象，转变其顽固对抗的思想和态度，使其在讯问时作出真实的供述和辩解；四是防止工作对象逃跑、自杀、串供或其他事故的发生。

## 二、耳目配合讯问的方法

（一）加强耳目的管理领导

1. 确定专人管理耳目。使用耳目配合讯问是一项政策性强且复杂细致的工作，应由具备一定政策、法律水平和侦查工作经验的讯问人员领导、指挥和管理。原则上女性耳目要由女性讯问人员领导管理。管理耳目的讯问人员要将耳目名单通知看守所，看守所有关人员按办案单位要求予以协助。管理耳目的讯问人员，对向耳目布置任务、交代方法、听取汇报、进行思想教育、发放生活补助、开展检查考核、实施奖惩处理等工作要负责到底。管理耳目的讯问人员如有变换，要在耳目档案内记载，把管理人姓名、变换日期、原因等内容填写清楚，以备查考。

2. 确定耳目进行工作。讯问人员要根据案情和工作对象的情况确定合适的耳目进行工作。要求耳目具有易于接近工作对象的条件，例如，年龄不能相差太大；籍贯、方言、家庭、嗜好、职业、案情等也要有若干相似之处。彼此有了共同语言，就容易沟通思想、交流感情，在相互之间形成亲近感和信任感。

3. 为耳目创造接触工作对象的条件。这需要从以下几方面进行：

（1）情况介绍。讯问人员在向耳目介绍同监室其他在押犯罪嫌疑人的情况之后，要把工作对象的情况作重点介绍。但介绍时必须把握好分寸，只能介绍必要、简单的情况，不能介绍全面、详细的情况。只作口头介绍，不向耳目出示书面的证据材料，更不能带耳目观察熟悉工作对象。严禁把没有查证属实的情况线索透露给耳目，严禁暗示耳目威逼、引诱工作对象作出供认。

（2）身份设计。为了让耳目接近工作对象，往往需要将耳目的姓名、家庭情况、住址、籍贯、简历、嗜好、职业、案情、被拘捕时间、审理判决等情况作必要的设计。具体做法是：

相近而不雷同。例如，工作对象为抢劫犯，可将耳目伪装成故意杀人犯，都属于涉嫌重大刑事犯罪。身份和案情相近，容易产生"同病相怜"的感情，易于接近。完全相似或雷同，则容易引起工作对象疑惑。耳目要熟识自己伪装身份的有关情况，不能让工作对象看出破绽。

如有条件，可把耳目伪装为犯罪的"老手"或"高手"，或把耳目伪装为比工作对象进行刑事犯罪的时间更长、活动地区更广、罪行更严重的犯罪分子。这无疑会对工作对象产生重大影响力，使耳目在与其交往的过程中始终处于心理上的优势地位，掌握更多的配合讯问的主动权。但必须注意的是，作此伪装的耳目，必须用适当的方式向工作对象流露出到处碰壁的沮丧情绪。

总之，耳目的伪装内容，一是必须在耳目熟悉的范围之内，不露破绽；二是要与耳目本身的机敏程度和应变能力相适应；三是要充分听取耳目对所设计身份的意见，也可以让耳目自提方案，从中对比研究，择优采用，不能只凭指挥耳目的讯问人员片面设想，主观决定。

（3）监室安排。可以采取按正常情况入所或调号的办法，把耳目安排到工作对象的监室或者把工作对象安排到耳目的监室，不能引起工作对象的怀疑。耳目伪装的身份一经确定，就应尽快对耳目的服装和在监室内的行李物品进行认真检查清理。与身份不符的要撤换，伪装的物品应与身份相一致，以取信于工作对象。

4. 向耳目布置任务，提供条件，交代方法。管理耳目的讯问人员应当根据案情需要、耳目的能力、经验、工作条件以及工作对象的狡猾、顽固程度，提出明确的任务和切合实际的要求，创造必要的工作条件，并具体交代接近工作对象和开展工作的方法。

（1）布置任务。向耳目布置任务要有步骤地循序渐进。一般来讲，布置任务可按三个档次的要求下达：一是低标准，即一般可以完成的任务；二是中标准，即经过一定努力才能完成的任务；三是高标准，即必须经过艰苦努力才能完成的任务。这样分层次地布置任务，可以使耳目不致因自己能力低或其他客观原因完不成任务，而失去立功赎罪的机会。

（2）提供条件。讯问人员应尽可能帮助耳目解决一些实际问题，为其创造必要的工作条件。例如，工作对象缺乏生活用品，可以提供给耳目转送，使工作对象有雪中送炭之感。但要注意关心工作对象必须适度，不能过分示好，避免工作对象产生误解，或看出破绽。

（3）交代方法。耳目在监室内工作方法是否得当，直接影响工作的效果。因此，讯问人员要向耳目交代一些工作方法。例如，为了使耳目能正确、熟练地运用法律武器开展工作，讯问人员应对耳目进行必要的法律常识的讲解与答疑，适当地介绍一些在监室内运用法律武器的经验。又如，在讯问阶段的犯罪嫌疑人，一般都急于探知审理案件的"尺度"，思考自己将会如何受审，将受什么处理。针对这种心理状态，耳目常用的工作方法是：以见闻多、知识广的过来人的面目出现，通过介绍所见所闻，说明政法机关具有严谨的工作作风和深入调查研究的精神，说明许多复杂疑难案件都可以获得证据并得到正确处理，并以实例说明办案中贯彻"认罪认罚从宽"的法律原则,以消除工作对象的侥幸心理和抗拒情绪。

5. 制订与耳目联系的办法。为了确保双方能够安全、高效地互通消息,讯问人员应当制订出一套与耳目联系的妥善办法,这套办法应符合及时、灵活、保密、可靠的原则。所谓及时,是指耳目能及时收到指示并及时报告情况;所谓灵活,是指联系方式、方法不断变化,以免工作对象在多次重复的情况中,找到规律,发现耳目与讯问人员的特殊关系;所谓保密,是指符合秘密侦查工作原则,符合监所内活动规律,保护耳目身份和工作秘密;所谓可靠,是指保证联系方法万无一失,不致发生意外阻隔、丢失、误解等漏洞。

制定与耳目联系的办法应根据看守所条件、任务要求以及耳目和工作对象的情况等,从实际出发,一案一定。对新老耳目的联系办法应按简繁不同的要求,分别制定。已经确定的联系办法,应当在耳目档案内登记备案,为日后考核和查对提供依据。

耳目同讯问人员联系的办法通常有:以口头要求看病,递出事务性的报告条,递出特定物品,摆放特定物品等方式,向讯问人员发出报告或要求面谈的信号。

讯问人员与耳目联系的办法一般是:以提讯、个别谈话、通知律师会见、接收物品等名义,把耳目从监室带出。

(二) 指挥耳目取得工作对象的信任

1. 步骤。耳目在配合讯问中能否发挥作用,关键是取得工作对象的信任。要做到这一点,通常需要分三个步骤:第一步,消除工作对象对耳目的怀疑,使工作对象相信耳目不是为政府工作的;第二步,使耳目与工作对象结成"知心朋友",工作对象能够对耳目有较深程度的交心;第三步,使工作对象相信耳目有能力帮助自己,能为自己排忧解难。

2. 方法。为了达到以上三步的目的,可以采取以下方法:①同情工作对象的处境。耳目接触工作对象时,应以"同命相怜"的面目出现,削弱工作对象的戒备与排斥,寻找机会自然地同工作对象拉近关系。交往伊始不能直接涉及工作对象的案件,要通过迂回渐进的办法,使工作对象主动向耳目透露案情。②自我表现能力。耳目同工作对象闲谈时,可以表现自我才能,让工作对象佩服,吸引工作对象求助。③"真诚"的关怀。耳目可以从案情上、生活上表现出对工作对象的关怀,以赢得其好感,取得其信任。④"出谋划策"。在工作对象向耳目请教如何进行反讯问、反监管时，耳目可以适可而止地帮助工作对象出"主意"，以获得工作对象的信任和认可。以上四种方法，既可以单独使用，也可以综合使用。

3. 要求。为了指挥耳目取得工作对象的信任，在采取上述方法的基础上，要求做到：物建的耳目在头脑机敏程度和社会经验丰富程度等方面都要高出工作对象一筹，否则很难在与其交往、较量的过程中占得先机、取得主动；对耳目的身份设计要得当，既要伪装逼真，不露破绽，又要便于接近工作对象；耳目要进退适度，既不急躁冒进，刚一见面就过多盘问，过分亲热，也不能冷若冰霜，不理不睬；耳目要在生活上适当关怀工作对象，使其感到亲近；对于工作对象的怀疑，耳目要及时消除。

（三）指挥耳目获取有关案情

1. 方法。讯问人员在耳目取得工作对象信任之后，应当从工作对象的实际情况出发，指挥耳目用恰当的方法去深入了解工作对象涉案的情况，并转变工作对象的思想。通常采取以下两种方式：

（1）规劝式。即以关心工作对象的态度，为工作对象的利益得失着想，采取陈明利害、代找漏洞、代解难题等方法，通过有计划、有目的的交谈，进一步了解工作对象的真实情况和隐秘，并在交谈中逐步影响工作对象的思想向良性转化，使其端正态度，作出真实供述和辩解。

（2）顺应式。即在工作对象的思想和态度一时难以转变，仍然坚持其原有对抗立场的情况下，采取引蛇出洞的办法去探查犯罪内情，并设法获取证据或证据线索，使工作对象最终在罪证面前不得不低头认罪。采取顺应式的方法，要注意做好对耳目的掩护，并在有绝对控制把握的情况下进行，特别是对可能出现的违法犯罪活动要严加控制，不能让危害后果真正发生。

2. 要求。指挥耳目获取案情要求做到以下几点：指挥耳目应顺其自然，不要因急于从工作对象口中获取更多案件情况，而引起工作对象的怀疑；指挥耳目要善于选择和利用工作对象的弱点，想方设法促使工作对象主动暴露犯罪事实和证据线索；要指挥耳目注意甄别工作对象所反映情况的真伪，防止上当受骗。

（四）接收、审查和使用耳目获取的情况

耳目从工作对象那里获取有关案情后，讯问人员要采取正确的方法，接收、审查和使用耳目获取的案情。

1. 向耳目了解情况应采取个别谈话或提讯等方式，管理上要与对其他在押犯的管理相同，以防暴露耳目身份。采取个别谈话的方式，要设计可信的理由把耳目从监室内叫出，个别谈话完毕，还要交代耳目如何应答工作对象的询问。采取提讯方式，分先后提讯时，一般可先提讯工作对象，之后再提讯耳目；同时提讯时，提讯结束前，应先将耳目送回监室。

2. 对耳目反映的情况，要通过多种渠道及时查证核实，甄别真伪，严防上当受骗。耳目反映情况时，要让耳目详细讲述工作情况和方法，把获得重要情况的过程，包括互相对话的具体内容，都要询问清楚，并认真分析研究，甄别真伪。

3. 讯问时使用耳目反映的情况要特别谨慎，必要时应事先铺垫，误导工作对象对有关信息来源的认知，不能让其意识到讯问人员了解的情况是耳目所提供的，否则耳目配合讯问工作将归于失败。

## 第五节 犯罪心理测试技术配合讯问

犯罪心理测试技术配合讯问，是指讯问人员根据讯问的需要，委托专业测试人员使用心理测试仪器对犯罪嫌疑人进行心理测试，评断其对案件的知情程度，并在此基础上进行讯问的辅助讯问对策。犯罪心理测试技术作为讯问的辅助手段具有特定的科学性与可靠性，适时适度地加以运用往往能有效地推进讯问进程。

### 一、犯罪心理测试技术的原理

犯罪心理测试技术，俗称"测谎"技术，是依据普通心理学、实验心理学、犯罪心理学三大学科基础和神经心理学、心理生物学、生物电子学等学科知识，通过专用多道心理测试仪硬软件系统，实时同步记录被测人对测试人员言语问题的多项心理生物反应变化，进而评判心理痕迹对应相关度的犯罪心理鉴定技术。它与痕迹鉴定、法医鉴定、理化分析等刑事技术的显著区别在于作用的对象不同。其他刑事技术都是以物质的手段作用于物质的对象，而犯罪心理测试技术则是以物质的手段作用于非物质对象——人的心理。犯罪心理测试的实质是测试"心理刺激触发的生理反应"，其机理是基于人的心理与生理的关系。

从技术原理上讲，犯罪心理测试技术并非测试被测人是否说谎，而是探测被测人有无对违法犯罪特殊事件的记忆痕迹。心理科学研究表明，一个人做过、听过、看过的事情，甚至在事件中体验过的情绪情感，都会在其大脑中留下痕迹，形成记忆。而记忆痕迹的深刻程度和保留时间的长短，主要因有关经历对个体生活意义的大小而决定。众所周知，犯罪是一种会导致行为人被社会进行否定性评价的活动，有时甚至会因此而被剥夺生命。因此，犯罪人在实施犯罪的过程中所感知的形象、体验的情绪、采取的行动都会在其大脑中留下深刻而清晰的记忆，有些甚至是终生难忘的记忆。当犯罪心理测试技术设计的相关问题涉及犯罪情节时，犯罪事实的记忆痕迹就会立即在犯罪人或知情者的大脑记忆区恢复起来。这种大脑记忆区的复活兴奋性变化，必然引起情绪中枢的心理生物反应——皮肤电、血压、呼吸、脉搏等指标的变异（这些指标可以通过心理测试仪采集并记录下来），而人们情绪中枢的心理生物反应，一般不受人的意识的调控。因此，不论被测人是保持沉默，始终不回答问题，还是只回答"是""不是"，在与犯罪有关的问题的刺激诱导下，犯罪人或知情者的心理生物指标的特异反应性变化，比起无辜者、不知情人会异常显著地表现出来，这些将实时同步地显示在心理测试仪的屏幕上，通过评图，就可以把犯罪人或知情者与无辜者或不知情人区分开来。

## 二、犯罪心理测试技术在讯问中的用途

根据国内外的实践经验，犯罪心理测试技术通常可用于以下方面：

### （一）用于认定和排除犯罪嫌疑，筛选嫌疑对象

认定和排除犯罪嫌疑是犯罪心理测试的基本功能。特别是在侦查工作前期，讯问人员根据初步侦查所掌握的情况发现了嫌疑对象，但认定该对象涉嫌犯罪的证据尚不充分，通常会采用传唤或拘传的方法进行正面审查，以排除或肯定其犯罪嫌疑。但真正的犯罪分子和无辜的嫌疑人大多都会极力辩解，否认犯罪，其供述有的一时还难以查证，或虽然能够查证，但需花费大量的时间和人力、物力。遇此情形，若使用犯罪心理测试技术，就能迅速地排除大量的无辜嫌疑人，筛选出重点嫌疑对象。然后围绕重点嫌疑对象开展讯问和调查，可以事半功倍，大大提高办案效率。

### （二）用于突破犯罪嫌疑人心理

使用心理测试仪本身就可以给犯罪嫌疑人造成一定的心理压力，结合政策法律教育和使用证据等方法，往往能促使犯罪嫌疑人动摇瓦解，交代问题或者说明事实真相。使用时，测试人员通过反复说明和强调心理测试仪的科学性、客观性和有效性，使犯罪嫌疑人感到心理测试仪是灵敏的、不容欺骗的，担心如果自己伪装、掩饰，可能被当场识破、揭穿而暴露自己，从而加重了心理压力。实践

中，确有一些犯罪嫌疑人在测试过程中或测试后不久就交代了罪行。另外，犯罪心理测试提问的方式不同于常规讯问。常规讯问中，提问必须遵循一定的逻辑顺序。当犯罪嫌疑人还没有承认犯罪时，就不便讯问犯罪过程中的细节。比如，当犯罪嫌疑人没有承认杀人时，就不能讯问他是如何杀人的，用的什么凶器，伤害的什么部位，怎样处理的尸体以及为什么要杀人等情节。就这些情节的提问只有在犯罪嫌疑人承认杀人后才能进行。但犯罪心理测试提问只是为了对被测人施以心理刺激以触发相应的生理反应，所以不受这个逻辑限制，不管被测人是否承认犯罪，与犯罪有关的任何细节都可以在提问中涉及，只要能找到足够的与这些情节相近似的陪衬项目与目标问题混杂，就可以大胆地提问，既不会有引供、指供之虞，也不会暴露证据底细。这样就大大拓宽了发问内容的范围，丰富了给犯罪嫌疑人心理施压的途径。

（三）可用于分析、解决口供与证据、口供与口供之间的矛盾

讯问时，口供与证据、口供与口供存在矛盾是普遍的现象。这些矛盾有的只要稍加查证就可以解决，但有些矛盾解决起来却相当困难。比如，两个同案犯对同一问题的口供截然相反，既找不到第三者印证核实，又取不到其他旁证；有的犯罪嫌疑人和被害人对同一事实各执一端，也无第三者作证；有的是犯罪嫌疑人和证人对同一事实陈述截然相反；等等。这些就"一对一"的情况所作的陈述，孰是孰非很难判断。此时就可以借助犯罪心理测试技术，利用测试结果进行分析判断。这是审查判断证据和口供的一条新途径。测试中，可以对同一个人既测"矛"，又测"盾"，相互印证；对两个陈述矛盾的人，可以用同一套问题分别测试，根据测试结果作出判断，再通过讯问或查证得出结论。针对一些疑难问题，还可以将其分解成多个片段进行测试，从多个方面综合分析，以判断真假是非。

（四）可用于探测案情、印证推论，提供讯问或调查取证的方向和线索

侦查推论是侦查工作常用的思维形式。在案件侦查中，讯问人员往往会根据侦查获得的一些情况和材料，对案件中的一些情节提出若干推论，再根据这些推论进一步开展讯问或调查取证，以证实一些推论、否定一些推论，由此推动案件侦查的进展。但由于受侦查资源的局限，在讯问阶段同时出现多种推论的情形下，必须从中选择、确定一些推论先查或重点核查，以确保案件审理工作的实效。此时，心理测试仪可以作为一种探测工具，帮助讯问人员选择、确定正确的工作方向。比如，可以就几种推论同时测试犯罪嫌疑人，看哪一个方面更能触发犯罪嫌疑人的反应异常，从而分析、判断出犯罪嫌疑人最害怕、思想压力最大的

问题，为确定先行工作的内容提供指向。另外，讯问人员有时在工作中发现一些新的线索，提出一些新的推论，但根据又不充分，这时就可先测一下，再作判断。以上这些问题，都可以用犯罪心理测试技术中的"紧张峰探索测试法"来解决。这种方法就是在一个大致可以确定的范围内，对目标进行搜索、扫描，被测人在哪个问题上反应最异常，该问题所涉情况为真的可能性就最大。根据这种测试探索的结果，确定讯问和调查取证的方向、重点，往往可以加快侦查的进程，大大提高侦查工作的效率。

（五）可用于验证刑事物证鉴定工作

在刑事侦查中，痕迹、文件、法医、毒物等鉴定，是收集、确认证据的重要技术手段，其鉴定意见是认定案件事实的重要依据。但是，如果送检的材料不够完整、清晰，鉴定人员据此运用本专业知识所作鉴定意见的正确性即无法保障，而各鉴定专业又是相互独立的，某一鉴定意见常常无法通过其他专业的鉴定来增强自身的可信度。基于鉴定意见出现差错的种种可能性，在实际工作中，往往会采取聘请另外的鉴定机构或鉴定专家进行复检、复验的办法，来防止差错的出现。但在不同鉴定机构或不同鉴定人员的意见不一致的情况下，谁对谁错，有时很难判断。此时如果采用犯罪心理测试，就可以另辟蹊径，从另外一个渠道来验证技术鉴定意见，帮助讯问人员对其进行审查、判断和取舍。因为犯罪案件信息一方面存储在犯罪现场的各种痕迹物品当中，刑事物证技术就是从这个渠道提取物态的犯罪信息；另一方面又存留在犯罪分子及其他有关人员的头脑中，这种信息是犯罪过程中客观环境作用于有关人员大脑留下的印象及有关人员对犯罪过程的主观情绪体验，即心理痕迹。由于这两个方面的信息都是由同一个信息源即犯罪人的犯罪行为发出的，因而具有内在的同一性，所以犯罪心理测试结论和物证鉴定意见能够相互印证，相互支持。

（六）犯罪心理测试结论可用于支持原有证据体系，坚定讯问人员的信心

犯罪心理测试结论目前在我国还不能作为诉讼证据使用。但毋庸置疑，通过犯罪心理测试，可以印证、加固现有证据体系的可信度和证明力，从而使讯问人员突破犯罪嫌疑人口供的信心更加坚定，有利于讯问工作向着正确的方向顺利推进。把犯罪心理测试技术作为讯问工作的辅助手段和判断案情的有效工具，是恰如其分的，其意义和作用是值得充分肯定的。

当然，犯罪心理测试同任何侦查手段包括技术手段一样，既有独到的功能，也有局限性。犯罪心理测试绝不能代替讯问和调查取证，它只能作为讯问工作的

辅助手段。我们应当实事求是、恰如其分地认识犯罪心理测试技术的作用，既不能全盘否定，又不必期望过高，夸大其作用。只要以科学的态度对待它、使用它，就一定能在讯问实践中发挥其应有的作用。

### 三、犯罪心理测试技术的编题方法

"心理刺激触发生理反应"，是犯罪心理测试技术的基本原理。心理刺激是通过测试提问来实现的，一个问题就是一个刺激，不同的问题具有不同的刺激强度。犯罪心理测试技术就是依序用编制的具有不同刺激量的问题向被测人提问，对其实施不同强度的刺激，根据心理测试仪测出的其生理对不同问题的反应，分析其心理状态，判断其是否存在犯罪记忆。因此，编制测试问题是犯罪心理测试技术的关键步骤之一。根据案件的不同情况，有不同的编题方法。常用的编题方法主要有三种：

（一）准绳问题测试法（Control Question Test，缩写为 CQT）

准绳问题测试法是 20 世纪 40 年代美国心理生物学家理德首创的，是犯罪心理测试技术应用最为广泛的编题方法。这种方法把所提问题按其与案件相关的程度分为四类：一是关键问题。指那些明确涉及案情的问题，即心理测试的核心问题或者需要通过测试甄别的问题。编制这类问题，是为弄清被测人是否参与该案，是否知情，是否为该案主犯等。二是准绳问题。指那些涉及被测人的切身利益和名誉，并且被测人肯定或很可能会因此而在回答中说谎的问题。它对每个被测人都能造成一定的心理压力，但应与测试案件的内容无关，只是与关键问题形式类似。使用准绳问题是为了触发一个应激反应，但对具有犯罪记忆的人所产生的刺激比关键问题要轻，以便与本次测试中被测人对关键问题的反应进行比较。如果在准绳问题上的反应等于或强于关键问题上的反应，说明被测人与案件无关；反之，如果在准绳问题上的反应弱于关键问题上的反应并达一定程度，说明被测人与案件有关。三是中性问题。指与案情无关，并且被测人考虑回答时不存在心理负担，也不会引起任何情绪波动的问题。这类问题用来测定被测人在测试过程中的正常反应水平。四是题外问题。指与本次测试的主题无关，但也是有关违法、犯罪的问题。这类问题用来测试被测人是否还有讯问人员没有掌握的其他问题。

每次测试时，应把这四类问题按照一定的次序搭配在一起，形成完整的一套问题，每套问题询问 2~3 遍。测试后，比较被测人在不同类型问题上反应的强弱，以此分析判断被测人在回答某一特定的关键问题时，对其中涉及的内容是否知情。这种编题方法的难点和成功的关键在于准绳问题的正确选定。

(二) 紧张峰测试法 (Peak of Tension Test，缩写为 POT)

紧张峰测试法是 20 世纪 30 年代美国生理心理学家基勒首创的一种测试方法，至今还在使用。紧张峰测试法是由一组内容相似的问题组成，但其中只有一个问题真正同案情相关联。这种测试方法的原理是：该案的某个特定要素只有犯罪者本人和讯问人员知道，通过测试，搞清楚被测人对这个要素是确实知道还是毫无所知。有时还可以进一步确认该人是否为犯罪分子或者确属无辜。这种编题方法有两种不同类型：一种是已知结果测试。就是相关案情已知，测试被测人是否知道此事。另一种是寻找测试。就是案情要素在某一范围内，存在多种可能性，通过测试予以确定。如果被测人对案件中某一特定的重要情节知情，那么围绕该情节设计一组问题向其连续提问时，他对涉及该情节内容的问题的反应会出现一个紧张峰。实践证明，如果事先把问题设计好，这种方法是很有效果的。

这种测试要做 2 遍或者 3 遍，每遍应适当调整关键问题的位置，如果被测人总是在关键问题上出现高峰，就说明他同案件有牵连。这种测试方法成功的关键在于关键问题必须保密，绝对不能有意或无意地泄露给被测人。

(三) 犯罪情节测试法 (Guilt Knowledge Test，缩写为 GKT)

犯罪情节测试法是 1958 年美国明尼苏达州医学院心理学教授莱克肯首先提出来的一种测试方法。它是紧张峰测试法的延伸和扩展。莱克肯认为测试人员对"被测人是否知情"比之"他是否说谎"更有兴趣，测试人员的任务是把犯罪分子从无辜者中间挑出来。犯罪分子和无辜者之间心理上的重要差异仅仅在于：在一个案件发生时，犯罪分子在现场，他知道那里发生了什么事，在他记忆里留有犯罪当时、当地的情景，而一个无辜者对此却一无所知。所谓"知情"，是指犯罪人能识别与犯罪有关的人、事、物，无辜者则不能识别。

这种测试方法要求找到只有犯罪人才能识别的、与犯罪有关的人、事、物，作为 GKT 测试的相关项目，每一个相关项目至少要有 5 个参照项，参照项和相关项应类似，但又有明显的差别。犯罪分子能够容易地从参照项中把相关项识别出来。每一组 GKT 问题，可以采用出示实物、照片等方式向被测人提问。对于犯罪人而言，在测试过程中相关项问题能有效地唤醒其对案发过程的记忆，所以测试指标会出现强烈的反应，并且明显强于参照项问题的生理指标反应。而对于无辜者而言，相关项问题的生理指标变化和参照项问题的生理指标变化水平是相近的，都趋于正常水平。在正式测试前，可用同一套题目，对就案情一无所知、确系无辜的人测试一次，作为对照体系。

这种测试方法成功的关键在于：要有一定数量的有效项目；现场情况要严格保密。具备上述两个条件，犯罪情节测试法的准确率从理论上讲是相当高的，特别是在认定犯罪人方面具有很高的有效性。

**四、犯罪心理测试技术配合讯问的步骤与方法**

（一）介绍案件情况，明确测试目的

首先，讯问人员应当向接受委托的测试人员介绍案件的整体情况，并说明通过犯罪心理测试需要解决什么问题，达到什么目的，使测试人员能够明确配合讯问的工作方向。

其次，在结合现场原始照片、现场图及现场勘验笔录等材料介绍现场情况的基础上，讯问人员还应陪同测试人员实地查看现场。通过实地查看现场，可以增加测试人员对现场的感性认识，并结合现场勘验所发现、提取的痕迹物证等，分析罪犯作案时的行为过程、心理状态，以及对犯罪行为的感知记忆程度，为测试人员提炼和编制测试题目作好铺垫。

再次，讯问人员应当向测试人员提供前期侦查工作取得的各项证据材料，并解释测试人员在阅卷中发现的问题，使其进一步吃透案情。

最后，讯问人员应当向测试人员介绍犯罪嫌疑人的基本情况、性格特点、心理状态、当前的身体和精神状况，以及在前期讯问中的表现，等等。测试人员据此可以分析，是否适宜对该犯罪嫌疑人进行犯罪心理测试；如果适宜，应当如何编制有针对性的测试题目。

（二）编制测试计划，准备测试所用资料

测试计划由测试人员编制，讯问人员予以协助，此时应考虑的问题主要有：测试分几次进行；每次所要测试的核心问题；测、讯、查如何配合；如何交换信息；等等。然后编写测试提问的问题单，这是制定测试计划的落脚点。测试提问的问题单往往涉及案件的时间、地点、人名或物品名称等具体情节，必须详细、准确，不能模棱两可。提问的用语要适合于被测人的文化水平、反应灵敏程度、语言习惯等，要使被测人能够明确理解测试人员提问的意思。测试人员编好测试问题后，应会同讯问人员共同讨论，研究测试问题的编制是否恰当，同时商定测试和讯问如何配合、测试时的安全保障等问题。此外，测试人员还要准备测试时所用的实物、模型、图表等资料。

（三）测前谈话

犯罪心理测试原则上必须征得被测人同意后方能进行。测试人员在正式测试前，应当语气平和、态度诚恳地同被测人进行谈话，动员其接受测试。为此，测试人员应向被测人介绍仪器性能、测试原理、测试规则，使其相信犯罪心理测试的科学性和准确性。这既能消除无辜者的顾虑，又可使真正的作案人陷入"不测试即被怀疑"的心理困境，参与测试又会因担心暴露、极力控制导致其对涉及案情的关键问题出现更为强烈的生理指标反应。在被测人同意接受测试后，测试人员应向被测人了解案情，以便明确核心问题，选定准绳问题；进一步稳定被测人的情绪，使其能够配合测试；向被测人告知测试中应注意的问题。在测前谈话中，测试人员应当通过正面观察了解被测人的生理和心理状况，如果认为暂不适宜测试，则应会同讯问人员共同商议，有针对性地采取措施进行调整、改善，促成被测人在生理上和心理上具备接受测试的必要条件。

（四）正式测试

测试房间一定要温度适中、安静，布置也要尽可能简单，力争让测试人员的提问成为被测人可以感受到的唯一刺激。测试时给被测人戴上传感器，向其宣布注意事项，然后提问，所有问题都要求用"是"或"不"来回答。测试中每套问题一般重复3遍，每测试一遍要让被测人适当休息、调整，以避免其过度疲劳。测试人员在提问的时候一定要注意保持语气单调，没有任何变形，最好让不知道关键词的人朗读问题的备选项。另外，在提问的时候，两个问题之间间隔的时间应当控制在15~20秒，如果间隔过短，被测人会缺乏反应的时间；如果间隔过长，被测人又可能会浮想联翩，干扰正常反应。提问过程中测试人员要注意被测人的面部表情、举止，供分析图谱、数据时参考。记录员在测试时应做好笔录，测试结束后让被测人签字并按捺指印。讯问人员应尽可能通过监控系统观摩测试过程，了解测试的具体情况，以便于测试后讯问的衔接。

（五）图谱评判

测试结束，测试人员应对图谱进行评判。图谱评判有两种方法：一是机器评判。有些心理测试仪设计有专家自动评分系统，测试结束，打开专家自动评分系统，就会得出"知情"或"不知情"的结论。二是人工评分。测试结束，测试人员应根据犯罪心理测试理论和经验对测试记录作定量、定性分析，得出"知情"或"不知情"的结论。对设计有专家自动评分系统的心理测试仪，可将专家自动评分系统得出的结论和人工评分得出的结论对照分析，之后，再作出最终的测试结论。

（六）宣布测试结果

测试结论作出后，测试人员一般应向被测人宣布测试结果。但为了稳妥起见，测试实践中常常只向没有通过犯罪心理测试的被测人宣布测试结果，同时解答被测人提出的疑问。对测试明显反映"知情"的被测人，测试人员应当进一步与其交谈，让其解释测试中的疑点，以全面核实测试得出的"知情"结论。

（七）测试后讯问

犯罪心理测试的结果有三种：一是认定有犯罪嫌疑；二是排除作案嫌疑；三是既不能认定也不能否定。对第二种、第三种结果，测试人员一般不向被测人宣布，只是将结果告诉讯问人员。讯问人员在随后的讯问中，只要告知被测人测试数据需要时间分析，待情况明朗再通知结果即可。如果测试认定被测人具有犯罪嫌疑，则讯问人员应当充分利用测试结果影响被测人的应讯心理，促其转变态度，如实供述。

首先，讯问人员应在进行测试后的第一轮讯问前，与测试人员充分地交流有关测试情况，掌握被测人在测试中的整体表现，听取讯问方法建议。

其次，讯问人员在测试后进行的第一轮讯问应与犯罪心理测试工作相呼应，讯问伊始即严肃、郑重地明确告知被测人，已从测试人员处了解到其没有通过测试的详细情况，指出被测人在案件相关问题上说谎，并仔细观察其反应。如果被测人寻找各种理由为自己辩解，讯问人员应向其阐释犯罪心理测试技术的科学性和测试仪器的可靠性，强调测试结论是毋庸置疑的。如有必要，可以向被测人展示测试图谱，指出其在关键问题上反应强烈，敦促其陈明缘由。

最后，当被测人迫于测试结论的震慑开始供述，讯问人员应当引导其首先供述案件中只有作案人才会知道的情节，进一步锁定其犯罪嫌疑。如果被测人在供述中出现反复，讯问人员应重点围绕测试结论展开论证，持续向被测人施压，直至其打消狡辩念头，彻底供述犯罪事实。

## 思考题：

1. 如何把握实施强制措施的时机配合讯问？
2. 如何通过调查取证配合讯问？
3. 监管与讯问应做好哪些配合工作？
4. 怎样物建耳目配合讯问？
5. 犯罪心理测试的原理是什么？它在讯问中有何作用？

# 第十一章 讯问过程和结果的固定

## 第一节 讯问笔录

### 一、讯问笔录的概念和作用

讯问笔录,是讯问人员在讯问犯罪嫌疑人时,依法制作的用于记载和固定犯罪嫌疑人的供述和辩解,反映讯问活动过程和结果的文字记录。它是一种具有法律效力的文书材料,经过查证核实的讯问笔录是认定案件事实的证据之一。

讯问笔录是确认犯罪嫌疑人有罪或者无罪、罪重或者罪轻的一项直接证据,并且能如实反映犯罪嫌疑人在受审过程中的表现,可以据此考查其认罪态度,是对犯罪嫌疑人依法处理的重要依据。讯问笔录的内容主要包括讯问人员的提问和犯罪嫌疑人的供述与辩解,它可以再现讯问双方角逐、对抗的场面,反映出讯问活动的成与败、得与失,这对总结与改进讯问工作、提高讯问人员的讯问水平具有重要价值。另外,讯问笔录的内容往往能够反映犯罪嫌疑人实施犯罪的社会成因和心理成因,展现犯罪嫌疑人预谋犯罪、实施犯罪、逃避打击的整个过程以及所采取的策略、手段,这无疑为我们研究犯罪活动规律、制定犯罪预防对策提供了丰富的素材和重要的依据。因此,做好讯问笔录,具有多方面的重要意义。

### 二、讯问笔录的结构和内容

讯问笔录由首部、正文和尾部组成。

(一)首部

1. 文书名称及讯问次数。在讯问笔录专用纸的正上方,文书名称已印制好。名称后括号内的讯问次数要根据实际情况填写。

2. 讯问的起止时间。填写时间要注意两点,一是结束讯问时应及时补记结束时间，不要空项；二是起止时间要精确到某时某分。如果讯问羁押于看守所的犯罪嫌疑人，笔录记载的起止时间应与提讯证上的时间一致。

3. 讯问的地点。讯问笔录上要标明讯问的具体地点，如"××市看守所第×讯问室"。

4. 讯问人、记录人的姓名、单位。此项内容应当由讯问人员和记录员本人分别在横线上亲自签名，不能互相代替；讯问人员和记录员单位不能省略不填。

5. 犯罪嫌疑人的姓名。要弄清犯罪嫌疑人姓名究竟是哪几个字，准确记录。犯罪嫌疑人是少数民族的，应当写明其汉语音译名，必要时也可以在汉语音译名后注明其使用的本民族文字姓名；如果是外国人，应当写明其汉语音译名，必要时也可以在汉语音译名后注明其使用的本国文字姓名。注意姓名写法应与其身份证或护照上的姓名写法相同，还应与讯问结束后犯罪嫌疑人在笔录上的签名完全一致。

(二) 正文

正文部分是讯问笔录的重点，形式上采用一问一答的记录方式，要写明如下内容：

1. 讯问人员身份。按照讯问程序的规定，讯问开始时讯问人员首先要介绍自己的身份，并出示证件。通常笔录进入正文的第一句话一般是：

问：我们是 xx 市公安局 xx 分局刑侦大队的民警（出示证件），现依法对你进行讯问。

2. 犯罪嫌疑人基本情况。第一次讯问时要详细记清犯罪嫌疑人的基本情况，包括姓名（即户籍上注明的常用姓名）、曾用名、别名（包括化名、绰号、乳名、笔名、网名等）、性别、民族、出生年月日、身份证号码、籍贯、文化程度、户籍所在地、现住址、职业和工作单位、政治面貌、是否人大代表或政协委员、家庭成员、社会经历及是否受过刑事、行政处罚等情况。

3. 告知犯罪嫌疑人的诉讼权利和相关义务。在对犯罪嫌疑人进行第一次讯问时或采取强制措施之日起，要履行告知程序，告知犯罪嫌疑人的诉讼权利和义务。首先将《犯罪嫌疑人诉讼权利义务告知书》交给犯罪嫌疑人阅读，如果其没有阅读能力，讯问人员要向其宣读，然后问是否看清或听清了告知书的内容，如果看清了或听清了，应当在笔录上记明。还要问他有何要求，如是否需要聘请律师，是否申请有关人员回避，并如实记录下来。

4. 告知犯罪嫌疑人"认罪认罚从宽"的法律规定。《刑事诉讼法》第 15 条规定："犯罪嫌疑人、被告人自愿如实供述自己的罪行，承认指控的犯罪事实，愿意接受处罚的,可以依法从宽处理。"并且《刑事诉讼法》第 120 条第 2 款还规定了讯问人员相应的告知义务。因此,讯问人员在第一次讯问时,应当告知犯罪嫌疑人这一法律规定,使其通过利弊权衡能够选择正确的应讯行为。

5. 与案件事实有关的内容。如果是第一次讯问,在转入对案件事实的问答时,一般先提出一个过渡性问题。如对未被拘留、逮捕的犯罪嫌疑人,笔录可以这样记:"你是什么时间、因为什么问题被传唤(拘传)到这里来的";而对已被拘捕者,可以这样记:"你是什么时间、因为什么事情被拘留(逮捕)的"。

之所以问明犯罪嫌疑人被传唤、拘传、拘留、逮捕的时间,是因为《刑事诉讼法》规定,传唤和拘传犯罪嫌疑人持续的时间最长为 12 小时,特殊情况下传唤、拘传持续的时间不得超过 24 小时,讯问工作必须在法定时限之内开展并完成;而对于被拘留、逮捕的人,《刑事诉讼法》明确规定侦查机关应当在拘留、逮捕后的 24 小时以内进行讯问。所以,问明并记清传唤、拘传、拘捕的时间,可考察讯问是否符合法律规定。

之所以问明并记清犯罪嫌疑人被传唤、拘传、拘留、逮捕的原因,其主要目的:一是避免在讯问中对犯罪嫌疑人带有倾向性的引导或暗示,保证讯问的合法性;二是审查侦查机关是否在使用侦查措施、强制措施方面存在问题或错误;三是借此问题对犯罪嫌疑人的心理状态、供述态度进行试探。

接下来要围绕犯罪嫌疑人是否有犯罪行为进行记录。如果犯罪嫌疑人承认有罪,就如实记录其供述的犯罪过程和具体情节;如果其否认犯罪,也要如实记录其无罪辩解。然后就其供述或辩解中不清楚、不全面或自相矛盾的地方围绕犯罪构成要件进行讯问、记录,重点记明犯罪的时间、地点、当事人、动机、目的、手段、起因、过程、后果、证据等,尤其是能说明案件性质、法律责任和关系量刑轻重的关键情节和证据。

6. 结束。一般常见的结束语是:

问:你还有需要补充或说明的问题吗?

答:没有了。

问:你以上说的都是实话吗?

答:都是实话。

问:根据法律规定,你把笔录核对(看或听)一遍,看看和你说的是否相符?

答:好。

(三) 尾部

讯问笔录的结尾部分主要是履行法律手续，具体有如下内容：

1. 把笔录交给犯罪嫌疑人核对，没有阅读能力的，要向其宣读。

2. 讯问笔录经犯罪嫌疑人核对无误后，应当由其在笔录的末尾写明对笔录的意见，即"以上笔录我看过（或向我宣读过），和我说的相符"，并签名、捺指印。如果犯罪嫌疑人没有书写能力，由办案人员代为书写上述内容，并由其本人捺指印。如果犯罪嫌疑人认为笔录内容有与其所述不相符之处，可以让他更正或补充。若改动或补充的文字较少，可直接在差错或遗漏处添、改；若改动或补充的文字较多，为避免笔录文面太乱，可在笔录末尾以问答形式把改动和补充的内容反映出来。必须强调的是，笔录经犯罪嫌疑人阅读、签名后，任何人不得以任何借口擅自更改笔录内容。犯罪嫌疑人拒绝签名、捺指印的，讯问人员应当在笔录上注明。

3. 犯罪嫌疑人还要在每页笔录下方签名、捺指印。

4. 犯罪嫌疑人在笔录的更正或补充处捺指印。

5. 讯问人员、翻译人员和记录人员在笔录末尾签名。

### 三、讯问笔录的制作要求

(一) 如实反映讯问活动的全过程

讯问笔录要准确、全面地反映犯罪嫌疑人供述和辩解的内容，再现讯问的全过程。笔录失实、存在遗漏，不但会失去证据应有的价值，而且会给犯罪嫌疑人的心理带来消极影响。

1. 准确。所谓准确，就是要将问答内容、重要的体态表情等不失原意地记载或者描述清楚，不能存在讯问人员主观臆想、怀疑推测的内容。对犯罪嫌疑人的供述和辩解，尤其是关系到定罪量刑的案件事实和情节，应尽可能记录犯罪嫌疑人的原话，既不夸大也不缩小。对犯罪嫌疑人供述和辩解中涉及的方言土语、隐语行话，人名、地名、物名及其简称、俗称、代称，物品、器具的型号、规格、形状等，要一一问明记清，有的还需要适当加以说明，使其他查阅人员能够看懂，不至于发生歧义。

2. 全面。所谓全面，就是要反映讯问活动的全貌，不能随意删减，不能断章取义。讯问笔录虽然不要求也不可能把讯问中问答的每一句话、表现出的每一个体态表情都记录下来，但也不能太过简略、遗漏必要内容。讯问人员制作讯问笔录时，对犯罪嫌疑人有罪和罪重的供述要认真记录，对其无罪或者罪轻的辩解同样不能敷衍；对犯罪嫌疑人的有声语言要记录，对能反映其在重要问题上的心理活动状况的体态表情也应如实描述；既要反映犯罪嫌疑人坦白和检举的认罪态度，也要反映其拒供、翻供的表现；讯问人员使用策略、方法的情况也应当在讯问笔录如实记载；等等。只有这样，才能全面反映讯问犯罪嫌疑人的活动情况，充分发挥讯问笔录应有的作用。讯问实践中，在此方面存在两个突出问题：一是有的讯问人员对犯罪嫌疑人关于自己无罪或者罪轻的辩解，往往视之为"狡辩"、认罪态度差而不予认可，笔录中不记录、不反映，如此经过"筛选""过滤"的讯问笔录，自然会出现失真；二是有的讯问人员只重视结果，对达成结果的过程忽略不计，也就是在犯罪嫌疑人承认有罪并交代作案事实经过之前，一般不做笔录或做得相当简略。这就会导致其他人员在阅读笔录时，很难了解犯罪嫌疑人是在什么情形下招供的，以及他为什么要招供。这样的讯问笔录除了能固定犯罪嫌疑人的口供之外，几乎无法发挥其原本应该发挥的其他作用。

（二）繁简得当，重点突出

1. 繁简得当。讯问笔录是以书面文字来记录口语内容的，而人们写字的速度明显慢于说话速度，即使是机打记录，要求一字不漏地同步记录全部对话内容也是不可能的。并且，在讯问过程中，犯罪嫌疑人各有特点，有的说话啰唆，有的条理紊乱，有的东拉西扯，不是所有内容都有实质意义，讯问人员对犯罪嫌疑人的言语内容一字不漏地记录也是没有必要的。因此，讯问人员须对记录内容有所选择、有所取舍，有的记、有的不记，有的详记、有的略记，要繁简适度，主次分明。其中的关键在于，记录的内容要与案件有关，关系越密切记录就应越详细，反之就应少记或不记。

2. 重点突出。所谓重点，一般是指涉及定罪量刑的事实情节和讯问活动的关键细节。由于每个案件、每个犯罪嫌疑人以及每次讯问需要解决的具体问题不同，每次讯问的重点也往往是不一样的。但就犯罪嫌疑人的每一项罪行来说，需要通过讯问了解的不外乎有五个方面的内容：一是犯罪事实的组成要素，即犯罪的时间、地点、当事者（包括犯罪行为人、被害人或被害单位、知情人、关系人、同案犯等）、经过、手段、后果以及动机、目的等；二是证明犯罪事实组成要素的证据；三是供述中的矛盾点；四是犯罪嫌疑人的辩解和对之前口供内容的更正；五是犯罪嫌疑人供述中涉及的线索，即犯罪嫌疑人交代的与案件有关的人和物的线索或者其他有侦查价值的线索。讯问人员一定要抓住这些关键性的问题做好讯问笔录。

### (三) 字迹清晰，文理通顺

1. 字迹清晰。讯问笔录是重要的证据材料，必须字迹工整，使人一目了然，方能保证其应有的证明力。不过讯问笔录的制作是伴随着讯问同步进行的，而常规的书写记录速度往往慢于说话速度，这就给笔录的制作带来很大的困难。当前，大多数侦查机关正在推行机打笔录，这就能有效地解决记录速度慢、字迹潦草、辨认不清等问题。

2. 文理通顺。讯问笔录的内容必须具有条理，用语应当合乎语言规范，不存在逻辑或语法上的错误，使人明白易懂。讯问中，记录员是边听边组织语言进行记录的，容易出现顾此失彼的情况。为避免内容遗漏和文字表达出现语病，在记录时尽可能不使用长句，尽量使用口语化的短句，而且必须注意前后句照应、上下文连贯，使笔录成为能够全面反映讯问情况的一个有机的整体。

## 第二节 讯问的录音录像

### 一、讯问录音录像的概念和特点

讯问录音录像，是指侦查机关讯问犯罪嫌疑人时，利用录音录像设备将讯问的内容和当时的情境等同步记录在存储介质上的一种证据固定的方式。与传统的书面记录相比，讯问中的同步录音录像具有显著特点：

（一）客观、完整、准确

传统的书面记录，由于受记录人员思维能力、速记水平、思想感情等因素的限制和影响，很难完全保证记录的完整与准确，且多少带有人为"加工"的主观色彩。而录音录像技术手段的运用，则可以在很大程度上弥补笔录方法的缺陷，把讯问活动的过程和结果原原本本、真真切切地反映出来，而且一般不会发生漏记、误记等差错，也能相对有效地避免人为因素的影响，达到记录客观、完整、准确的规范要求。

（二）生动、形象、直观

录音录像不仅能像笔录那样如实地反映讯问活动情况，而且能以原声原貌的形式加以再现，让人从有声有形、声画合一的动态音响和立体画面中，更直观地感受、了解讯问活动的全貌。尤其是录音录像能够记录犯罪嫌疑人当时的陈述语调、语气、精神状态以及非言语行为等，这对分析研究其心理状态、个性特点和供述的真实性、合理性有着重要的作用。

（三）传递快捷

录音录像借助现代化的双向传输设备，可以直接收录，随时传输，同步视听。它是连接讯问室与指挥控制室的有效通道，使讯问室的讯问活动能够与指挥控制室的视听、研究、指挥活动融为一体，同步运行。如此快捷的传播功能是传统的手工笔录方式所不具有的。

## 二、讯问录音录像的意义

（一）有利于固定讯问成果，防止犯罪嫌疑人翻供

在司法实践中，犯罪嫌疑人翻供的情况时有发生，原因多种多样，相关部门不得不投入大量的人力和精力进行调查，以致影响案件的诉讼进程。而讯问录音录像会给犯罪嫌疑人造成巨大的心理压力，使其面对自己曾经的供述，不敢翻供、无法翻供。即使犯罪嫌疑人选择、作出了翻供，讯问人员也可以利用录音录像资料揭露犯罪嫌疑人的谎言，使其翻供的图谋不能得逞。

（二）有助于审查犯罪嫌疑人口供的可靠程度

录音录像记录了讯问过程的动态情况，不仅能反映犯罪嫌疑人在讯问中说了些什么，还能够反映出他是在怎样的情形下说的、怎么说的，包括当时的讯问气氛、讯问环境、供述问题的语气、有无停顿及停顿时间的长短、相应的体态表情等，这些无疑可以帮助讯问人员准确认知犯罪嫌疑人的意思表示，并分析判断其口供的真伪。

（三）有助于规范讯问程序

讯问笔录主要是针对讯问内容的记录，而对于讯问的动态情形则难以以文字的形式记录下来，对讯问过程中发生的包括刑讯逼供在内的非法讯问则更不会主动地加以反映，同时笔录也无法固定刑讯逼供的相关证据。而讯问录音录像，不仅能够再现讯问的动态过程，而且对犯罪嫌疑人当时的精神身体状况以及讯问的方式都可如实地呈现。这在一定程度上对讯问人员具有心理震慑作用，从而降低了讯问人员采取非法手段进行讯问的可能，规范了讯问程序。

（四）有助于提高讯问水平

讯问时录音录像使讯问活动相对公开化，将其置于检察官、法官以及辩护律师等人员的监视与监督之中，这在一定程度上能够促使讯问人员努力钻研业务，不断提高讯问水平。并且，通过录音录像资料，可以详细了解、深入研究讯问活动的具体情况，从而发现讯问工作中存在的不足与失误，并对突破犯罪嫌疑人口

供的成功经验进行总结，为促进讯问水平的不断提高打下坚实的基础。

**三、讯问录音录像的制作**

《刑事诉讼法》第 123 条规定，讯问人员在讯问犯罪嫌疑人时，可以对讯问过程进行录音或录像；对于可能判处无期徒刑、死刑或其他重大刑事案件，应当对讯问过程进行录音或录像。公安部制定的《公安机关讯问犯罪嫌疑人录音录像工作规定》对应当录音录像的案件类型作了扩充、细化，并要求各级公安机关积极创造条件，尽快实现对所有刑事案件讯问过程全程录音录像。

（一）讯问录音录像的制作程序

1. 讯问开始前，应当做好录音录像的准备工作，对讯问场所及录音录像设备进行检查和调试，确保设备运行正常、时间显示准确。录音录像设备应当从犯罪嫌疑人进入讯问室的那一刻就开始运行。

2. 告知犯罪嫌疑人录音录像的相关内容。为了避免引起犯罪嫌疑人的过分心理紧张或注意分散，或者犯罪嫌疑人拒绝在录音录像情形下交代问题等，讯问人员应向犯罪嫌疑人宣讲有关录音录像的法律、法规规定，说明录音录像的必要性，取得犯罪嫌疑人的合作。

3. 讯问结束后，讯问录音录像资料应当刻录光盘保存或者利用磁盘等存储设备存储。刻录光盘保存的，应当制作一式两份，在光盘标签或者封套上标明制作单位、制作人、制作时间、被讯问人、案件名称及案件编号，一份装袋密封作为正本，一份作为副本。对一起案件中的犯罪嫌疑人多次讯问的，可以将多次讯问的录音录像资料刻录在同一张光盘内。利用磁盘等存储设备存储的，应当在讯问结束后立即上传到专门的存储设备中，并制作数据备份；必要时，可以转录为光盘。

（二）注意的问题

1. 对讯问过程的录制要注意完整性。录音录像应当自讯问开始时开始，至犯罪嫌疑人核对讯问笔录、签字捺指印后结束。讯问笔录记载的起止时间应当与讯问录音录像资料反映的起止时间一致。对讯问过程进行录音录像，应当对讯问人员、犯罪嫌疑人、其他在场人员、讯问场景和计时装置、温度计显示的信息进行全面摄录，图像应当显示犯罪嫌疑人正面中景。讯问过程中出示证据和犯罪嫌疑人辨认证据、核对笔录、签字捺指印的过程应当在画面中予以反映。

2. 对讯问过程的录制要注意连续性。对讯问的整个过程录音录像应当连续不间断地进行，录制的画面要连续，不能任意取舍，更不允许讯问结束后再进行补录；同时应保证图像清晰稳定，话音清楚可辨，能够真实反映讯问现场的原貌，全面记录讯问过程，并同步显示日期和 24 小时制时间信息。

3. 录制间歇的手续。讯问过程中，因存储介质空间不足、技术故障等客观原因导致不能录音录像的，讯问人员要向犯罪嫌疑人声明中止讯问，并视情及时采取更换存储介质、排除故障、调换讯问室、更换移动录音录像设备等措施。中止讯问的情形消失后继续讯问的，应当同时进行录音录像。讯问人员应当在录音录像开始后，口头说明中断的原因、起止时间等情况，在讯问笔录中载明并由犯罪嫌疑人签字确认。

**四、录音录像资料的管理**

侦查机关应当指定讯问人员以外的人员保管讯问录音录像资料，不得由讯问人员自行保管。讯问人员将讯问的录音录像资料刻录成光盘后，应当在 24 小时内将光盘移交保管人员，保管人员应当登记入册并与讯问人员共同签名。对讯问录音录像资料的保密要求与本案讯问笔录一致，有关人员在权限范围内需要使用讯问录音录像资料的，只能调取副本光盘；利用磁盘等存储设备存储的，应当转录为光盘后移交。调取光盘时，保管人员应当在专门的登记册上登记调取人员、时间、事由、预计使用时间、审批人等事项，并由调取人员和保管人员共同签字。调取人归还光盘时，保管人员应当进行检查、核对，有损毁、调换、灭失等情况的，应当如实记录，并报告侦查机关负责人。

## 第三节　犯罪嫌疑人亲笔供词

**一、亲笔供词使用的情形**

《刑事诉讼法》第 122 条规定，犯罪嫌疑人请求自行书写供述的，应当准许；必要的时候，讯问人员也可以要求犯罪嫌疑人亲笔书写供词。亲笔供词与讯问笔录一样，都是犯罪嫌疑人供述和辩解的表现形式，经过查证属实的亲笔供词，可以用作证明案件事实的证据。讯问实践中，犯罪嫌疑人请求自行书写供词，有的是主动认罪悔罪的表示，表明犯罪嫌疑人愿意把问题交代得清楚一点、系统一些。对此，应当持欢迎鼓励的态度，并提供必要的方便。当然，也有的是借口书写亲笔供词逃避凌厉的追讯攻势，赢得喘息的机会。对此，应特别警惕，以免贻误战机。

讯问人员要求犯罪嫌疑人亲笔书写供词应视需要与可能，有目的、有计划地进行。一般来说，讯问中遇有以下情形可以要求犯罪嫌疑人亲笔书写供词：一是犯罪嫌疑人虽然承认了自己的罪行，但其供述态度不稳定；二是犯罪嫌疑人的供述中涉及某些专业问题，需要请教有关专家或者查阅有关资料，才能准确认知犯罪嫌疑人口供的内容并判断其真伪；三是需要犯罪嫌疑人勾画犯罪现场、人物相貌，说明物证、书证来源，默写自己亲手制作的文件内容，描绘作案过程等；四是犯罪嫌疑人因先天因素或过于紧张而存在语言障碍，表达不清楚；五是需要一份完整、系统的供词。

**二、制作亲笔供词的要求**

（一）文书格式

亲笔供词是一种规范性文书，必须按照一定的格式制作才具有法律效力。讯问人员应当就此向犯罪嫌疑人提出明确要求。亲笔供词一般分为三个部分：第一部分是文书名称、犯罪嫌疑人的基本情况；第二部分是犯罪嫌疑人对犯罪事实的供述，要如实写明犯罪的时间、地点、动机、目的、手段、情节和后果，以及其所知道的与犯罪有关的人和事等；第三部分是犯罪嫌疑人的签名（盖章）、捺指印，注明日期，以及写上"以上记录是我亲笔书写"的字样。

（二）制作内容

在犯罪嫌疑人亲笔书写供词之前，讯问人员可以向其提出以下要求：一是书写供词应当实事求是，不要夸大，也不能缩小；二是要把案件事实和所知道的与案件有关的人和事写清楚；三是错写和漏写的地方可以改正或补充，但要在改正和补充的地方签名和捺指印。

（三）法律手续

讯问人员接到亲笔供词后，应当履行以下手续：一是检查亲笔供词的格式和内容是否符合要求，对于不符合要求的，应要求犯罪嫌疑人重新书写；对于改变原供述或者推翻原供述的，应当重新讯问，并让犯罪嫌疑人说明理由。二是讯问人员收到亲笔供词后，应在亲笔供词首页右上方空白处注明收到供词的日期和时间，并签署姓名。

**思考题：**

1. 制作讯问笔录有哪些要求和方法？
2. 讯问录音录像有什么特点和功能？
3. 犯罪嫌疑人的亲笔供词有何规范要求？

# 第十二章 证据体系的构建

讯问是整个侦查程序的最后一道工序，讯问结束就意味着案件即将侦查终结，随后会被移送人民检察院审查起诉。根据《刑事诉讼法》的规定，侦查终结的案件，应当做到犯罪事实清楚，证据确实、充分，其中"证据确实、充分"应当符合三个条件：定罪量刑的事实都有证据证明；据以定案的证据均经法定程序查证属实；综合全案证据，对所认定事实已排除合理怀疑。因此，构建证据体系以形成证据合力，是结束讯问活动时的重要环节。讯问人员在侦查终结前，必须按照《刑事诉讼法》规定的证明标准，针对不同案件的具体特点，将单个、分散的证据材料进行有机整合，形成能够证明案件事实真相的证据系统，以支持人民检察院代表国家对犯罪嫌疑人提起公诉。

## 第一节 证据体系概述

只有构建证据体系，通过多项证据相互印证、形成完整闭合的逻辑链，并在刑事证明中加以运用，才能排除合理怀疑，全面、准确地认定案件事实。因此，讯问人员要使讯问工作成果得到最佳呈现，以保证刑事诉讼的顺利进行，就必须了解证据体系理论的基本内容。

### 一、证据体系的概念

体系，泛指一定范围内或同类的事物按照一定的秩序和内部联系组合而成的具有特定功能的有机整体。刑事证据体系，是以达到证明犯罪事实为目的和导向，由若干证据根据证明力和证明对象，相互关联、相互印证地组合搭建而形成的有机整体。

一切案件事实的认定都应当以证据为依据。根据证据与案件主要事实的证明关系的不同，可以把证据分为直接证据与间接证据。能够单独直接证明案件主要事实的证据是直接证据；只能证明案件的一个情节片段，不能够单独直接证明案件主要事实的证据是间接证据。那么，要认定案件主要事实，仅仅靠一份间接证据是肯定不够的。因此，对于间接证据而言，应该严格遵守"孤证不能定案"规则。至于直接证据，虽然可以证明案件主要事实，但在通常情况下，任何一个证据都无法借助自身来证明其真实可靠性，必须通过对证据本身的情况、证据与其他证据之间有无矛盾及能否互相印证、证据在全案证据体系中的地位等问题进行全面的衡量，才能确认其真伪。并且，无论哪一类直接证据对案件事实的证明，都只是一种经验型的近似、接近，直接证据不能单独定案也是我国刑事诉讼中获得普遍认可的一种司法理念。因此，认定案件事实必须借助证据体系的力量，才能达到"确实、充分"这一法定的诉讼证明标准，构建证据体系是刑事证明工作的重要组成部分。

## 二、证据体系的特征

### （一）整体性

证据体系并非是由各个证据简单加和形成的证据集合，而是以证明案件事实为目的，根据各个证据之间的内在联系，按照一定结构组合起来的有机整体，其存在方式、目标和功能都表现出统一的整体性。证据体系所具有的属性，不是简单地来自于组成它的证据的共性，而是证据间相互关联所产生的独特个性，证据体系具有组成它的任何个体证据所不具有的整体属性。并且，在证据体系中，各证据之间的关联属于促进、协同关系，使得证据体系具有比各证据功能之和更大的整体功能。

### （二）完备性

一个刑事案件的待证法律事实包括三个方面：一是依照犯罪构成而关系到定罪的事实；二是关系到对犯罪嫌疑人量刑的事实，即反映罪行轻重、犯罪以后是否自首、是否有立功表现等量刑情节的事实；三是涉及诉讼进程、侦查措施、强制措施和取证手段等的合法性的相关程序事实，虽然程序事实并非犯罪事实本身，但同样影响甚至决定对犯罪嫌疑人的定罪量刑。证据体系对这些事实的证明，应当是全案证据协调一致，每一待证事实都有多项具有相关性的证据相互印证地予以证明，形成完整闭合的状态。

## （三）层次性

由于证据类型的多样性、证明力大小的差异性和证明对象的复合性，作为证据体系组成部分的个体证据在地位和作用、结构和功能上表现出一定的等级秩序性。任何一个证据体系就其组合状态来说，都可以看作是一个既有包括犯罪事实证据、量刑事实证据和程序事实证据等要素的纵向结构，同时分别围绕证明犯罪事实、量刑事实和程序事实，又有多个由若干层次子事实证据组成的横向结构，是一个纵横交错的、立体的、多层次的证据网络系统。

## （四）确定性

证据体系最终所证明的内容是确定且唯一的。证据体系中的个体证据之间相互联系、相互印证，通过由证据到事实这一推理过程，达到证明的目的，以证据的"确实、充分"证实了案件的"事实清楚"。一个达到证明标准的证据体系，其证明结论一定是指向确定而唯一的犯罪嫌疑人（在共同犯罪案件中为多名犯罪嫌疑人），并排除其他人作案的可能；一定是清楚证实了案件事实和情节，足以对犯罪嫌疑人定罪量刑，且所认定的事实已排除所有合理怀疑，能够使司法人员据此形成内心确信。

## 三、证据体系的类型

证据体系的类型主要根据构成证据体系的个体证据的证明状态来划分，最为常见的是混合型证据体系和单一型证据体系。

### （一）混合型证据体系

混合型证据体系，是指由直接证据和间接证据组成的证据体系。直接证据明确指向犯罪嫌疑人，能够单独证明其是否实施了犯罪行为和其他待证的主要事实。直接证据一般包括犯罪嫌疑人供述和辩解、被害人陈述、目击证人证言等言词证据；记录主要事实情况的书证；记录案件事实过程的视听资料，如监控视频。其中，言词证据最为常见，但可靠性较差且不稳定，一般需要其他证据的补强。间接证据不能单独证明案件待证的主要事实，只能证明其情节片断。它需要与其他证据结合起来，通过理性分析、经验判断和逻辑推理，才能证明犯罪嫌疑人是否实施了案件涉及的犯罪行为。在混合型证据体系中，由于直接证据的推理过程和证明方法相对简单，证明难度往往不大。间接证据主要用于鉴别直接证据的真伪，确认其证据效力。确保混合型证据体系有效性的关键在于，必须组构有能证明直接证据取证程序合法的证据，且直接证据与间接证据可以相互印证和补强。

## （二）单一型证据体系

单一型证据体系，是指全部由间接证据组成的证据体系。间接而非直接地证明案件主要事实，决定了这类证据体系的构建难度更大、过程更复杂，对其证明状态和结果更需要谨慎对待。实践中，间接证据来源广、数量大，主要包括不能直接证明待证主要事实的物证、书证、鉴定意见、证人证言、侦查实验笔录、电子数据等。构建单一型证据体系，往往要求有足够数量的间接证据。每一证据都必须查证属实，不能有任何疑点；证据之间应当具有内在的关联性，能够相互印证、协调一致，如果存在矛盾必须得到合理排除。单一型证据体系对案件主要事实的证明方法是推断，需要符合逻辑和情理，而且各个证据之间必须环环相扣、共同支撑，围绕案件主要事实，形成完整闭合的组织结构。

## 第二节 对个体证据的审查判断

个体证据是构成证据体系的要素，个体证据以及个体证据间的相互关系决定了证据体系的属性和功能。作为证据体系组成部分的每个证据都应当具有客观性、关联性和合法性，且能相互印证、协调一致，这是确保证据体系能够实现证明目的的必要前提。因此，讯问人员在侦查终结前构建证据体系首先需要对个体证据进行全面审查，分析、判断其是否可靠、与案件是否存在客观联系、是否符合法律要求以及相互间具有怎样的关联性。

### 一、证据客观性的审查判断

证据的客观性，是指证据事实必须是伴随着案件发生、发展的过程而遗留下来的，不以人们的主观意志为转移而存在的事实。犯罪事实都是在一定的时间、空间和条件下发生的，必然要和客观外界的其他事物发生各种各样的相互作用。它与周围的环境、物品发生作用，就会留下相应的物品、痕迹；它与周围人们发生作用，就会在有关人们的头脑中留下反映映象。这些与案件事实有关的物品、痕迹、反映映象，保留着案件事实的各种信息，可据以查明案件真实情况。这些作为证据的事实以及它们与案件事实的各种联系，是客观存在、不以人们的主观意志为转移的。从证据的这一特点出发，讯问人员审查证据的客观性应当从以下几个方面着手：

（一）审查证据提供者的基本情况

从提供证据人员的主观动机上说，被害人可能出于惩罚犯罪嫌疑人的心理而夸大案件事实或提供其他虚假证据，犯罪嫌疑人则可能出于逃避惩罚的心理而伪造犯罪现场，在面对讯问时否认犯罪事实或者提供其他虚假证据，证人则可能因为与案件双方当事人中的一方存在利害关系而提供虚假证言或其他虚假证据。即使不存在不良动机，提供言词证据的人员的感知、记忆、陈述能力都可能影响言词证据的客观真实性。例如，其感知能力如何，有无生理缺陷；其记忆力情况如何，是否受过专门训练，距离陈述时间的远近，有无影响记忆力的干扰；其表述能力如何，对所表述内容的完整性、确切性是否存在影响等，都是影响言词证据客观真实性的因素。

（二）审查证据形成和存续的客观环境

如果证据事实发生与形成时的外部自然条件"异常"，则有可能使证据对案件事实产生"失真反映"。例如，案件发生时正值黑夜或在阴雨环境中，证人与案件发生地距离较远，犯罪嫌疑人作案后进行了伪装等因素，都有可能给被害人、证人以及犯罪嫌疑人的观察、判断带来干扰，从而影响言词证据的客观真实性。另外，自然界的物理、化学变化可能会使物证、书证在被收集前受到一定程度的侵蚀破坏，这也会影响到实物证据的客观真实性。因此，通过对证据形成和存续的客观环境进行分析，可以就证据的客观性作出判断。

（三）审查证据的内容

证据的内容是证据证明作用的具体表现。审查证据的内容主要是审查证据材料所反映的案件事实是否具体，是否合乎情理，有无前后矛盾或者不能自圆其说之处，是否符合客观事物发生发展变化的一般规律，等等。如果存在矛盾或者不合情理之处，应当认真分析其形成的原因，研究矛盾能否予以合理解释，不合情理之处是否另有正常的缘由。如果存在无法解释或者解决的矛盾，则可以判断该证据可能不真实。

## 二、证据关联性的审查判断

证据首先必须是客观存在的事实，但并非所有客观事实都能成为证据，只有那些与案件事实有客观联系，且能据以证明案件待证事实情况的事实，才能成为证据，亦即证据必须具有关联性。

证据的关联性是由案件本源事实所决定、派生的。因此，对证据关联性的审查判断，实际上包括两个方面的问题：①作为证据，与案件事实的何种要素相关。刑事案件事实，至少包括案件的当事人，案件发生的时间和空间，案件发生的起因、经过和结果等要素。作为证据，至少应当与刑事案件事实要素中的一个或者几个要素具有客观联系。凡与案件事实要素毫无联系的事实就与案件事实没有关联性。例如，无关人员在犯罪现场留下的脚印、指纹就与案件无关，不能作为证据。②作为证据与其所能证明的案件事实之间是如何发生关联的。证据事实与案件事实的联系具有多样性，这些联系有因果联系、条件上的联系、时间上的联系、空间上的联系等。而且无论是何种内容方面的联系，有直接的，也有间接的；有内在的，也有表面的；有必然的，也有偶然的；有肯定的，也有否定的。不管以哪种形式与案件事实要素有联系，只要是对证明案件事实有意义的证据，都具有关联性。

因此，讯问人员对证据关联性的审查判断，也应当分作两步来进行，一是需要明确待查的证据与案件事实的何种要素具有相关性；二是需要明确待查的证据与案件待证事实之间的关联内容、关联程度如何。

### 三、证据合法性的审查判断

所谓证据的合法性，是指收集证据的主体、程序和证据的表现形式应当符合相关法律的要求。一项证据材料是否具有合法性，关系到它在法律上能否有作为证据的资格。《刑事诉讼法》第56条明确规定了三种应予排除的非法证据情形：采用刑讯逼供等非法方法收集的犯罪嫌疑人、被告人供述；采用暴力、威胁等非法方法收集的证人证言、被害人陈述；收集物证、书证不符合法定程序，可能严重影响司法公正的，应当予以补正或者作出合理解释，如果不能补正或者作出合理解释的，对该证据应当予以排除。除了上述三种情形，如果证据的收集违反了相关法律的规定，仍然有可能导致有关证据在审查起诉、审判等诉讼程序中不被采纳作为定案证据。因此，讯问人员应当对证据的合法性进行全面审查判断。

（一）审查收集证据的主体是否合法

这其中包括三个方面的问题：

1. 取证主体的身份问题。在侦查阶段，收集证据只能由侦查机关的侦查人员进行，其他任何机关、团体和个人都不具有收集证据的权力。

2. 取证主体的数量问题。侦查人员在收集证据的过程中，应当不少于2人。

3. 取证主体的回避问题。如果侦查人员或者侦查机关负责人与案件或者案件当事人有利害关系或者其他特殊关系，应当回避。

讯问人员在对证据进行审查判断时，应当就上述三个方面的内容进行全面审查。

（二）审查收集证据的程序是否合法

侦查人员必须按照法定程序收集能够证实犯罪嫌疑人有罪或者无罪、犯罪情节轻重的各种证据，严禁刑讯逼供和以威胁、引诱、欺骗以及其他非法的方法收集证据。侦查机关通过实施侦查措施收集证据，这些侦查措施包括：讯问犯罪嫌疑人，询问证人、被害人，勘验、检查，搜查，扣押物证、书证，鉴定，技术侦查，等等。《刑事诉讼法》以及《公安机关办理刑事案件程序规定》就实施该等侦查措施的程序要求作出了明确规定，讯问人员应当根据相关规定，对获取证据的侦查行为进行程序上的审查判断。

（三）审查证据的表现形式是否合法

《刑事诉讼法》第50条以及《公安机关办理刑事案件程序规定》第59条规定了证据事实应当具有的表现形式，即物证，书证，证人证言，被害人陈述，犯罪嫌疑人供述和辩解，鉴定意见，勘验、检查、侦查实验、搜查、查封、扣押、提取、辨认等笔录，视听资料、电子数据。如果证据不符合法定的形式要求，就会失去在法律上作为证据的资格，即使与案件存在一定的关联，也不能据以认定案件事实。因此，讯问人员必须就证据的表现形式是否合法进行严格审查。

**四、证据充分性的审查判断**

所谓证据充分，是指证据在数量上已经达到足以就案件事实得出认定结论的程度。因此，证据的充分性是构建证据体系的必要前提，讯问人员在对个体证据进行分别审查判断的基础上，应当把全案证据与案件事实联系起来进行综合分析，对全案证据能否充分证明案件事实做出判断。

（一）对全案证据的完整性进行审查

作为证明对象的案件事实由若干要素组成，每一要素都应当有相应证据予以证明，是证据充分性的基本要求。根据《最高人民法院关于适用〈中华人民共和国刑事诉讼法〉的解释》第72条的规定，应当运用证据证明的案件事实要素包括：犯罪嫌疑人、被害人的身份；被指控的犯罪是否存在；被指控的犯罪是否为犯罪嫌疑人所实施；犯罪嫌疑人有无刑事责任能力，有无罪过，实施犯罪的动机、目的；实施犯罪的时间、地点、手段、后果以及案件起因等；是否系共同犯罪或者犯罪事实存在关联，以及犯罪嫌疑人在犯罪中的地位、作用；犯罪嫌疑人有无从重、从轻、减轻、免除处罚情节；有关附带民事诉讼、涉案财物处理的事实；有关管辖、回避、延期审理等的程序事实；与定罪量刑有关的其他事实。讯问人员应当根据具体案件的诉讼证明需要，审查每个案件事实构成要素是否有相应的证据予以证明，如果发现用于证明案件事实构成要素的证据存在缺项、漏项的情况，就说明全案证据尚不完整，需要讯问人员继续收集证据。

（二）对全案证据的一致性进行审查

为认定案件事实构建证据体系，必然需要一定数量的证据，但其数量多少却不可绝对量化。对于证据数量的问题，在立法和司法层面实际上是通过强调证据之间的联系和相互印证性来予以明确的。证据之间的相互印证，可以是言词证据相互之间、口供与其他证据、物证与物证、物证与书证等的印证。证据间相互印证，作为证据相关性的根本表现，它既是对围绕每一待证事实要素形成的单组证据的要求，也是对构建证据体系证明全案待证事实必须前后统一、相互照应，而不相互矛盾的逻辑要求。因此，讯问人员应当审查全部用于定案的证据之间能否相互印证、协调一致；全案证据与案情之间的联系是否合理，矛盾是否均能得到合理解释。

## 第三节　构建证据体系的方法

构建证据体系以证明犯罪事实为目的和导向，是运用全案证据材料的思维过程。讯问人员在对个体证据审查判断的基础上，应当结合具体案情，运用逻辑规则对全案证据状况作出符合情理的经验性论证，最终将单个、分散的证据材料整合形成能够实现诉讼证明目的的证据体系。

**一、罗列待证的要件事实**

所谓要件事实，是指为依法追究犯罪嫌疑人的刑事责任，必须查清的与定罪量刑有关的事实单元，是全案事实的必要组成部分，具有相对的独立性。要件事实的划分与罗列顺序并无绝对标准，应当根据具体的案情和诉讼证明需要确定，但要件事实的集合体应为全案事实。将要件事实按照一定的顺序一一列出，也就确定了组织证据体系的逻辑架构。

（一）按办案程序罗列要件事实

按办案程序罗列要件事实，就是按照侦查机关办理刑事案件的主要程序，即立案、实施侦查措施、采用强制措施、破案、讯问、侦查终结等办案程序划分并列出要件事实。这一方法与侦查办案人员收集证据和认知案件事实的实际过程完全吻合，有助于思路清晰地构建证据体系。

（二）按时间顺序罗列要件事实

对于犯罪嫌疑人实施单一罪行的案件，可按照案件发生、发展的基本过程，即犯罪预备、犯罪实施、犯罪后藏匿或销赃、被抓获归案这样的顺序划分并列出要件事实；对于犯罪嫌疑人多次实施了同一种罪行或实施了多种罪行的案件，也可依时间先后将其实施的所有具体犯罪排序后，再按前述方法分别罗列要件事实。

（三）按罪行种类和轻重罗列要件事实

针对犯罪嫌疑人实施了多种罪行的案件，按照罪行种类和轻重罗列要件事实，既可以清楚地显示犯罪嫌疑人多次作案的罪行类别，有利于根据不同犯罪的具体特点构建证据体系的子系统，又能突出重点地反映其犯罪性质的恶劣程度，使证据体系更具证明张力。

（四）按共同犯罪嫌疑人在共同犯罪中所处的地位罗列要件事实

在共同犯罪案件中，通常应当先罗列首犯、主犯、骨干等罪行的要件事实，然后再列出从犯、胁从犯以及销赃犯、窝藏犯、包庇犯等所犯罪行的要件事实。如果某一共同犯罪嫌疑人除共同犯罪外另有其他罪行，可以将该罪行的要件事实单独列出置后。

**二、确定证据体系的基准证据**

所谓基准证据，是指能够单独直接证明犯罪嫌疑人涉嫌犯罪，在证据体系中作为逻辑起点和思维主线的证据。基准证据是构建证据体系的基础，讯问结束准备移送审查起诉之前，全案证据材料至少应有一项符合基准证据的条件，如果存在两项或更多，则应根据证明要件事实的具体需要确定构建证据体系的基准证据。

基准证据的证明指向必须在犯罪嫌疑人与犯罪事实之间直接形成关联，能够从逻辑上规定证据体系的证明方向。而直接证据最大的特点就是，其揭示的事实内容与案件主要事实的内容重合，无需经过任何中间环节即可证明犯罪行为确已发生且系犯罪嫌疑人所为，所以在掌握有直接证据的情形下，应当以直接证据为基准证据。不过需要注意的是，不同的直接证据其可靠性与证明内容的完整性是有差异的。例如，犯罪嫌疑人的认罪供述虽能反映犯罪的全过程，但可靠性最差；被害人的陈述往往只能涉及其遭受犯罪侵害的内容，且存在主观夸大犯罪侵害的可能；目击者的证人证言虽然较为客观，但往往只能反映犯罪的片段事实；等等。因此，对于存在多项直接证据的案件，应当从直接证据自身内容的合理性、是否有充分的补强证据担保或增强其证明力、能够证明覆盖的要件事实范围等方面，对每一项直接证据进行综合的分析评判，将最具定案价值的直接证据选作证据体系的基准证据。

虽然间接证据不能单独直接证明案件主要事实，但在某些特定情形下收集的间接证据仍然可以满足基准证据的条件，如在犯罪现场提取的既有被害人血迹又有犯罪嫌疑人指纹的凶器、从犯罪嫌疑人随身行李中查获的毒品、入室盗窃案中犯罪嫌疑人破窗进入事主家的监控录像等。如果侦查办案中只收集到了间接证据，就必须根据基准证据的条件进行筛选。由于间接证据需要按照一定的逻辑规则相互结合才能实现诉讼证明的目的，所以在符合条件的间接证据中，应当将对推理衔接最具关键意义的证据确定为基准证据。

### 三、构建证据体系的基本模式

从本质上讲，构建证据体系最终需要达到的效果，就是通过对全案证据的排列组合，使其形成结构完整而又指向唯一的形态，能够实现认定案件事实的诉讼证明目的。因此，在构建证据体系的过程中，每一要件事实都应聚合多项证据予以证实，同一组证据有相同的事实节点，因而相互印证组成横向的证据单元，共同指向待证的要件事实。在就要件事实单个组证的基础上，还应根据认定全案事实的需要，对证据单元进行总体排序，使其符合逻辑规则地前后衔接，纵向连缀成满足诉讼要求的证据体系。

（一）混合型证据体系的构建模式

如果侦查终结时掌握有直接证据，就必然选择直接证据作为基准证据构建混合型证据体系。在混合型证据体系中，基准证据的证明对象包含有多个要件事实。但"孤证不能定案"是一项重要的原则要求，就其中任何一个要件事实，都应当以基准证据为核心，在全案证据中另行遴选出与该要件事实具有关联性的证据材料组成证据单元。证据单元中的基准证据与其他证据指向同一要件事实，因而相互印证，在局部对单一要件事实予以证实。不过需要注意的是，由于混合型证据体系中的基准证据通常为言词证据，所以证据单元中的其他证据不能全是言词证据。因为言词证据缺乏稳定性，可靠性也比较差，有可能同假，很难互证同一要件事实，必须选择客观真实性较强的证据与基准证据组成证据单元，如物证、视听资料等。

证据单元是针对各个要件事实具体的证明需要分别组构完成的。在此基础之上，应当按照事先确定的要件事实排序，并结合基准证据提供的思维主线，将各证据单元有机连缀在一起，形成一种符合诉讼证明逻辑的树状证据体系，以全方位地印证案件的证明对象。

（二）单一型证据体系的构建模式

如果侦查终结时未获取到直接证据，则只能选择符合条件的间接证据作为基准证据构建单一型证据体系。由于没有直接证据的思维引导，构建单一型证据体系的逻辑要求比较高，必须十分审慎地对全案间接证据进行综合分析。既从反面证伪，看能否排除犯罪嫌疑人；又从正面证实，看能否认定犯罪嫌疑人。只有从正面获得肯定结论，才宜为移送审查起诉构建证据体系。

虽然单一型证据体系中的基准证据不能独自证明案件主要事实，但由于其证明指向能够使犯罪嫌疑人与犯罪事实直接形成关联，所以应当首先围绕这一证明指向组构证据单元。该证据单元由基准证据与其他间接证据组成，共同指向包含犯罪嫌疑人与犯罪事实关联内容的要件事实。以此为逻辑起点，按照事先确定的要件事实排序，顺向或逆向依次组构出证明各个要件事实的证据单元。这些由间接证据组成的证据单元，环环相扣，互相支撑，形成一个闭合的立体链条，从而对全案事实予以系统、完整的证明。

（三）针对程序事实的证据安排

刑事诉讼的证明对象除了与定罪量刑直接相关的实体法事实，还包括涉及证据收集和诉讼合法性的相关程序事实。根据《刑事诉讼法》第56条的规定，侦查机关违反法律规定，采用非法方法收集的犯罪嫌疑人供述、证人证言、被害人陈述，应当予以排除；收集物证、书证不符合法定程序，可能严重影响司法公正，且不能补正或者作出合理解释的，对该证据应当予以排除；应当排除的证据不得作为起诉意见的依据。因此，就有关证据的收集符合法律规定，或者虽不符合法定程序，但已作补正或能够作出合理解释等程序事实，必须有证据予以证明，这是能够运用有关证据构建证据体系以证明犯罪事实的必要前提。另外，依照法定程序启动侦查、实施侦查行为，是查明案件事实真相的重要保障。对涉及立案管辖、驳回回避申请、采取强制措施等合法性的程序事实，也应当有证据予以证明。

证明程序事实的证据系因启动侦查、实施侦查行为、履行有关法律手续等而形成，与犯罪事实的发生无关。因此，该等证据不在前述混合型证据体系和单一型证据体系的逻辑框架之内，通常是自受理案件起至侦查终结止，按时间顺序排列，并结合具体证明对象归类，另行构建出程序事实的证据列组。

## 四、证据体系的呈现形式

对于侦查终结的案件,讯问人员会将定案证据按照一定的标准进行分类,装订成卷后移送人民检察院,为人民检察院提起公诉追究犯罪嫌疑人的刑事责任提供证据支持。因此,证据体系在物理空间的存在形式,是通过分门别类的证据材料的集合体表现的,也就是排序编号的证据卷,通过审阅该证据卷应当能够就案件事实作出确然性的认定。不过证据卷只是在文本意义上对证据体系的呈现。由于讯问人员构建证据体系是通过有机连缀各个体证据,使其相互印证,对案件事实予以系统、全面的证明,实际上是运用全案证据材料认定案件事实的一个思维过程,所以讯问人员除了使组构装订的证据卷能够反映这一思维过程,还应另行书写"证据说明"引导有关人员认知该思维过程。

根据证据体系的证明逻辑,由数个个体证据组成的证据单元证明同一要件事实,各个要件事实按照一定的排序有机结合在一起构成全案事实,且各个体证据之间不存在无法解释的矛盾,从而使案件事实得以认定。因此,讯问人员制作证据卷时,应当先以要件事实为证明对象对全案证据材料进行分类归组,每一组证据按照证明内容覆盖要件事实的范围大小排序,然后依据要件事实的罗列顺序装订立卷。附卷的"证据说明",应当依次注明每组证据的证明内容,该证明内容即为对应的要件事实,如有必要,可具体阐明其中的个体证据与要件事实的客观联系及个体证据间的印证关系;如果个体证据间存在矛盾,应当予以合理解释。另外,某个证据与案件事实可能存在多方面的关联,从而包含有多项证明内容,分别指向不同的要件事实,被多个证据单元所需要。多个证据单元共用同一证据,可以充分发挥证据效益。在订立证据卷时,应将共用证据归入较为关键的要件事实的证据单元,而在"证据说明"中的有关证据单元项下分别备注说明其相应的证明内容。

思考题:

1. 如何理解证据体系?证据体系有何特征?
2. 如何对个体证据进行审查?
3. 如何确定证据体系的基准证据?
4. 简述构建证据体系的基本模式。
5. 证据体系是如何呈现的?

# 主要参考书目

1. 胡关禄主编:《侦查讯问学》,中国人民公安大学出版社 2007 年版。
2. 许昆、毕惜茜主编:《预审学》,中国人民公安大学出版社 2018 年版。
3. 殷明:《讯问与供述:经典与现代视角的解读》,中国法制出版社 2018 年版。
4. 薛宏伟等:《讯问机理、对策与过程》,中国法制出版社 2018 年版。
5. 郑曦:《侦查讯问程序研究》,北京大学出版社 2015 年版。
6. 申蕾:《侦查讯问程序与证据规则》,中国人民公安大学出版社 2021 年版。
7. 金飒:《正当程序与侦查讯问规范化研究》,法律出版社 2016 年版。
8. [美] 佛瑞德·E. 英鲍 等著,刘涛等译:《刑事审讯与供述》,中国人民公安大学出版社 2015 年版。
9. 吴克利:《审讯心理学》,中国检察出版社 2017 年版。
10. 毕惜茜:《心理突破:审讯中的心理学原理与方法》,中国法制出版社 2020 年版。
11. 赵桂芬:《供述心理与讯问对策解密》,中国人民公安大学出版社 2009 年版。
12. [英] 古德琼森著,乐国安等译:《审讯和供述心理学手册》,中国轻工业出版社 2008 年版。
13. 许昆主编:《侦查学》,高等教育出版社 2021 年版。
14. 张玉镶主编:《刑事侦查学》,北京大学出版社 2022 年版。
15. 任惠华主编:《侦查学原理》,法律出版社 2023 年版。
16. 陈光中主编:《刑事诉讼法》,北京大学出版社 2021 年版。
17. 《刑事诉讼法学》编写组编:《刑事诉讼法学》,高等教育出版社 2022 年版。
18. 吴羽:《讯问法学》,北京大学出版社 2022 年版。
19. 薛荣:《审讯笔录》,上海文艺出版社 2012 年版。
20. 张彦:《侦查讯问笔录研究》,亚洲人文出版社 2022 年版。
21. [美] 理查德·A. 利奥著,刘方权、朱奎彬译:《警察审讯与美国刑事司法》,中国政法大学出版社 2012 年版。

22. 王亮：《讯问语言学》，汕头大学出版社 2014 年版。
23. 吴克利：《审讯语言学》，中国检察出版社 2017 年版。
24. 曾范敬：《侦查讯问话语实证研究》，中国政法大学出版社 2016 年版。
25. 陈卫东主编：《证据法学》，高等教育出版社 2024 年版。
26. ［美］阿维娃·奥伦斯坦著，汪诸豪、黄燕妮译：《证据法要义》，中国政法大学出版社 2018 年版。
27. 王超主编：《刑事证据法学》，中国人民大学出版社 2022 年版。
28. 曾庆鸿编著：《刑事证据审查实务指引》，中国政法大学出版社 2022 年版。
29. 李勇：《刑事证据审查三步法则》，法律出版社 2017 年版。
30. 徐海燕：《侦查中的逻辑问题与研究》，中国政法大学出版社 2022 年版。